ANGELO BOLAFFI

DEUTSCHES HERZ

Das Modell Deutschland und die europäische Krise

Aus dem Italienischen von
Christine Ammann und Antje Peter

Klett-Cotta

Mein großer Dank gilt der Alexander von Humboldt-Stiftung, die äußerst großzügig etliche Jahre meine Forschung in und über Deutschland gefördert hat. Ohne eine solche Unterstützung wäre dieses Buch vielleicht nie geschrieben worden.

Ganz besonders möchte ich Heinrich August Winkler und Volker Gerhardt für ihre freundschaftliche Ermunterung meiner Arbeit danken.

Die Übersetzerinnen danken dem Deutschen Übersetzerfonds für die Förderung ihrer Arbeit.

FSC www.fsc.org
MIX
Papier aus verantwortungsvollen Quellen
FSC® C083411

Klett-Cotta
www.klett-cotta.de
Die Originalausgabe erschien unter dem Titel
»Cuore Tedesco. Il modello Germania, l'Italia e la crisi europea«
im Verlag Donzelli Editore, Rom.

Printed in Germany
Redaktion: Eckard Schuster, München; Michael Ellerbrok, Hamburg
Schutzumschlag: Rothfos & Gabler, Hamburg
Gesetzt von Dörlemann Satz, Lemförde
Gedruckt und gebunden von CPI – Clausen & Bosse, Leck
ISBN 978-3-608-94885-1

Bibliografische Information der Deutschen Nationalbibliothek
Die Deutsche Nationalbibliothek verzeichnet diese Publikation in der Deutschen Nationalbibliografie; detaillierte bibliografische Daten sind im Internet über http://dnb.d-nb.de abrufbar.

In Gedenken an Franco Volpi,
den unermüdlichen Kartographen
der europäischen Philosophie

INHALT

Einführung

Zwanzig Jahre später 9

Erster Teil

Neues Deutschland, alter Europagedanke 21

1. Der große Wandel 23
2. Der europäische Zwiespalt 37
3. Der Gründungsfehler 55
4. Italien – Deutschland: das Ende einer Allianz 71

Zweiter Teil

Modell Deutschland 91

1. Post-deutsches Deutschland 93
2. Von Weimar nach Berlin (über New York) 105
3. Das Modell Deutschland 124
4. Mythos Berlin 147

Dritter Teil

Europa – eine Kopf- und Herzenssache 165

1. Eine alte und neue Frage 167
2. Vom Frieden zur Macht: das neue Narrativ 183
3. Die Vernunft des Sparens 207
4. Europas Zukunft und deutsche Hegemonie 229

Anmerkungen 245

Personenregister 283

EINFÜHRUNG
Zwanzig Jahre später

Nah ist
Und schwer zu fassen der Gott.
Wo aber Gefahr ist, wächst
Das Rettende auch.
Friedrich Hölderlin, Patmos, 1808

Angesichts der schwersten Krise, in der sich das kosmopolitische Projekt Europäische Union je befand, habe ich beschlossen, mich nach 20 Jahren[1] noch einmal dem Thema der Beziehungen von Deutschland zu Europa zu widmen. Denn ein Vierteljahrhundert nach dem Fall der Berliner Mauer und der wiedererreichten nationalen Einheit sitzt Deutschland, das sich endlich im Frieden mit sich und der Welt wähnte, erneut auf der Anklagebank und sieht sich dem Vorwurf ausgesetzt, den Europäern sein Wirtschaftskonzept und sein Gesellschaftsmodell aufzwingen zu wollen. Parteiführer des linken wie des rechten Spektrums, progressive gleichermaßen wie konservative Kommentatoren – sie alle blicken erneut, vereint in einem überraschenden antiteutonischen Bündnis, mit einer Mischung aus Feindseligkeit und Neid auf Deutschland: feindselig, weil sie vieles als inakzeptable Einmischung, wenn nicht gar als eisernes Diktat wahrnehmen;

neidisch angesichts der Erfolge einer Wirtschaft, die sich unerwartet gegenläufig zu den katastrophischen Entwicklungen, wie sie im Mittelmeerraum zu beobachten sind, präsentiert. Grundlage des heute in Europa verbreiteten Ressentiments gegenüber den Deutschen ist also nicht mehr (nur) die historische, aus der Vergangenheit erwachsene Schuld, vielmehr sind es die Entscheidungen der Gegenwart: Deutschland, seiner Stärke bewusst, fordere – so der allgemeine Tenor –, seine zur Obsession gewordenen Vorstellungen von Haushaltsdisziplin und Währungsstabilität in der *materiellen Verfassung* Europas zu verankern, und nehme dabei eine Bedrohung der wirtschaftlichen Stabilität einzelner Länder, ja sogar der sozialen Errungenschaften und des demokratischen Systems, billigend in Kauf.

Die Germanophobie, die neuerdings wieder aufflammt, geht mit der Dämonisierung der Deutschen einher und lässt auch alte Stereotype und böswillige Vorurteile wieder aufkeimen. Deutschland habe, so argwöhnen viele, versucht in der Vergangenheit seine Herrschaft über Europa mit Panzern durchzusetzen und verfolge heute das gleiche Ziel mithilfe des Euro, obwohl dieser doch eine Gemeinschaftswährung sein sollte. Unfassbare Parolen sind zu vernehmen, in denen von der Gefahr einer möglichen »Germanisierung« Europas die Rede ist. Sie erinnern an Äußerungen einiger französischer Philosophen, die sich zu intellektuellen Wortführern jener Bewegung aufschwangen, die 1977 im Namen der Autonomia Operaia (»Arbeiterautonomie«) halb Italien unter Beschuss nahm. Zugleich wirft man Deutschland mangelndes Engagement für Europa vor, ja sogar insgeheim einen Alleingang anzustreben und Europa dabei hinter sich zu lassen. Kurzum, viele Menschen in Europa wissen nicht recht, was sie mehr fürchten sollen: von Deutschland im Stich gelassen oder von Deutschland dominiert zu werden.

Das geopolitische Trauma des Falls der Berliner Mauer und die »unerhörte Begebenheit« (Wolf Lepenies) der deutschen Wiedervereinigung haben Anfang der neunziger Jahre eine Frage aufgeworfen, die Europa und die Deutschen selbst – in Ost und West gleichermaßen – vollkommen verdrängt hatten oder für endgültig gelöst hielten: die deutsche Frage. Bald kamen alte Vorurteile, Ressentiments und historisch bedingte Ängste zum Vorschein. Sogar das Schreckgespenst eines drohenden Vierten Reichs wurde beschworen.

Auf beiden Seiten des Atlantiks suchten nun Historiker und Politologen in einer mehr ängstlichen denn wissbegierigen Haltung nach Antworten auf die beunruhigende Frage: »Was für eine Macht wird Deutschland sein?« Wird der neue deutsche Nationalstaat den demokratischen und friedlichen Weg fortsetzen, den die Bonner Republik fast ein halbes Jahrhundert lang beschritten hatte? Oder würde die neue Berliner Republik erneut zur Beute jener »Verirrungen und Unruhen« werden, die Deutschland nach Bismarck in den »fatalen geistigen Zwiespalt« mit Europa (Benedetto Croce) gedrängt hatten und in der Katastrophe von 1945 endeten?

Danach aber drehte der Wind. Die Situation wurde mit Sicherheit dadurch entschärft, dass Deutschland seine Souveränität als Nationalstaat nicht »mit Blut und Eisen«, sondern friedlich und demokratisch wiedererlangt hatte – und, was noch wichtiger war, im Konsens mit allen benachbarten Nationen, insbesondere mit Polen sowie (wenn auch nicht ohne starke Vorbehalte) mit den europäischen Bündnispartnern Frankreich, Großbritannien und Italien. Es begann sich sogar eine Überzeugung durchzusetzen, die am Abend und in der Nacht des 9. November 1989 einer Provokation gleichgekommen wäre: Europa könnte sich möglicherweise nur durch die deutsche Wiedervereinigung aus der demütigenden Lage befreien, in die es sich im Zweiten Weltkrieg hineinmanövriert hatte – nämlich als Geisel der Supermächte ein halbes Jahrhundert lang »unter den Augen von Russen und Amerikanern« leben zu müssen.

So paradox es klingt, ausgerechnet Deutschland, in dessen Geschichte das »Zeitalter der Extreme« seinen Ursprung hatte, sollte nun den Europäern das Recht zurückgeben, *iuxta propria principia* zu handeln – ein Recht, das sie durch ebendiese Nation eingebüßt hatten. Und nicht nur dies: Dank der Befreiung der Länder des Ostblocks aus der babylonischen Gefangenschaft, in die sie, ihrerseits unschuldig, durch die Beschlüsse der Konferenz von Jalta geraten waren, konnte sich endlich ganz Europa dem Aufbau seiner politischen Einheit widmen.

Zweifel gab es zwar weiterhin, aber diese gingen in eine andere Richtung. Denn nun war nicht mehr die Stärke Deutschlands der Grund für den Argwohn und die Vorbehalte ihm gegenüber – wie in der ersten Hälfte des 20. Jahrhunderts –, sondern eher seine offensichtliche Fragilität und politische Schwäche: also weniger der alte »Wille zur Macht« als vielmehr eine unheilvolle Machtlosigkeit, gepaart mit einem sakrosankten, historisch bedingten Schuldgefühl. Gewiss, die Bedenken hinsichtlich der sozialen und wirtschaftlichen Konsequenzen der Wiedervereinigung waren legitim und verständlich, handelte es sich doch um ein historisch einzigartiges und politisch überaus ehrgeiziges Experiment.

Sollte es also doch möglich sein, jenen großen Traum Wirklichkeit werden zu lassen, indem man, in den Worten Willy Brandts, »zusammenwachsen« ließ, »was zusammengehört«, und dabei die Regionen der ehemaligen DDR in

»blühende Landschaften« verwandelte, wie es Helmut Kohl den Bürgern der neuen Bundesländer versprochen hatte? Oder würde sich die alte geopolitische Grenze, die sich im Herzen Deutschlands und Europas zwischen westlicher Welt und »real existierendem Sozialismus« herausgebildet hatte, nun in eine neue, soziale Mauer verwandeln und die Regionen des Ostens dazu verdammen, ein deutscher »Mezzogiorno ohne Mafia« zu werden, wie Helmut Schmidt ebenso hart wie provokant prognostizierte?

Nach und nach jedoch wichen Argwohn und Vorbehalte einem konstruktiven Dialog zwischen den Europäern, und der Einigungsprozess des alten Kontinents setzte sich in östlicher wie in südlicher Richtung fort. Trotz der dramatischen Unsicherheiten, die das Blutvergießen auf dem Balkan und die neuen geopolitischen Herausforderungen mit sich brachten, waren die Europäer in der Lage, die deutsche Wiedervereinigung zu bewältigen. Und den Deutschen gelang es in einem überraschend kurzen Zeitraum und allen Katastrophenvorhersagen zum Trotz, die soziale und wirtschaftliche Vereinigung des Landes in die Tat umzusetzen. Gewiss, zwischen ›Wessis‹ und ›Ossis‹ blieben Ressentiments bestehen, die von der Vergangenheit herrührten. Mit der Zeit jedoch stellte sich heraus, dass sie weit weniger explosiv waren, als man zunächst befürchtet (zum Teil wohl auch gehofft) hatte, wurden sie doch am Ende nur Gegenstand folkloristischer Debatten im Feuilleton.

Als guter Kenner der europäischen Geschichte warnte Helmut Kohl, der Kanzler der deutschen Einheit, in seiner Rede vor dem französischen Senat im Oktober 1993 vor den Gefahren eines übertriebenen Optimismus in weiser Voraussicht: »Die bösen Geister konnten noch nicht endgültig aus Europa vertrieben werden. Jede Generation steht erneut vor der Aufgabe, ihre Rückkehr zu verhindern, die Vorurteile zu überwinden und jeden bösen Verdacht fallenzulassen.« Dennoch glaubten viele, dass nun endlich der richtige Weg gefunden sei, die »deutsche Frage« definitiv zu den Akten legen zu können – zusammen mit den totalitären Ideologien, die das 20. Jahrhundert erschüttert hatten. Natürlich war dies nicht »das Ende der Geschichte«. Mit Sicherheit aber fand im Jahr 1990 *eine* Geschichte ihr Ende – nämlich die Geschichte des »europäischen Bürgerkriegs«. Der beängstigende Konflikt, den Thomas Mann noch in einem seiner letzten Texte thematisiert hatte, als er sich mit Blick auf die Zukunft des alten Kontinents fragte, ob sie ein »deutsches Europa« oder aber ein »europäisches Deutschland« mit sich bringen werde, verlor immer mehr an Brisanz, bis er schließlich vollkommen bedeutungslos geworden war.

Schlagartig änderten sich von Neuem die Rahmenbedingungen, als ab 2007 eine soziale und wirtschaftliche Krise über die Welt hereinbrach, deren Gründe und Ursachen für die Öffentlichkeit nur schwer nachzuvollziehen waren, und eine ebenso tiefgreifende wie alarmierende Verunsicherung auslöste. Längst überwunden geglaubte Feindseligkeiten keimten unter den europäischen Völkern auf, neue Abneigungen kamen hinzu.

Und während sich durch einen epochalen Wandel neue globale Machtstrukturen herausbilden und die demographische Entwicklung einzelner Länder ganze Klassen und Kulturen erschüttert, sind Nationen und Regierungen des alten Kontinents versucht, ihr Heil in irrealen neoisolationistischen Szenarien wirtschaftlicher und mentaler Autarkie zu suchen – ein fataler Irrtum. Identitätsgeleitete Ressentiments bündeln sich mit antiuniversalistischen reaktionären Ideologien zu einer sozialen und politischen *Empörung*, die ebenso schwammig wie inkohärent ist und daher auf gefährliche Weise außer Kontrolle geraten kann, wie beispielsweise in der Protestschrift »Empört euch!« von Stéphane Hessel oder bei den Aktionen von Beppe Grillo. Und prompt, wie dies seit anderthalb Jahrhunderten stets der Fall ist, wenn Europa in die Krise gerät, erscheint auf einmal der Schatten Deutschlands an der Wand.

Aber die Geschichte fängt nicht wirklich wieder von vorn an, auch wenn es uns manchmal so vorkommt. Der Schein trügt, weil wir mit der uns eigenen geistigen Trägheit dazu neigen, die Wirklichkeit nach altem Muster zu interpretieren. Wir geben uns die größte Mühe, unerwartet oder unvorhergesehen eingetretene Phänomene zu neutralisieren, indem wir sie in die beruhigende, aber irreführende Gewissheit bekannter Paradigmen zwingen. Was polemisch als ewige Wiederkehr der Vergangenheit (Kanzlerin Merkel mit Hitler-Schnurrbart) behauptet wird, ist ein bewusstes Täuschungsmanöver, ein Trick, um zu vermeiden, den Dingen wirklich auf den Grund zu gehen.

Antworten auf Fragen zur Zukunft Europas, zur Rolle Deutschlands und zu seinen globalen strategischen Zielen finden sich gewiss nicht in den Geschichtsbüchern (geschweige denn in simplen Vorurteilen), sondern eher in der genauen Analyse der tiefgreifenden Transformationen, die sich weltweit vollziehen. Die daraus erwachsenden Veränderungen führen zu einem radikalen Bruch mit der Vergangenheit und bewirken damit eine echte Metamorphose der europäischen Frage. Mehr noch: Was heute viele Bürger des alten Kontinents schlicht und einfach als ein altes, wiederkehrendes Problem – nämlich die Klärung der Rolle Deutschlands in Europa – erleben, ist in Wirklichkeit eine so noch nie dagewesene Situation mit völlig unerwarteten Herausforderungen. Gut hegelianisch könnte man daher sagen, die deutsche Frage sei – aus der Vergangenheit herausgelöst und in die Gegenwart transformiert – *dialektisch aufgehoben.* Wie hätte es auch anders sein sollen? Tatsächlich löste der Fall der Berliner Mauer eine bahnbrechende historische und geopolitische Wende aus, setzte er doch nicht nur den Machtverhältnissen der Nachkriegszeit ein Ende, sondern stand zudem auch Pate für die Globalisierung der modernen Welt. Mit dem Mauerfall ging das 20. Jahrhundert zu Ende, und zugleich fing das neue Jahrtausend an. Ein einziges Mal stimmten Geschichte und Kalender nahezu überein.

Um zu verstehen, welche Zukunft dem Kontinent Europa bevorsteht, muss man daher *Deutschland denken*, sich also in die gesellschaftspolitische Wirklichkeit des heutigen Deutschlands ebenso hineinversetzen wie in seine aktuelle geistig-historische Verfassung. Doch um eine Erklärung dafür zu finden, warum dieses Land noch immer und trotz allem *unheimlich* wirkt, muss das europäische Bewusstsein einen weiteren Schritt tun – vielleicht den schwierigsten und gewagtesten: »Tatsächlich müsste man lernen, unsere Geschichte aus einem deutschen Blickwinkel zu betrachten.«[2] Wird es Europa gelingen, über den Schatten seiner jahrhundertealten Vergangenheit zu springen? Werden die Anforderungen der Gegenwart die althergebrachten Vorurteile vergessen machen? Wird das Zukunftsverlangen den Völkern Europas dabei helfen, die Erinnerung an die Vergangenheit umzugestalten?

Und noch ein letzter Gedanke. Ich hatte das Glück, von 2007 bis 2011, also vier Jahre lang, als Leiter des Italienischen Kulturinstituts in Berlin tätig zu sein. Intellektuell waren es außergewöhnlich intensive Jahre, konnte ich doch die Metamorphose, in deren Verlauf sich Deutschland zur führenden

Macht auf dem alten Kontinent entwickelte, unmittelbar miterleben. Zugleich unterscheidet sich diese Nation, was ihre strategischen Ziele, geopolitischen Interessen und normativen Grundsätze betrifft, fundamental von ihrer Verfasstheit zu Beginn des 20. Jahrhunderts – teilweise aber auch von der Bonner Republik. So konnte ich feststellen (und mit mir alle anderen, die nach Berlin gekommen waren, um von Italien zu berichten), wie sehr das Bild, das die italienischen und europäischen Medien von Deutschland verbreiteten, von der Wirklichkeit eines einzigartig dynamischen Landes abwich. Ich musste aber auch mit einer gewissen Sorge erkennen, dass die herrschende politische Klasse auf die Aufgaben, vor die sich das »neue« Deutschland durch seine wirtschaftliche Macht und geopolitische Lage gestellt sah, politisch und psychologisch erstaunlich unvorbereitet war. Geradezu störrisch schien sie nur widerwillig bereit, sich der neuen Verantwortung zu stellen – vor allem wenn es um Europa ging.

Ich habe gesehen, wie sich Berlin zum geistigen Zentrum des alten Kontinents entwickelte, zum neuen Mekka einer avantgardistischen Jugendkultur, an deren Spitze ausgerechnet italienische Künstler standen – ein Berlin, das weit entfernt war von jener hypermodernen Stadt, die in den Bildern von *Metropolis* und *Die Sinfonie der Großstadt* verherrlicht wurde, eine Stadt, die ein kritischeres Bewusstsein für die Grenzen des Fortschritts besaß und für die der Mythos Konsum jeden Zauber verloren hatte. Mit schmerzlicher Enttäuschung habe ich den Prozess der zunehmenden politischen wie kulturellen Entfremdung zwischen Italien und Deutschland während der Regierungszeit Silvio Berlusconis mitverfolgt – eine Entfremdung, die an einem bestimmten Punkt zu einem irreparablen Bruch zu führen drohte (ist die Gefahr tatsächlich gebannt?). Dies wäre nicht nur das Ende einer Beziehung, die unsere beiden Länder seit fast zwei Jahrhunderten im Guten wie im Schlechten verbindet, es würde auch das Scheitern des europäischen Projekts besiegeln.

Mit Wehmut kehrte ich in meiner Erinnerung zurück in die siebziger Jahre, als Italien kultureller und politischer Anziehungspunkt für eine ganze Generation deutscher Intellektueller war, die ihre klassische Bildungsreise, manchmal ideologisch motiviert, in das *Bel Paese* unternahmen. Und Westdeutschland seinerseits, mit der Achse Frankfurt – (West-)Berlin, hatte mir, wie so vielen anderen Vertretern meiner Generation, großzügig die Möglichkeit eingeräumt, die wichtigen deutschen Geistesströmungen des 20. Jahrhunderts kennenzulernen: von der Frankfurter Schule bis hin zu Vertretern großbürgerlichen Denkens. In meinem täglichen Austausch mit der kulturellen Wirklichkeit Berlins sah ich eine epochale Vorahnung jenes italienischen Europagedankens bestätigt, dessen Tradition heute Giorgio Napolitano und mit ihm wenige andere vehement am Leben zu halten suchen – will sagen: Wenn zwischen Frankreich und Deutschland dank des vor 50 Jahren ausgehandelten Élysée-Vertrags aus historischen wie geographischen Gründen eine »besondere Beziehung« besteht, die den Grundstein für das europäische Projekt bildete, so existiert richtigerweise zwischen Italien und Deutschland eine »außergewöhnliche Beziehung«, die es beiden Ländern ermöglichte, ihre jeweiligen historischen Schwächen zu kompensieren. Mehr noch: Diese Beziehung hat sich zu einer regelrechten strategischen Notbremse entwickelt, die verhindert, dass die europäische Einigung auf dem Abstellgleis endet.

Eine Art Reserve also, auf die man in Momenten der Krise zurückgreift. Wird dies auch jetzt so sein? Diese Frage ist nicht leicht zu beantworten. Sicher ist jedoch, dass die schwere Krise, in der sich Italien seit Jahren befindet, nicht nur eine Bedrohung für seine eigene Zukunft darstellt, sondern auch für die Zukunft Europas. Denn wenn es stimmt, dass das Bündnis zwischen Italien und Deutschland noch vor der »großen Transformation« grundlegend für die Entstehung und den Fortgang des europäischen Projekts war, so trifft es ebenso zu, dass ein dauernder Dissens zwischen beiden Ländern darüber, wie die neuen Herausforderungen der globalisierten Welt strategisch anzugehen seien, sich verhängnisvoll auf das Projekt Europäische Union auswirken wird. Und diese Gefahr besteht heute tatsächlich. Das schlimmste unter allen Szenarien wäre, wenn Italien sich trotz aller Versuche als unfähig erweisen würde, die notwendigen Reformen einzuleiten, während Deutschland nicht den erforderlichen politischen Weitblick besäße, Italien dabei zu helfen, gemeinsam die Zukunft Europas zu bauen.

Wo aber Gefahr ist, wächst
Das Rettende auch.

Hoffen wir, dass Hölderlin auch diesmal recht behält.

Berlin/Rom, im Mai 2013 *Angelo Bolaffi*

ERSTER TEIL
Neues Deutschland, alter Europagedanke

1.
Der große Wandel

Von hier und heute geht eine
neue Epoche der Weltgeschichte aus.
Johann Wolfgang von Goethe

Man erinnert sich, daß China und die Tische
zu tanzen anfingen, als alle übrige Welt still
zu stehn schien – pour encourager les autres.
Karl Marx

Am Anfang steht ein Datum – der 9. November 1989. Und ein Ereignis – der Fall der Berliner Mauer. An diesem Tag ging in der Stadt Berlin, die als das Symbol des Kalten Krieges schlechthin galt, noch vor dem kalendarischen Termin das 20. Jahrhundert – das »gewalttätigste in der Menschheitsgeschichte« – zu Ende. Mit der Auflösung der geopolitischen Ordnung, wie sie aus dem Zweiten Weltkrieg hervorgegangen war, begann ein ganz neues Kapitel in der Geschichte Europas. Und Deutschland kehrte in die Mitte des alten Kontinents zurück.

Eine Episode von zunächst nur »lokaler«[1] Bedeutung nahm eine erstaunliche Wendung, indem sie eine *echte Krise* (Jacob Burckhardt) hervorrief, eine

Krise mithin des ganzen allgemeinen Zustandes; bis zur colossalsten Ausdehnung über ganze Zeitalter und alle oder viele Völker desselben Bildungskreises. Der Weltproceß geräth plötzlich in furchtbare Schnelligkeit; Entwicklungen, die sonst Jahrhunderte brauchen, scheinen in Monaten und Wochen wie flüchtige Phantome vorüberzugehen und damit erledigt zu sein.[2]

An diesem Tag konnte die Menschheit zum ersten Mal mit eigenen Augen verfolgen, wie die Geschichte ihren Lauf nahm, verwandelte sich doch eine Episode, die zu anderen Zeiten lokal begrenzt geblieben wäre, in ein Ereignis von weltumspannender Bedeutung, ohne dass irgendjemand im Entferntesten damit gerechnet hätte. Zeitzeuge eines geschichtsträchtigen Ereignisses zu sein war bis zum 9. November 1989 ein nur wenigen vorbehaltenes Privileg und durch Zufall oder Persönlichkeit bedingt – wie im Fall Goethes, der am 20. September 1792 von einer Anhöhe aus die »Kanonade von Valmy« miterlebte, mit der »das neue Frankreich in den geographischen Atlas einzog«.

Dank des Fernsehens[3], aber vor allem, weil die Welt nicht länger in Einflusssphären geteilt ist, bescherte der Fall der Berliner Mauer der Menschheit ein neues Recht: das Recht auf unmittelbare Information über Geschehnisse selbst in den entlegensten Regionen der Welt. Die Kehrseite davon ist allerdings, dass nun Ereignisse in weit entlegenen Ländern wirtschaftliche und politische Konsequenzen in Staaten haben können, die sozusagen ›am anderen Ende der Welt‹ liegen. So brach ein ganz anderes Zeitalter in der Menschheitsgeschichte an, das wir inzwischen als Globalisierung bezeichnen. Diese Revolution hat die Welt in ein Dorf und den Planeten in einen einzigen gigantischen Markt verwandelt – in eine »ungeheure Warensammlung«, wie es in der bestechenden Lagebeschreibung auf der ersten Seite des Marx'schen *Kapital* heißt.

Ohne dass es sofort offensichtlich gewesen wäre, entfaltete dieses Ereignis eine hochbrisante Wirkung, die sich in der Folge noch als denkbar explosiv erweisen sollte, weil in diesem Moment das institutionelle Fundament der Moderne selbst wegzubrechen begann. Auch wenn es nicht sofort das Ende des Nationalstaats bedeutete, so war es doch gewiss das Fanal seines Untergangs und der forcierten Auflösung jener Unterscheidung, die die Grundlage des *ius publicum europaeum* gebildet hatte: der Unterscheidung zwischen Innen- und Außenpolitik. Am Beginn des »post-westfälischen« Zeitalters[4], wie es Politologen bezeichnen, stand also das Ende des Kalten Krieges und der Teilung der Welt in Einflusssphären. Dies führte ausgerechnet die Wiedervereinigung Deutschlands und damit einer Nation herbei, die für eben diese Teilung die historische Hauptverantwortung trug und zugleich am meisten unter dieser Teilung zu leiden hatte.

Der Fall der Berliner Mauer darf mithin als geopolitische und mentale Wasserscheide für das 20. Jahrhundert gelten. Mit diesem Ereignis endete nicht nur eine Epoche in der Geschichte des alten Kontinents – es entstand eine nicht für möglich gehaltene Dimension von Weltöffentlichkeit, deren Verhalten sich grundlegend neu justierte. Eine Art weltumspannende Zivilisations- und Kulturrevolution also, die Sinn und Form des kollektiven Handelns von Grund auf veränderte – mindestens so einschneidend wie die Erfindung der Schrift, die unserem Denken völlig neue Welten zugänglich machte, und wie die Erfindung des Buchdrucks, der die Verbreitung von Literatur revolutionierte. Beide Erfindungen schufen überhaupt erst die Bedingungen für die Entstehung der öffentlichen Meinung. Im Grunde genommen ist es jedoch vollkommen überflüssig, darüber zu diskutieren, ob die Epoche der Globalisierung erst durch die Technik ermöglicht wurde oder ob die Globalisierung selbst die notwendige Voraussetzung für das bildet, was uns heute als Mobilisierung der Technik erscheint.[5]

In der globalisierten Welt darf niemand mehr glauben, er könne sich so einfach aus der Affäre ziehen wie der *Bürger* beim Spaziergang »Vor dem Tor« im *Faust*:

Nichts Bessers weiß ich mir an Sonn- und Feiertagen
Als ein Gespräch von Krieg und Kriegsgeschrei,
Wenn hinten, weit, in der Türkei,
Die Völker aufeinander schlagen.
Man steht am Fenster, trinkt sein Gläschen aus
Und sieht den Fluß hinab die bunten Schiffe gleiten;
Dann kehrt man abends froh nach Haus,
Und segnet Fried und Friedenszeiten.[6]

Die Geschichte, die Europa nach 1945 endgültig zu einem ohnmächtigen Zeugen vergangenen Ruhms gemacht und dazu verurteilt zu haben schien, »sous l'œil des américains et des russes« zu leben, hatte eine jener Kapriolen geschlagen, für die sie zu Recht berühmt ist, und war, wenn auch nur vorübergehend, einen Schritt zurückgetreten, bevor sie zum großen Sprung in eine gänzlich unbekannte Dimension – die *Globalgeschichte* – ansetzte. Und als ob es sich um eine Hommage an jenen Philosophen handelte, der, freilich erfolglos, versucht hatte, die Dynamik der Weltgeschichte in die Kategorien des absoluten Geistes zu zwingen, schien es, als würden auf den Straßen zwischen Brandenburger Tor, Humboldt-Universität, Unter den Linden und Checkpoint Charlie »die Tische zu tanzen [anfangen], als alle übrige Welt still zu stehn schien – *pour encourager les autres*«[7], um eine bekannte Formulierung des berühmtesten Schülers jenes Philosophen zu verwenden.

Nahezu unbemerkt war der »Weltgeist« wieder auf deutschem Boden erschienen – weshalb man von einer Wiederkehr der Geschichte sprach –, durch die Demonstrationen und Protestmärsche derer, die als Versuchskaninchen beim Experiment eines »preußischen Sozialismus« herhalten mussten (an ihrer Seite die parallel dazu revoltierenden Bürger in den anderen Staaten des Ostblocks). Die Einwohner des Landes, das sich 40 Jahre lang damit gebrüstet hatte, das »andere Deutschland« zu sein, und wenige Monate später nur noch die ehemalige DDR war, hungrig nach Freiheit, aber auch nach besseren materiellen Lebensbedingungen (was ihnen die anderen, die das Glück hatten, auf der »richtigen« Seite der Mauer zu leben, in snobistischer Überheblichkeit vorwarfen), überquerten nun die Grenze in Richtung Westen: »Sie stimmten mit den Füßen ab« (Albert Hirschman). Mit dieser friedlichen, demokratischen Revolution, der ersten in der deutschen Geschichte, ging nicht nur der Kalte Krieg zu Ende, sondern kam auch »der lange Weg nach Westen«[8] zum Abschluss. Er hatte fast 200 Jahre in Anspruch genommen. Zum französischen Jahr 1789 gesellte sich nun das deutsche 1989 hinzu und setzte dem kulturellen Schisma, das die Napoleonischen Kriege für Deutschland mit sich gebracht hatten, ein Ende. Diese Rückkehr der Deutschen in den Westen – ein Weg, der unter Adenauers Führung nach dem Zweiten Weltkrieg angefangen hatte – war die geistig-historische Vorbedingung, damit Frankreich und Deutschland sich aussöhnen konnten und das europäische Projekt sich entfalten, denn der »Knackpunkt Europas« bestand bis dahin »in dem geheimnisvollen Hass zwischen diesen beiden Ländern«.[9]

Tatsächlich ahnte am Vorabend jenes *Schicksalstags*[10], dem 9. November, in Europa niemand auch nur im Entferntesten, welch große Transformation bevorstand, auch wenn – genau wie Marx ein Jahrhundert zuvor festgestellt hatte – im Juni ein bedrohliches Warnsignal aus dem fernen China kam: die blutige Niederschlagung der studentischen Proteste auf dem Platz des Himmlischen Friedens. Der »fünfzigjährige Friede« in Europa (und in der Welt) – beherrscht vom Gleichgewicht des Schreckens – hatte den »täuschenden Schein« erweckt, »als wäre ein Gleichgewicht der Mächte erreicht, welches ewig dauern könnte«.[11]

Gähnend hatten die Deutschen das Jahr 1989 begrüßt. Dass die deutsche Frage auf die Tagesordnung der europäischen Politik zurückkehren würde, zog man nicht einmal ansatzweise in Betracht, galt eine solche Vorstellung doch in Europa wie im Rest der Welt als abwegig. Im Osten wie im Westen Deutschlands hielt man einen solchen Gedanken darüber hinaus für historisch inakzeptabel und moralisch unzumutbar. Bereits Nikita Chruschtschows Worte waren deutlich genug: »Die Grenze zwischen den beiden deutschen Staaten ist das Ergebnis eines Krieges, und nur ein weiterer Krieg könnte an ihr etwas ändern.« Niemand freilich war so wahnsinnig, einen Atomkrieg heraufbeschwören zu wollen, noch dazu um einer Nation willen, die zwei Weltkriege zu verantworten und eine nicht wiedergutzumachende Schuld – die des Holocausts, des größten Verbrechens gegen die Menschheit – auf sich geladen hatte.

Die Teilung Deutschlands resultierte aus der Logik des Kalten Krieges. Sie stellte keineswegs, wie Karl Jaspers behauptete, die historische Strafe für die »deutsche Schuld« dar – eine These, die nach dem 9. November 1989 die Gegner der deutschen Wiedervereinigung, allen voran Günter Grass und Jürgen Habermas, wieder aufgegriffen. Die Teilung war für die Deutschen zu einem Postulat der *praktischen Vernunft* geworden: zu einer Verfassung im materiellen Sinne, die der Existenz zweier deutscher Staaten Rechnung trug. Ja, diese Teilung war sogar die Voraussetzung dafür, dass das Projekt der Europäischen Union so umgesetzt werden konnte, wie es Robert Schuman 1950 angekündigt und Altiero Spinelli später formuliert hatte:

> *Jener Teil der Führungsklasse in Deutschland, der begreift, was es bedeutet und mit sich bringt, ein europäisches Bewusstsein zu entwickeln, wird nur dann in der Lage sein, der Bundesrepublik eine entsprechende Politik aufzuerlegen, wenn er die Zivilcourage aufbringt, das verheerende Schreckgespenst einer Wiedervereinigung offen zu verurteilen.*

Es schien, als hätten die beiden deutschen Staaten unter der Last der Erinnerung an ihre tragische Geschichte tatsächlich beschlossen, einander für immer den Rücken zuzukehren: der eine, Ostdeutschland, weil er vor der unbarmherzigen Dynamik einer in Einflusssphären geteilten Welt kapitulierte; der andere, Westdeutschland, aus Überzeugung. Die Bürger Ostdeutschlands, weil sie *keine andere Wahl* hatten; die Bürger Westdeutschlands, weil sie *nicht anders konnten* und *nicht anders wollten*. Die deutsche Frage schien, um die Formulierung Andreas Hillgrubers aufzugreifen, »storniert« und »eingekapselt« gewesen zu sein. Daher konnte, so seine hellsichtige Diagnose, »nur ein weltpolitischer Erdrutsch [...] ein (wieder-) vereinigtes Deutschland [...] in realisierbarer Nähe liegend erscheinen lassen«.[12] Also genau das, wozu es 1989, ein Jahr nach dem Tod des bekannten Historikers, tatsächlich kam.

Noch im Herbst jenes Jahres, als sich schon die ersten Demonstrationen in Leipzig, Dresden und Berlin formierten, denen weitaus größere Protestmärsche in Budapest, Warschau und Prag vorausgegangen waren, entgegnete der sowjetische Botschafter und Vertreter seines Landes in Ost-Berlin, Wladimir Semjonow, einem Journalisten auf dessen Frage, ob er eine deutsche Wiedervereinigung für möglich halte, mit zynischer Bestimmtheit: »Kein Mensch kann hoffen, so alt zu werden«, um das noch mitzuerleben. Und einige Monate zuvor, im Januar 1989, hatte der Staats- und Parteichef der DDR, Erich Honecker, unmissverständlich verkündet: Die Mauer »wird auch noch in 50 und auch in 100 Jahren noch bestehen bleiben.«

Wie die Sache ausgegangen ist, wissen wir. Im darauffolgenden Jahr feierte Deutschland, am 3. Oktober 1990, seine Wiedervereinigung. Zwei Jahre später, am 8. Dezember 1991, wurde die Erklärung über die Auflösung der Sowjetunion unterzeichnet und zwei Wochen danach die Sowjetfahne eingeholt, die seit November 1917 über dem Kreml geweht hatte. Die von Alain Minc vertretene These, wonach die »russische Frage« genauso entscheidend für die »deutsche Frage« sei wie diese für die »europäische Frage«,[13] hatte sich somit bewahrheitet.

Das Ende der deutschen Teilung war jedoch nicht nur der Beginn eines noch zu schreibenden Kapitels in der europäischen Geschichte, es war auch der Ausgangspunkt für eine immense, ja weltumspannende Transformation, eine materielle wie kulturelle Umwälzung, eine regelrechte Weltrevolution – die Globalisierung[14]: »Gegen Ende des 20. Jahrhunderts demonstrierte die ostdeutsche revolutionäre Transformation aufs Neue, dass lokale und globale Geschichte in Wirklichkeit zwei Perspektiven eines einzigen allumfassenden Prozesses waren.«[15] Die Revolution in den Ländern Mittelosteuropas, die von der Sowjetherrschaft jahrzehntelang unterjocht wurden, führte zu einer völligen Neuausrichtung des politischen Koordinatensystems und der wirtschaftlichen Hierarchien, deren Tragweite und Konsequenzen in ihrer Komplexität bis heute nicht hinreichend ausgeleuchtet werden konnten: »Im Unterschied zu den gewaltsamen Revolutionen und den Bürgerkriegen, wie sie sich beispielsweise in China, Rumänien oder Jugoslawien zugetragen haben, könnte das geteilte und wiedervereinte Deutschland als potenzieller Schauplatz eines Atomkriegs dank der daran geknüpften Politik der Abschreckung und Wiederannäherung den friedlichen Gang der Revolution einmal mehr begünstigt haben: Auch so gesehen hatte die Revolution von 1989 nicht nur eine lokale, sondern auch eine globale Dimension.«[16]

Die Tage, die auf jene Novembernacht 1989 folgten, von der Politiker und Intellektuelle gleichermaßen überrascht wurden, veränderten die Geschichte Deutschlands, Europas und der Welt: »Noch einmal bestimmte die Handlung auf der engeren Bühne auch die auf der weiten. Noch einmal war Deutschland Träger dieser Handlung [...]«[17], wie Ludwig Dehio 40 Jahre zuvor diagnostiziert hatte. Die Stunde eines »dauerhaften Friedens« schien endlich gekommen.

Wie sich aber in kürzester Zeit herausstellen sollte, handelte es sich um eine gewaltige Fehleinschätzung, um eine Illusion, denn der »Frühling der Völker« dauerte doch kaum länger als einen Vormittag. Wieder verwüstete ein Krieg den Boden Europas, als der Konflikt auf dem Balkan ausbrach und jahrhundertealte Widersprüche zutage traten. Mit einem von serbischen Heckenschützen verübten Massaker begann am 5. April 1992 die Belagerung Sarajevos – die längste Belagerung, die eine europäische Stadt in jüngerer Zeit erlebt hat: 10 000 Tote und 50 000 Schwerverletzte waren die Schreckensbilanz. Und dies, wohlgemerkt, keine zwei Monate, nachdem der Vertrag von Maastricht, der den Grundstein der neuen Europäischen Union hätte legen sollen, am 7. Februar 1992 unterzeichnet worden war.

Die Globalisierung, die – optimistisch betrachtet – das »Ende der Geschichte« (Francis Fukuyama, 1992) einleiten sollte, öffnete in Wirklichkeit die Büchse der Pandora, in der während des Kalten Krieges die Feindseligkeiten und Gegensätze des »Welt-Konflikts«[18] unter dem Vorzeichen der nuklearen Abschreckung eingeschlossen waren. Europa, das sich in der zweiten Hälfte des 20. Jahrhunderts – sozusagen »im Schatten der Mauer« befriedet – seelenruhig nur um seine eigenen Angelegenheiten gekümmert hatte, wurde schlagartig und vollkommen unvorbereitet von der Dynamik der (finanz-)wirtschaftlichen Globalisierung erfasst und in einen Wettstreit mit aufstrebenden Mächten hineingezogen, die bis dahin noch unbekannt waren. Nur zu deutlich wurde dabei, welche strukturellen Grenzen, politischen Schwächen und mentalen Empfindlichkeiten Europa ihren Stempel aufgedrückt hatten.

Das Ende des »Friedens von Jalta« setzte folglich nicht nur dem politischen Zyklus der europäischen Nachkriegszeit ein Ende und erschütterte damit auch, wie ich im Folgenden zeigen werde, das europäische Projekt in seinen Grundlagen. Dieses Ende bedeutete auch den Beginn eines weltweiten »Kampfes um Anerkennung«, in dem sich die (sakrosankten) Prinzipien einer gerechteren Verteilung der Reichtümer der Erde zwischen Ost und West und Nord und Süd mit einem explosionsartig ausgebrochenen blutigen Kampf der Kulturen und der Renaissance der Religion mischten – ein weiteres überraschendes Kapitel des Phänomens, das in der europäischen Kultur hinlänglich bekannt und unter dem Begriff »reaktionärer Modernismus« (Jeffrey Herf) geläufig ist.

Eine geistige und geopolitische Umwälzung wurde in Gang gesetzt. Durch sie geraten die gesellschaftlichen Ordnungen und Hierarchien, Machtverhältnisse und verwurzelten kulturellen Überzeugungen ins Wanken und stellen, wie wir noch sehen werden, auch die Modalitäten, Zeiträume und Ziele der europäischen Einigung grundlegend infrage. Zwangsläufig mussten die Erwartungen all derer enttäuscht werden, die hofften, das Ende der Teilung Deutschlands und (damit auch) des alten Kontinents werde eine rasche Realisierung des Traums von einem vereinten Gesamteuropa ermöglichen.

Versuchen wir eine Zwischenbilanz. Der Fall der Berliner Mauer und die nachfolgende Wiedervereinigung der Deutschen waren, dies sei nochmals betont, der Anfang einer neuen geopolitischen Ära der Menschheitsgeschichte, weil sie die *Globalisierung* beschleunigten, von der Ludwig Dehio am Ende seines Buchs sprach: »In der Tat, es wäre vermessen vorauszusagen, auf welchen Wegen und Umwegen die Tendenz zur Vereinheitlichung des täglich schrumpfenden Erdballes ihr Ziel erreichen könnte [...].«[19] Natürlich konnte der deutsche Historiker nicht im Mindesten vorausahnen, dass ausgerechnet Deutschland, dessen historische Katastrophe im Zentrum seiner Überlegungen stand und Ursprung dessen war, was ihm als unwiderrufliches Ende des europäischen Staatensystems erschien, entscheidend zur »Vereinheitlichung des Erdballs« beitragen sollte. Und noch viel weniger konnte er voraussehen, dass die »Rückkehr der Geschichte« auf deutschem Boden ein entscheidendes Kapitel für »jenen *Weg nach Westen* aller Kulturen« aufschlagen sollte, der »tiefgreifende

Veränderungen in Wirtschaft, Gesellschaft, Lebensstil und Verhaltenskodizes nicht nur der ›anderen‹ Zivilisationen« mit sich bringen würde, sondern auch »für die westliche Zivilisation selbst«.[20]

Niemand in Europa und in der Welt hatte also erwogen, geschweige denn vorhergesehen, dass ausgerechnet die deutsche Wiedervereinigung das geopolitische Gleichgewicht auf dem alten Kontinent ein halbes Jahrhundert nach der deutschen Katastrophe durcheinanderbringen und Deutschland ins Zentrum des Geschehens zurückbefördern würde. Europa befindet sich mehr als 25 Jahre nach dieser unerhörten Begebenheit, dem ›deutschen Jahr 89‹, noch immer in einer Art Schockzustand und tut sich schwer, den Kausalnexus zwischen beiden Aspekten zu begreifen: der neuen Rolle Deutschlands einerseits und der Dringlichkeit, die Modalitäten und Zeiträume für den Aufbau der Europäischen Union zu überdenken, andererseits: »Mit der Rückkehr Deutschlands ins Zentrum der Europapolitik haben sich die geopolitischen Koordinaten, die der Gründung der Europäischen Gemeinschaft mit zunächst sechs Mitgliedstaaten im Jahr 1957 und ihren sukzessiven Erweiterungen eine Richtung gaben, verändert.«[21] Genau an diesem Punkt muss eine kritische Reflexion ansetzen, will man die Ursachen für die gegenwärtige Krise im europäischen Einigungsprozess analysieren, diesem epochalen geopolitischen Paradigmenwechsel, der zu Recht als »the largest geopolitical change in Europe since 1945«[22] bezeichnet wurde.

Ausgangspunkt ist demnach die Feststellung, dass sich »alles verändert hat seit dem weit zurückliegenden Beginn im Jahr 1950«.[23]Von hier aus ist daher mit nüchtern-realistischem Blick zu fragen, warum sich die großartige Utopie, die Robert Schuman einst entwarf, heute in einer so dramatischen Krise befindet (in Wirklichkeit war der Europagedanke nie wirklich populär) und sogar die Gefahr einer paradoxen Zielverkehrung besteht. Denn anstatt den europäischen *demos* zu vereinen, droht Europa zu einem Krisenfaktor zu werden, zur Ursache neuer Spaltungen. Der Europagedanke ist nicht mehr Anlass, historische Feindschaften zwischen den Nationen des alten Kontinents zu überwinden, sondern vielmehr eine Quelle neuer Gegensätze und heftiger Feindseligkeiten, unbegründeter Überempfindlichkeiten und tiefer Ressentiments, alter Vorurteile und neuer Differenzen. Fast ein halbes Jahrhundert lang galt das Projekt eines vereinten Europas als entscheidende Ressource, um eine Vergangenheit aus Hass und Kriegen zu überwinden. Mit einem Schlag nun scheint sich diese Quelle erschöpft zu haben und nicht mehr zur Verfügung zu stehen. Dieser Europagedanke, geboren auf den Trümmerfeldern des Zweiten Weltkriegs, ging unter den Resten der Berliner Mauer verloren: »Der plötzliche Zusammenbruch der Sowjetmacht, der 1989 seinen Anfang nahm, hat der Integration Westeuropas einen schweren Schock versetzt.«[24]

So paradox es klingen mag: Die Hoffnung, die am Ende eines der blutigsten Kriege der Menschheitsgeschichte aufkeimte, begann sich am Ende eines nie wirklich ausgebrochenen Krieges zu verlieren – am Ende des Kalten Krieges. Wie war das möglich? Warum ist es um die historische Meistererzählung Europas still geworden? Der Augenblick ist gekommen, die Akte Deutschland und Europa wieder aufzuschlagen und ein Nachdenken über den alten Kontinent anzustoßen – frei von Tabus und Gemeinplätzen, die buchstäblich jeden Sinn verloren haben. Tatsächlich müssen wir uns fragen, ob es überhaupt noch möglich ist, eine Union Europas zu erreichen.

Wäre es denkbar, dass das neue, ganz andere Deutschland für die Zukunft Europas ein Anlass zur Hoffnung ist, so wie das alte, nur zu gut bekannte und berüchtigte Deutschland einst Europa und die Welt in Verzweiflung stürzte?

2.
Der europäische Zwiespalt

Wenn die Deutschen an die Zukunft denken,
erinnern sich die Nachbarn an die Vergangenheit.
Fritz Stern

Als im Herbst 1989 die Aussicht auf eine deutsche Wiedervereinigung – allen Vorhersagen zum Trotz – kein unwahrscheinliches geopolitisches Szenario mehr war, sondern zur konkreten Möglichkeit wurde, war die Aufregung in den Hauptstädten der westlichen Verbündeten groß. Ob Mitterrand, Thatcher oder Andreotti – alle wurden sie (und mit ihnen die ganze Welt) von den Ereignissen überrollt.

Dabei wussten sie sich zunächst keinen anderen Rat, als sich in Argwohn und Ressentiments zu flüchten, die die Gespenster der Vergangenheit zum Vorschein brachten – und mit ihnen alte Ängste: »Während man die Berliner Ereignisse in aller Welt live auf dem Bildschirm verfolgen konnte [...], machten die europäischen Regierungen keinen Hehl aus ihrer Unsicherheit.«[1] In Ländern wie Polen, Ungarn oder der damals noch existierenden Tschechoslowakei war die Hoffnung, der Fall der Berliner Mauer könne – wie es dann auch tatsächlich geschehen sollte – das Ende der Sowjetherrschaft besiegeln, verständlicherweise von der historischen Angst vor einer erneuten Bedrohung durch ein wiederauferstandenes Deutschland begleitet.

Jedenfalls glaubte kaum jemand – höchstens einige Dissidenten aus dem osteuropäischen Raum –, dass diese »Rückkehr der Geschichte« dem alten Kontinent die Gelegenheit bieten könnte, zu jener Einheit zurückzufinden, die mit der Konferenz von Jalta zertrümmert worden war. Und nur wenige besaßen den Weitblick einiger amerikanischer Wissenschaftler, um die Folgen des geopolitischen Erdbebens, das sich inmitten des alten Kontinents ereignete, unmittelbar zu erkennen: dass sich nämlich Fristen und Modalitäten des europäischen Einigungsprozesses grundlegend verändern würden, was wiederum einen traumatischen Kontinuitätsbruch zur Folge hätte.

> *Aber die zentrale Rolle Deutschlands bedeutet, daß der neue, mit voller Souveränität ausgestattete und fest in westlichen Organisationen verankerte deutsche Staat weitgehend das Gesicht des neuen Europa prägen wird. Die Staatsmänner, die sich plötzlich mit der deutschen Frage konfrontiert sahen, haben mit ihren Entscheidungen nicht nur den deutschen Weg zur Einheit, sondern auch die Grundzüge der Zukunft Europas festgelegt.*[2]

Giulio Andreotti, seit November 1989 – wieder einmal – italienischer Ministerpräsident, versuchte seine Verlegenheit diplomatisch geheuchelt zu überspielen: »Die Existenz einer Nation in Form von zwei Staaten ist eine Tatsache, eine Wirklichkeit, die nicht infrage gestellt werden kann. Etwas ganz anderes ist es, sich vorzustellen, welchen Verlauf die Geschichte in der Zukunft nehmen wird, das aber wäre die Aufgabe eines Propheten.«[3] Diese Zurückhaltung verzieh ihm

Helmut Kohl, sein alter Glaubensgenosse und politischer Weggefährte, nie, und entsprechend verärgert reagierte er auch: Wäre Andreottis Land durch den Tiber geteilt, würde er wohl anders reden. Dieses Missverständnis überschattete die persönlichen Beziehungen beider Politiker und schmälerte nicht zuletzt die Sympathie des Vaters der deutschen Einheit gegenüber der italienischen Politik insgesamt. Und das umso mehr, als sich die politische und intellektuelle Linke in Italien, von wenigen rühmlichen Ausnahmen abgesehen, entschieden gegen eine mögliche Wiedervereinigung Deutschlands stellte: ob nun im Namen von Resistenza und Antifaschismus oder aus Angst vor einer möglichen »Germanisierung«[4] oder auch mit Blick auf das Ideal eines europäischen Föderalismus.

> *Für Westdeutschland wird es immer dringlicher, das Thema der nationalen Wiedervereinigung von der Liste seiner außenpolitischen Ziele zu streichen, was auch bedeuten könnte, sie auf den Tag zu verschieben, da die gesamte Weltpolitik sich so deutlich von der heutigen unterscheidet, dass jeder heute unerreichbar scheinende Traum ein erfüllbarer Traum sein wird.*[5]

Manch einer erdreistete sich sogar zu der ans Lächerliche grenzenden Forderung, Deutschland müsse die Entscheidung über eine Wiedervereinigung einem weltweiten Referendum überlassen. Kaum jemand war indes bereit, den Motiven der Deutschen selbst Beachtung zu schenken, insbesondere den Rechten der Menschen, die ein halbes Jahrhundert lang auf der falschen Seite der Mauer gelebt hatten, der *Ossis* also. Doch ausgerechnet die (deutschen wie europäischen) Kritiker der Wiedervereinigung schwangen sich später zu deren Verteidigern auf – im Namen des gemeinsamen Widerstands gegen den »Imperialismus der D-Mark«. Viele Jahre mussten vergehen, und Filme wie *Good Bye, Lenin!* (2003) oder *Das Leben der Anderen* (2006) mussten in die Kinos kommen, bis sich, wenn auch nur langsam, an der öffentlichen Meinung in Italien etwas zu ändern begann.

Weitaus bedenklicher noch verhielten sich Frankreich und Großbritannien, die als »Siegermächte« zusammen mit den USA und der UdSSR die sogenannten »alliierten Vorbehaltsrechte« gegenüber Deutschland innehatten, wenngleich sie »aus dieser Geschichte als zweitrangige Mitspieler hervorgegangen« sind.[6]

Noch nach dem Fall der Berliner Mauer versuchte Mitterrand, die Wiedervereinigung Deutschlands zu verhindern oder wenigstens hinauszuzögern, indem er im Dezember 1989, nach einem ebenso abenteuerlichen wie diplomatisch riskanten Besuch bei der inzwischen in den letzten Zügen liegenden Ost-Berliner Regierung dieser die Unterstützung Frankreichs anbot. Er hoffte wohl auf eine Neuauflage der *Entente cordiale* mit Russland im Sinne eines antideutschen Bündnisses. Am Ende gab er freilich auf, wenn auch schweren Herzens. Doch die Aussicht auf ein neues Großdeutschland jenseits des Rheins ließ in der Tiefe der französischen Seele das antideutsche Leiden wiederaufleben, an dem sie seit 1870 krankte. Die deutsche Wiedervereinigung wirft »einen riesigen Schatten auf Deutschland, das zu mächtig ist, um keine führende Rolle übernehmen zu wollen, und das zu lange beleidigt wurde, um nicht das Bedürfnis nach einer Rehabilitierung oder gar nach Rache zu empfinden.«[7] Zwar hatten de Gaulle und Adenauer bereits ein Vierteljahrhundert zuvor den großherzigen Versuch unternommen, die Schatten der blutigen Vergangenheit hinter sich zu lassen, und, mit dem bezeichnenden Weitblick und der geistigen Grandeur bedeutender politischer Leitfiguren, im Élysée-Vertrag (1963[8]) einen echten Dialog zwischen beiden Ländern begonnen. Trotzdem blieb Deutschland, nach Meinung der französischen Medien und Intellektuellen, auch weiterhin eine Bedrohung für das eigene Land und für Europa: »Deutschland hat sagenhafte Qualitäten, aber die Geschichte lehrt uns nicht, dass sich dieses Land von der Vernunft leiten lässt. Deutschland besitzt ein erstaunliches Talent, sich in den eigenen Fehlern zu verfangen, und neigt zu irrationaler Halsstarrigkeit.«[9] Frankreich war (verständlicherweise) besorgt, dass sich das Kräfteverhältnis zu Deutschland radikal verändern könnte: Eine Wiedervereinigung würde nicht nur Deutschlands ohnehin unbestrittene wirtschaftliche Überlegenheit weiter vergrößern, auch demographisch gesehen hätte es dann ein größeres Gewicht als Frankreich: »Die Aussicht auf ein wiedervereinigtes Deutschland und die Abschwächung der sowjetischen Bedrohung verändern den internationalen Kontext, in dem Jean Monnet agiert hatte, womit möglicherweise auch die Politik obsolet geworden wäre, die Frankreich jahrzehntelang betrieben hat. Ein wiedervereinigtes Deutschland hätte sowohl in demographischer als auch in materieller Hinsicht größere Bedeutung als Frankreich.«[10] Außerdem: Wenn zuvor Paris der Schwerpunkt des geographischen wie politischen Kräfteverhältnisses, also gleichsam das Herz der Europäischen Union, war, würde dieses Gravitationszentrum sich mit der deutschen Wiedervereinigung unweigerlich in die Mitte des Kontinents verlagern. Und genau das geschah: Mit dem Vertrag von Maastricht, etwas mehr als zwei Jahre nach dem Fall der Berliner Mauer unterzeichnet, entwickelte sich Bonn (beziehungsweise einige Jahre später Berlin) zum Gravitationszentrum der Europäischen Union.[11]

Die kritischste Haltung gegenüber einer möglichen deutschen Wiedervereinigung nahm jedoch zweifellos Großbritannien unter Margaret Thatcher ein – die »Marylin Monroe mit den Augen Caligulas«, wie Mitterrand sie einmal sarkastisch titulierte. Thatcher setzte alles daran, die Wiedervereinigung zu verhindern, hielt sie doch Deutschland »von Natur aus eher für eine destabilisierende Kraft als für einen Faktor der Stabilität«. Im Übrigen war und ist in keinem Land Europas die Angst vor der Entstehung eines neuen Deutschen Reiches (»Beware, the Reich is reviving«, titelte die Londoner »Times« am 31. Oktober 1989) so verbreitet wie in Großbritannien: Dort ist die öffentliche Meinung – in dieser Hinsicht bewegen sich Politiker, Intellektuelle und Medien auf einer Wellenlänge – antieuropäisch, weil sie antideutsch ist, und umgekehrt. Großbritannien lehnt die Perspektive einer Vereinigung Europas als vermeintlich handfeste Bedrohung ab, weil es darin eine bewusste List Deutschlands zu erkennen meint, mit der die Bundesrepublik versuche, ihre Herrschaft auf dem alten Kontinent durchzusetzen. Eine Art Neuauflage der Wehrmachtsstrategie im Zweiten Weltkrieg, dieses Mal freilich ohne Waffen: Wenn Deutschland Europa jetzt mit friedlichen Mitteln erobern will, »hätte man gleich alles umstandslos Adolf Hitler überlassen können«.[12]

Für weiteres Aufsehen und zahlreiche Polemiken sorgte denn auch der Entschluss der Eisernen Lady, am 14. März 1990 – zu einem Zeitpunkt also, da sich noch in keiner Weise absehen ließ, wie die deutsche Krise weiterverlaufen würde, und somit auch unvorhergesehene dramatische Entwicklungen denkbar waren – auf ihrem Landsitz in Chequers ein *Deutschland-Seminar* zu veranstalten, an dem Historiker (Gordon Craig, Fritz Stern, Hugh Trevor-Roper und Norman Stone), Politologen (Timothy Garton Ash, Ralf Dahrendorf und George Urban) sowie der britische Außenminister Douglas Hurd teilnahmen. Die Schlüsse, zu denen man bei diesem Treffen gelangte, das der kritischen Erörterung der sogenannten »Eigenschaften des deutschen Gemüts« (Angst, Aggressivität, Anmaßung, mangelnder Respekt, Egoismus, Minderwertigkeitskomplex und Sentimentalität) gewidmet war, sagen in erster Linie einiges über die Gemütsverfassung der Teilnehmer aus, die sich im Übrigen selbst in »Pessimisten« und »Optimisten« unterteilten:

> *Wir müssen den Deutschen gegenüber freundlich sein. Doch auch wer Optimist ist, verspürt eine gewisse Unruhe in sich – nicht so sehr mit Blick auf die Gegenwart und die nahe Zukunft, wohl aber hinsichtlich dessen, was der Weg, den wir vor uns haben, künftig für uns bereithalten könnte.*[13]

In Wahrheit waren die »worries about the possibility of German unification« (so Condoleezza Rice) von Margaret Thatcher jedoch nichts anderes als eine weitere Bestätigung des historisch gewachsenen Misstrauens Großbritanniens gegenüber Deutschland und seiner traditionellen Haltung zu Europa – eine Einstellung, an der sich übrigens seit Churchill nichts geändert hat. Egal, ob Konservative oder Vertreter der Labour Party an der Regierung waren, alle verfolgten stets das gleiche Grundprinzip: *We are with them but not of them*. Das hieß nichts anderes, als einen Fuß in der Tür zu behalten, um zu verhindern, dass Europa sie hinter sich schließt und damit Großbritannien jegliche Einflussmöglichkeit entzieht. Man handelte also nach dem Vorsatz: »So wenig wie möglich zustimmen und so viel wie möglich sabotieren« – *embrace destructively*, wie Gladwyn Jebb, die britische Botschafterin in Paris, diese Haltung nannte.

Diese strukturelle Fremdheit Großbritanniens gegenüber den Geschehnissen auf dem alten Kontinent hat dafür gesorgt, dass die Wiedervereinigung Deutschlands nur sehr begrenzte Auswirkungen auf die Politik und Wirtschaft Großbritanniens hatte (und hat), im Unterschied zu anderen Mitgliedsstaaten der Europäischen Union, allen voran Frankreich und Italien – sieht man einmal von den Wutausbrüchen Margaret Thatchers gegenüber Bundeskanzler Helmut Kohl ab: »Wollen Sie Atomwaffen, um Schlesien zurückzuerobern?«, schrie sie ihm beispielsweise während eines Europagipfels entgegen. Oder gegenüber den Deutschen insgesamt: Als sie erfuhr, dass die deutsche Fußballmannschaft die englische besiegt hatte, platzte es aus ihr heraus: »In diesem Jahrhundert haben wir sie zweimal in ihrem Lieblingsspiel besiegt, dem Krieg.« Ganz zu schweigen von antideutschen Kampagnen, die englische Boulevardblätter regelmäßig auffrischen.

Hanseatisch-nüchtern und hellsichtig benannte Altbundeskanzler Helmut Schmidt die Eckpunkte des Problems und trug dazu bei, die Ursachen der »europäischen Uneinigkeit« aufzudecken, die das geopolitische Erdbeben des Falls der Berliner Mauer ausgelöst hatte. Dabei unterstreicht er zu Recht, dass es für eine Bewältigung der Krise des europäischen Projekts unerlässlich sei, diese neue Wirklichkeit, die die Machthierarchie in Europa umdefiniert hat, zu verstehen:

> *Das Misstrauen gegenüber der zukünftigen Entwicklung Deutschlands hat im Jahr 1950 den Weg für die europäische Integration freigemacht. Zwei Gründe waren es, die Churchill 1946 dazu bewogen, die Franzosen zur Ver-*

söhnung mit den Deutschen einzuladen, um die Vereinigten Staaten von Europa zu gründen: der Aufbau eines gemeinsamen Widerstands gegen die Bedrohung durch die UdSSR und die Anbindung Deutschlands an eine größere Union. Mit Weitblick hatte Churchill den Machtzuwachs Deutschlands vorausgesehen. Die europäischen und amerikanischen Führungspersönlichkeiten […] handelten nicht aus einem »Euro-Idealismus« heraus, sondern weil sie mit der Geschichte vertraut waren. Sie sahen voraus, dass es notwendig sein würde, eine Fortsetzung des Kampfes zwischen Peripherie und Zentrum zu vermeiden. Wer dieses ursprüngliche Motiv für die europäische Integration nicht verstanden hat, kennt eine unabdingbare Voraussetzung für die Lösung der aktuellen Krise nicht. […] Der Widerstand, den Margaret Thatcher, Mitterrand oder Andreotti 1989–1990 einer Wiedervereinigung entgegengesetzt haben, entsprang der Angst vor einem zu mächtigen Deutschland.[14]

Das Ende des Kalten Krieges und die Wiedervereinigung Deutschlands haben – dies sollte inzwischen klar geworden sein – die geopolitischen Koordinaten radikal verändert, auf deren Grundlage das europäische Projekt, angefangen mit Robert Schuman im Jahr 1950, entworfen worden war. Und zwar aus dem einfachen Grund, weil das in zwei Blöcke geteilte Nachkriegseuropa, in dessen Mitte das seinerseits von einer Grenze zerteilte Deutschland mit der symbolhaften Berliner Mauer lag, verblüffend schnell untergegangen ist. Die Folge davon war für jedermann sichtbar, auch wenn viele so taten, als sähen sie nichts. Nicht von ungefähr bemerkte der spätere italienischee Botschafter in Deutschland, Silvio

Fagiolo: »Das Ende des großen Konflikts brachte das europäische Projekt ins Wanken«, weil es für ein Europa konzipiert und zum Teil umgesetzt worden ist, das es nicht mehr gibt. Folgerichtig ließ dieser Zusammenbruch – trotz der 45 Jahre währenden außergewöhnlichen Zusammenarbeit der Staaten, die am »ursprünglichen« Europa-Projekt mitgewirkt hatten – alte Empfindlichkeiten und historisch bedingte Antagonismen gegenüber dem neuen »Großdeutschland« wieder aufkeimen. Dies ging so weit, dass die wichtigsten Partner der Europäischen Union angesichts der tragischen ethnischen Säuberungen während des von Milošević und Mladić 1991 angezettelten Jugoslawienkrieges, auf »das System der Kräfteverhältnisse und entsprechenden Einflusssphären« zurückgreifen zu können meinten, »wie sie vor dem Ausbruch des Zweiten Weltkriegs bestanden haben«.[15] Diese Entzweiung war der eigentliche Grund für die Ohnmacht Europas angesichts des Martyriums von Sarajewo und seiner Einwohner.

Wie in allen Familien, in denen man sich gegenseitig respektiert – und Europa war in den Jahren von 1950 bis 1989 zu einer Familie geworden, wenn auch einer Familie *sui generis*, die weniger durch gegenseitige Liebe als vielmehr durch gemeinsame Interessen und Angst zusammengehalten wurde –, versucht man trotz tiefsitzender Traumata, die Schäden möglichst gering zu halten und zu verhindern, dass alte Verletzungen wieder auf- und ungelöste Konflikte wieder ausbrechen. So besann man sich angesichts des Traumas von 1989 (zu Recht) auf die eigene – europäische – Identität. Dies führte jedoch unweigerlich dazu, dass einige Halbwahrheiten und noch sehr viel mehr Lügen kursierten. Die Deutschen ergingen sich in vielerlei Dankesbezeugungen gegenüber anderen europäischen Nationen, hatten diese ihnen doch ihre Unterstützung in einem entscheidenden Moment gewährt, der voller Ungewissheiten und Risiken war. Ohne die Solidarität Europas wäre die deutsche Einheit nicht möglich gewesen.[16]

Aber das ist nur die halbe Wahrheit. Tatsächlich – und das wissen die Deutschen so gut wie ihre europäischen Verbündeten – hätten die europäischen Regierungen, wäre es nach ihnen gegangen, niemals grünes Licht für die Wiedervereinigung gegeben. Frankreich, Italien und Großbritannien, um nur die wichtigsten Vertreter der früheren Europäischen Gemeinschaft zu nennen, mussten gute Miene zum bösen Spiel machen. Sie hatten zu akzeptieren, was ohnehin außerhalb ihres Einflusses lag, und die Entscheidungen zur Kenntnis zu nehmen, die, neben Deutschland, von den beiden Großmächten getroffen wurden: den USA und der UdSSR. Diese bestimmten den Fortgang der Ereignisse.

> *Die Lösung der deutschen Frage wurde als Angelegenheit der Vereinigten Staaten, der Bundesrepublik Deutschland und der Sowjetunion eingestuft […]. Die Vereinigten Staaten […] bewiesen Führungskraft. Sie legten sich schon früh auf die Unterstützung der deutschen Vereinigung fest, und da sie dies dem Bundeskanzler wiederholt und deutlich mitteilten, konnte er im beruhigenden Wissen um die Rückendeckung des mächtigsten Verbündeten der Bundesrepublik seinen Instinkten folgen.*[17]

Gorbatschows Sowjetunion war zweifellos der andere bedeutende Protagonist dessen, was wir den »großen Wandel« genannt haben. Allerdings ein Protagonist im negativen Sinn – nämlich durch seine Ohnmacht. Denn im Gegensatz zu den USA, die den Kalten Krieg gerade durch die Wiedervereinigung Deutschlands – dem Bush Senior sogleich eine »partnership in leadership« anbot – gewonnen haben, konnte die Sowjetunion, die im Begriff war, ihren Status als Supermacht einzubüßen, keinen entscheidenden Einfluss mehr auf den Gang der Ereignisse nehmen und musste zulassen, dass mit dem neuen, wiedervereinigten Deutschland ihr eigener Untergang besiegelt wurde. Damit akzeptierte die Sowjetunion auch das Ende jener bipolaren Ordnung, innerhalb der sie den USA seit 1945 die militärische und wirtschaftliche Herrschaft über den Erdball streitig gemacht hatte. Mit dem Fall der Berliner Mauer wurde, wie bereits erwähnt, die rote Fahne eingeholt, die seit 1917 über dem Kreml geweht hatte.[18]

Die Entstehung eines deutschen Nationalstaates, wenn auch ohne einen Großteil der Territorien, die einst Preußen ausgemacht hatten, wurde voller Zweifel und misstrauisch beäugt – und das nicht nur in Europa: Begann nicht mit dem Bismarck'schen Reich die europäische Katastrophe?[19] Viele, auch deutsche Beobachter, deren berühmtester wohl Günter Grass war, fürchteten, mit der »Rückkehr der Geschichte« würde sich tatsächlich jene politisch, geographisch und wirtschaftlich problematische Frage erneut stellen, die der Ursprung der Tragödie Europas vom Ende des 19. bis zur Mitte des 20. Jahrhunderts war – die deutsche Frage. »Ein Einheitsstaat, dessen wechselnde Vollstrecker während nur knapp 75 Jahren anderen und uns Leid, Trümmer, Niederlagen, Millionen Flüchtlinge, Millionen Tote und die Last nicht zu bewältigender Verbrechen ins Geschichtsbuch geschrieben haben, verlangt nicht nach einer Neuauflage.«[20] In halb Europa suchten Politiker, Intellektuelle und Kommentatoren nach einer Antwort auf die Frage, ob aus dem neu entstehenden deutschen Nationalstaat wieder ein »ruheloses Reich« hervorgehen würde, das sich, wie schon in der Vergangenheit, als

Faktor der Unordnung und Instabilität für den alten Kontinent erweisen würde.

Doch anstatt genau hinzusehen, um zu verstehen, wie es wirklich um Deutschland bestellt war, das sich auf dem Weg zu seiner Wiedervereinigung befand, stürzte man sich auf die Geschichtsbücher. Prompt fand man dort auch eine Bestätigung lang gehegter Ängste. Hatte nicht der britische Historiker Alan J. P. Taylor davon gesprochen, »nur ein geteiltes Deutschland« könne ein »freies Deutschland« sein? Und wie sollte man die pessimistische Diagnose von Lord Castlereagh (er hatte Großbritannien auf dem Wiener Kongress vertreten) vergessen, der zufolge »the Repose of Europe«, also die Ruhe in Europa, nur durch ein »deutsches Gleichgewicht [...], damit zugleich [durch] die deutsche Teilung und den Verzicht der Deutschen auf nationale Gestaltung« gewährleistet werden könne?[21] Als der Rauch, den der Fall der Berliner Mauer verursacht hatte, schließlich langsam abzog, wurde deutlich, dass die Wirklichkeit in Deutschland und Europa ganz anders aussah als in der Vergangenheit: Was vor unseren Augen geschah, war mitnichten jenes gefürchtete *Déjà-vu*, keine erneute Wiederkehr des Gleichen also.

Ist es im Übrigen nicht möglich, dass auch in der Geschichte (die sicherlich eine schlechte Lehrmeisterin für das Leben ist) der Grundsatz gilt, dem zufolge man nicht »zweimal in denselben Fluss steigen« kann? Und dass es deshalb, wie Nietzsche rät, zu vermeiden sei, sich wie ein chinesischer Diener zu verhalten: Zum Verstehen braucht es mehr als Verbeugungen. Ein Problem (in diesem Fall die »deutsche Frage«) bleibt nie in sich gleich, und auch wenn es sich in altbekannter Weise neu zu stellen scheint, sind doch die kulturellen, politischen und mentalen Voraussetzungen andere. Die Bedingungen verändern sich im Laufe der Geschichte.

Hier ist nicht der Ort, um eine fundierte Diskussion über die Natur der »deutschen Frage« wiederaufzunehmen – über die historischen, geopolitischen und kulturellen Ursachen des »geistigen Zwiespalts zwischen Deutschland und Europa«, wie es in der berühmten Formel von Benedetto Croce heißt. Ein Zwiespalt, der Deutschland innerhalb von siebzig Jahren drei Mal dazu veranlasste, Frankreich anzugreifen (1870, 1914 und 1940), den »westlichen Werten« den Krieg zu erklären (wie dies Thomas Mann in den *Betrachtungen eines Unpolitischen* oder Martin Heidegger in seiner *Einführung in die Metaphysik* getan haben), zwei Weltkriege anzuzetteln und am Ende einen *Zivilisationsbruch* herbeizuführen, wie der deutsch-jüdische Historiker Dan Diner den Holocaust genannt hat. Hier soll weder die Verantwortung der politischen Führungsriege der Deutschen relativiert werden – angefangen bei Wilhelm II., der nicht von ungefähr zum Taufpaten eines *barbarischen* Zeitalters wurde (als er seine barbarische Rede hielt[22]), »dieses 20. Jahrhunderts, das die Welt in Blut getränkt hat« (Benedetto Croce) – noch auch nur im Mindesten einer inakzeptablen Revision der *Schuld* des nationalsozialistischen Deutschland das Wort geredet werden.

Dennoch ist es durchaus möglich, eine historisch differenziertere Betrachtung der Ursachen und der Natur der »deutschen Frage«[23] vorzunehmen. Dabei geht es um ein Urteil fern dem Determinismus einer bestimmten Geschichtsschreibung, die einseitig und eindimensional den deutschen Nationalstaat deutete, indem sie ihn als eine Art Einbahnstraße darstellte, so als sei der Sonderweg, der mit Bismarck begann und unweigerlich zu Hitler geführt habe, längst vorgezeichnet gewesen. Fritz Stern hingegen, ein deutscher Jude, der sich zur Annahme der amerikanischen Staatsbürgerschaft entschlossen hat, vertrat die Ansicht, Auschwitz sei »weder zufällig noch unvermeidlich« gewesen.

Meine erste Überlegung dazu – sie liegt zwar auf der Hand, wird jedoch in aller Regel schuldbewusst unterschlagen – ist zum einen, dass ja schon längst ein anderes, ein »neues« Deutschland existierte. Ich habe das bereits an anderer Stelle ausführlich dargelegt.[24] Freilich nicht das Deutschland, das uns jahrzehntelang die ostdeutsche Propaganda eines Walter Ulbricht oder Erich Honecker vorspielte, sondern vielmehr jenes aufklärerische Deutschland der Weimarer Republik (und später dann der Bonner Republik). Jenes Deutschland, das den Verlockungen einer unbestimmten, vom Osten her verheißenen Rettung nie nachgegeben, sondern stattdessen in Richtung Westen geblickt hat: zunächst nach Paris, dann nach London und schließlich nach New York. Jenes Deutschland von Lessing und Kant, jenes Deutschland der Emigration während des Nationalsozialismus, des liberaldemokratischen Konstitutionalismus und des Judentums. Also auch das Deutschland von Alexander und Wilhelm von Humboldt und von Albert Einstein. Das Deutschland von Ernst Cassirer, nicht das von Martin Heidegger. Das Deutschland von Hermann Heller und Karl Löwith, von Walter Benjamin und von Rudolf Hilferding, keineswegs das von Carl Schmitt. Diesem »anderen« Deutschland, das tolerant und dem Westen zugewandt ist, hat zunächst Ernst von Salomon mit seinen *Geächteten* den Krieg erklärt: »Wenn es eine Macht gibt, die wir vernichten, mit allen Mitteln zu vernichten die Aufgabe haben, dann ist es der Westen und die deutsche Schicht, die sich von ihm überfremden ließ. Sie sagen ›deutsch‹ und drängen in ihr Mutterland Europa.«[25] Und nach ihm die Nationalsozialisten.

Zum anderen hat das wiedervereinigte Deutschland weder kulturell noch intellektuell oder politisch, ja nicht einmal mehr geographisch, irgendetwas mit jenem »verdüsterten und missbrauchten« Land zu tun, von dem Thomas Mann in seinem Neujahrsbrief von 1937 spricht, und ebenso wenig mit dem Preußen, von dem Theodor Fontane so glanzvoll in seinen Romanen erzählt. Das heutige, *post-deutsche Deutschland*, wie man es bezeichnen könnte, ist der politische Erbe jener Entscheidung für den Westen und für Europa: Diese Entscheidung traf der katholische Rheinländer Konrad Adenauer (tatsächlich wurde auch nach der Wiedervereinigung der Name *Bundesrepublik Deutschland* beibehalten), und diese Entscheidung machten auch Willy Brandt, Helmut Schmidt und Helmut Kohl zu ihrer ureigenen Überzeugung: »Die vorbehaltlose Öffnung der Bundesrepublik gegenüber der politischen Kultur des Westens ist die große intellektuelle Leistung unserer Nachkriegszeit, auf die gerade meine Generation stolz sein könnte.«[26] Diese epochale historisch-intellektuelle Wende ist der »rationale Kern« der eigentlichen deutschen *Metanoia*, von der Peter Sloterdijk zu Recht gesprochen hat: »hier nicht so sehr die christliche Buße, sondern das weltliche Umlernen im Dienste erhöhter Zivilisationstauglichkeit«.[27]

Unbeschadet der angeführten Argumente bedarf es noch einer letzten Überlegung – vielleicht ist sie sogar die entscheidende. Der maßgebliche Unterschied zu früheren Zeiten bestand nach Ansicht des Historikers Michael Stürmer darin, dass die Wiedervereinigung Deutschlands und die Entstehung eines deutschen Nationalstaates zum Wohle und nicht zum Schaden Europas geschahen: »In dieser Europäisierung der deutschen Einheit von 1989/90 lag der entscheidende Unterschied zur Bismarckschen Reichsgründung von

1870/71.«[28] Damals zwang Bismarck Europa, und in erster Linie Frankreich, die Geburt des deutschen Nationalstaates »mit Blut und Eisen« auf und erschütterte so das historische Gleichgewicht, das seit 1815 den Frieden auf dem alten Kontinent garantiert hatte. Und auch wenn es möglicherweise keinen anderen Weg gab, bewegte sich Bismarck am Rande einer politischen, militärischen und moralischen Katastrophe. Er war sich jedoch als einer der Ersten der großen Risiken bewusst, denen er nicht nur Europa, sondern vor allem auch Deutschland selbst aussetzte, als er verzweifelt (und erfolglos) versuchte, die anderen Nationen Europas hinsichtlich der zukünftigen Absichten Deutschlands zu beruhigen. Bismarcks Nachfolger schlugen einen ganz anderen Weg ein, indem sie Bismarcks Wort von der »saturierten Nation« zurückwiesen und sich zum Sprung in die Weltpolitik entschlossen, weil sie hierin, wie sogar Max Weber betonte, das Schicksal Deutschlands erkannten: »Wir müssen begreifen, daß die Einigung Deutschlands ein Jugendstreich war, den die Nation auf ihre alten Tage beging und seiner Kostspieligkeit halber besser unterlassen hätte, wenn sie der Abschluß und nicht der Ausgangspunkt einer deutschen Weltmachtpolitik sein sollte.«[29] Wir wissen, wohin die Geschichte führte: »Die Grunderfahrung des bedrohten Machtstaats in der Mitte wurde Teil der politischen Kultur, ein Trauma, das zur Prophezeiung wurde und sich selbst erfüllte«[30], indem es Deutschland und Europa in die Katastrophe hineinzog.

Dieses Mal verhielt es sich jedoch genau entgegengesetzt zur Vergangenheit: »Das Deutschland, das 1990 wieder ›groß‹ wurde, ist ein ganz anderes als jenes, das den Ersten und den Zweiten Weltkrieg provoziert hat.«[31] So war die deutsche Wiedervereinigung keinesfalls eine weitere Kurzschlusshandlung Deutschlands, keine neuerliche Demonstration eines teutonischen Machtwillens also, dem sich die europäische Unordnung unweigerlich zu beugen hatte – sie war vielmehr das Ergebnis der europäischen Unordnung, das Ende der Ordnung von Jalta, herbeigeführt durch die Krise des Sowjetkommunismus und die Revolte derjenigen Völker, die die Aufteilung der Welt (zu Unrecht) dem von der UdSSR beherrschten geopolitischen Raum zugewiesen hatte. Das neue Deutschland war also Resultat und nicht Ursache des Endes des alten Gleichgewichts in Europa und der Welt, und »das Jahr 1945 erscheint uns heute nicht mehr wie das Ende des deutschen Nationalstaates *tout court*, sondern eher wie das Ende des von Bismarck gegründeten deutschen Nationalstaates, der in der Form des Deutschen Reichs stark von Preußen beeinflusst war«.[32]

Mit dem Fall der Berliner Mauer ging nicht nur eine historische Epoche zu Ende, er war auch der Beginn einer neuen Geschichte der Welt und Europas, die wir nun erleben: die Geschichte der *Post-Western World*.[33]

3.
Der Gründungsfehler

Die D-Mark ist die deutsche Atombombe, und wir müssen Deutschland seine wirtschaftliche Atombombe wegnehmen.
François Mitterrand

Sie sollte den Weg ebnen, um Europa endlich zu einer wirklichen Einheit zu verhelfen. Stattdessen aber rief sie die größte Krise in der Geschichte des europäischen Projekts überhaupt hervor. Sie sollte die Völker des alten Kontinents einander näherbringen, indem sie ihnen gab, was die Europäer nie zuvor besessen hatten – die Rede ist von der gemeinsamen Währung. Stattdessen hat diese europäische Währung die Völker »gegeneinander aufgehetzt«, brachte dabei alte Identitätskonflikte und Befindlichkeiten zum Vorschein und ließ neue Ressentiments entstehen. Viele sind der Ansicht, die Europäer hätten durch den knallharten und in mancherlei Hinsicht unverständlichen Kampf um den Zins-Risikoaufschlag ein weiteres Mal gelernt, sich zu hassen.

Der Euro sollte das Symbol eines europäischen Einvernehmens sein – »Der Euro hält Europa zusammen«, so lautet der Titel eines Beitrags[1] von Theo Waigel, dem deutschen Finanzminister, der die gemeinsame Währung aus der Taufe hob. Tatsächlich wurde der Euro zum Anlass für Spaltung und Feindschaft: eine *Währung der Uneinigkeit.*[2] »Die gemeinsame Währung wurde eingeführt, um die Menschen einander näher zu bringen«, schrieb Joseph E. Stiglitz, »und jetzt geschieht genau das Gegenteil.«[3] Wie konnte es so weit kommen? Was ist passiert, warum wurde die Währung der neuen Europäischen Union[4] zur Ursache der Uneinigkeit in Europa?

Als in der Hektik des geopolitischen Wandels, den die deutsche Wiedervereinigung verursachte, ein Paradigmenwechsel im europäischen Einigungsprozess nicht mehr länger aufzuhalten war, »fand man die Lösung in der gemeinsamen Währung. Heute sehen wir, dass diese Lösung unvollständig war. Die Krise hat deutlich gemacht, wie notwendig es ist, die Wirtschafts- und Währungsunion zu Ende zu führen.«[5] Nüchtern betrachtet war die Entscheidung für die gemeinsame Währung – den Euro – nicht als Abschluss einer strukturellen Einigung Europas (auf steuerlicher, wirtschaftlicher und politischer Ebene) angelegt, sondern als eine Art ontologische Voraussetzung für ebendiesen Prozess – ein klassisches Beispiel dafür, was Carl Schmitt in seiner einprägsamen Formulierung einen »dilatorischen Formelkompromiss« genannt hat.

Auch der Vertrag von Maastricht war nicht die Frucht eines grundsätzlichen Einvernehmens, sondern Ausdruck jener Ängste, die insbesondere in Paris (und auf andere Weise auch in Rom und London) die Wiedervereinigung ausgelöst hatte. Man bevorzugte eine »monetäre« Lösung, weil sie geopolitisch gesehen einen weniger traumatischen Effekt hatte (die politische Souveränität der einzelnen Staaten blieb scheinbar unangetastet) und in der Öffentlichkeit der einzelnen Länder besser zu vertreten war.[6] Eine Entscheidung, der – und hierin zeigt sich der »dilatorische« Charakter des Kompromisses – unterschiedliche, nicht miteinander zu vereinbarende Perspektiven für die Zukunft Europas untergeordnet wurden: Frankreich und Italien (und mittelbar auch Großbritannien) sahen im Euro tatsächlich ein Mittel, um das neue »Großdeutschland« in die Schranken zu weisen, eine Art virtuelle Maginot-Linie angesichts des erwarteten Wiederauflebens der deutschen Gefahr. »Wenn die Europäische Gemeinschaft unter anderem auch aus der Angst vor Deutschland heraus entstanden ist«, schrieb vielleicht etwas zu polemisch der italienische Journalist und Essayist Lucio Caracciolo, »dann geht der Euro ausschließlich und direkt auf sie zurück. Germanophobie in Reinkultur«.[7]

Das trifft natürlich nur zum Teil zu. Aufgrund des Widerstands der europäischen Partner und insbesondere durch die mangelnde Bereitschaft Frankreichs, die *eigene Souveränität* zu »teilen«, war Deutschland gezwungen, auf die politische Union zu verzichten, bestand aber tatsächlich darauf, die *eigene Philosophie der Währungsstabilität* unter der Aufsicht einer europäischen Zentralbank, die nach dem Modell der Deutschen Bundesbank aufgebaut ist, allgemein verbindlich zu machen. Hierin (in den sogenannten »Maastricht-Kriterien«) lag die notwendige Voraussetzung, um in die Währungsunion aufgenommen zu werden und an ihr teilhaben zu können: »Da sich die Zentralbank am Modell der Bundesbank orientiert, kann man sagen, dass das alte Dilemma eines deutschen Europas oder eines europäischen Deutschlands zugunsten der ersten Möglichkeit entschieden worden ist.«[8] Seltsam! Eine Frage, die das europäische Bewusstsein seit Thomas Manns berühmter Formulierung fast ein halbes Jahrhundert lang in Angst und Schrecken versetzt hatte, ging in der allgemeinen Gleichgültigkeit beinahe unter.

Niemand lenkte – ob Politiker oder Intellektuelle, ob aus Interesse oder Unwissenheit, ob aus achtloser Zerstreutheit oder fahrlässiger Fehleinschätzung – die Aufmerksamkeit der öffentlichen Meinung in Europa auf die enorme symbolische Bedeutung und die historische und politische Tragweite dieser Entscheidung. Mit dem Vertrag von Maastricht änderte sich die inhaltliche Dimension des europäischen Einigungsprozesses: Das Problem des alten Kontinents betraf nicht mehr (nur) seine *Geschichte*, sondern auch und vor allem seine *Zukunft*.

Heute ist man sich weitgehend einig, dass die Entscheidung, den Euro entsprechend der im Vertrag von Maastricht vorgesehenen Fristen und Bedingungen einzuführen, eine Art *Gründungsfehler*[9] darstellt, der so schnell wie möglich behoben werden muss. Da er in der Tat weder die Frucht einer wirklichen politischen Union noch das Resultat der Überwindung politischer und wirtschaftlicher Divergenzen zwischen den einzelnen Nationalstaaten war, sondern eher im gegenseitigen Misstrauen wurzelte, wenn nicht gar im Aufleben alter Ängste, ist der in Maastricht geborene Euro eine »Währung ohne Souverän«. Keine legitime politische Macht kann in letzter Instanz über seinen eigentlichen Wert entscheiden. Und genau dies setzte den Euro, ohne dass es Möglichkeiten zu seiner Verteidigung gegeben hätte, den erpresserischen Mechanismen der internationalen Finanzwelt aus. (Was die Europäische Zentralbank (EZB) angesichts der konkreten Gefahr eines Zusammenbruchs des Euro und damit einer Krise des gesamten europäischen Projekts dazu zwang – jedenfalls seit Mario Draghi ihre Leitung am 1. November 2011 übernommen hat –, zusätzliche, nicht im Vertrag von Maastricht vorgesehene Funktionen zu übernehmen und Entscheidungen »in letzter Instanz« zu treffen, die mit Blick auf das »ordoliberale« Konzept des Vertrags keineswegs orthodox zu nennen sind.)[10]

Der Plan, eine Währungsunion zwischen Ländern zu schaffen, die sich hinsichtlich ihrer politischen Kultur, ihres Wirtschafts- und Finanzsystems, ihres Gesellschaftsmodells und ihrer Arbeitswelt grundlegend voneinander unterscheiden, anstatt zunächst eine schrittweise und somit langfristige Annäherung der Wirtschafts- und Finanzpolitik der einzelnen europäischen Staaten anzustreben, um dann als Krönung dieses Prozesses die gemeinsame Währung einzuführen, wurde von Wirtschaftsexperten und Fachleuten[11] mit großer Skepsis aufgenommen – vor allem in Deutschland. Doch auch in diesem Fall – wie bereits zuvor, als Bundeskanzler Kohl entgegen der Position der Bundesbank eine deutsche Währungsunion[12] auf der Basis einer 1:1-Bewertung beider deutscher Währungen durchgesetzt hatte – mussten die technisch-wirtschaftlichen Einwände gegenüber den (geo-)politischen Erfordernissen zurückstehen: »Der Hauptantrieb für die Schaffung einer gemeinsamen Währung war jedoch nicht ökonomischer, sondern politischer Natur. Für den damaligen Bundeskanzler Kohl war der Abschied von der D-Mark das politische Signal für die endgültige, unwiderrufliche Verankerung Deutschlands in Europa.«[13] Die Kritik am Vertrag von Maastricht – wir sprechen hier von einer Kritik, die das Europaprojekt nicht von vornherein ablehnt – konzentriert sich vor allem auf das, was uns heute, wie der ehemalige britische Premierminister Tony Blair richtig beobachtete[14], als unverständlicher Planungsfehler erscheint: eine »Währungsunion angestrebt zu haben, die von der Politik ausging, aber auf wirtschaftlicher Ebene vollzogen wurde«.

Zu Beginn dieser überraschenden Verkehrung des erstrebten Ziels – eine Währung, die die Europäer entzweite, anstatt sie zu vereinen – stand also ein Fehler, der sich nicht nur als enorme Belastung erwies, sondern der auch so offensichtlich war, dass er geradezu als unbegreiflich erscheint: die Entscheidung, mit dem Ende zu beginnen, anstatt, wie es logisch und wünschenswert gewesen wäre, mit dem Anfang, das heißt, den Euro zur Prämisse und nicht zum Schlussstein des politischen und institutionellen Integrationsprozesses der europäischen Staaten zu machen. »Wir haben geglaubt, mit dem Euro ein politisches Projekt umsetzen zu können«, bekannte unlängst der ehemalige Bundeskanzler Gerhard Schröder mit großer Offenheit, »möglicherweise auch gegen die wirtschaftliche Vernunft, weil wir hofften, dies würde uns in der Folge zur politischen Einheit zwingen. Leider ist das nicht passiert.«[15]

Warum hat man nicht einen anderen Weg gewählt, der nicht nur vernünftiger gewesen wäre, sondern in gewisser Weise auch naheliegender: die Ausrichtung auf eine Währungsunion, aber auf der Grundlage eines institutionellen Sicherheitsnetzes, das sie vor Finanzspekulationen geschützt hätte? Warum hat man es vorgezogen, auf monetärem Weg zu einer europäischen Union zu gelangen und damit eine »Währung ohne Souverän« zu schaffen, anstatt zunächst, was politisch und gesellschaftlich klüger gewesen wäre, eine politische Föderation Europas zu errichten, deren Symbol dann der Euro hätte sein können? Zu Recht ist bemängelt worden: »Die europäische Währungsunion war wie eine zu große Brücke – was nicht heißt, dass diese Brücke nie hätte überquert werden sollen –, eine Brücke aber, die zu früh überquert wurde, noch bevor Europa in der Lage war, sie zu verteidigen.«[16] Warum hat man nun aber beschlossen, diese Brücke so früh zu überqueren, warum wagte sich das politische Führungspersonal Europas an ein so riskantes Unternehmen?

Versuchen wir ein vorsichtiges Fazit: Man ist sich inzwischen darüber einig, dass der Hauptgrund für den »Zinskrieg«, der in Europa geführt wird (wie wir wissen, war der auslösende Faktor die amerikanische Finanzblase), in dem vor beinahe zwanzig Jahren durch den Vertrag von Maastricht begangenen Fehler liegt. Auch wenn man es vorzieht, das Kind nicht beim Namen zu nennen und lieber verschweigen möchte, dass »im *Sturm und Drang der größten geopolitischen Veränderung in Europa seit 1945 ein kränkliches Kind gezeugt wurde*«.[17]

Tatsächlich hüten sich alle, die Dinge offen anzusprechen – die Deutschen um des lieben Friedens willen und aus Eigeninteresse; die anderen, vor allem die Franzosen, aus schlechtem Gewissen; die Engländer, weil sie ihre unverrückbare Inselmentalität pflegen und am Projekt einer gemeinsamen europäischen Währung ohnehin weder interessiert sind, noch je davon überzeugt waren. Von Russell Bretherton, einem britischen Beobachter der Konferenz von Messina im Jahr 1955, stammt der Satz: »Ich denke, ihr werdet euch nie einigen, wenn ihr euch aber einig werdet, werdet ihr das Abkommen nicht ratifizieren. Solltet ihr es dennoch ratifizieren, wird es nicht funktionieren.«[18]

Die Italiener wiederum, die gewohnheitsmäßig von einer Republik in die nächste schlitterten, ohne je auf einen grünen Zweig zu kommen, stürzten sich wie immer leichtfertig in ein Abenteuer, das ihre Kräfte überstieg. Dabei hatten sie nicht im Entferntesten auch nur die leiseste Ahnung von den sozialen und wirtschaftlichen Konsequenzen für das politische Gleichgewicht ihres Landes.[19] Und doch lässt sich allem Anschein zum Trotz ein vernünftiger Kern in all dem

Irrsinn ausfindig machen, denn der Fehler des Vertrags von Maastricht war tatsächlich *unvermeidlich*, und zwar in dem Sinne, dass es sich hier, analog zu Churchills berühmtem Bonmot über die Demokratie, um die schlechteste aller möglichen Lösungen handelt – abgesehen von allen anderen. Wären wir Hegelianer, so könnten wir sogar von einer *felix culpa* sprechen. Da dem jedoch nicht so ist, versuchen wir lieber in aller Bescheidenheit zu ergründen, wie sich die Dinge wirklich abgespielt haben und warum es (möglicherweise) unvermeidlich war, diesen Irrtum zu begehen.

»Große Krisen haben eine lange Vorgeschichte. Die Vorgeschichte der derzeitigen europäischen Krise, der politischen wie der monetären, reicht bis ins Epochenjahr 1989/90 zurück.«[20] Also müssen wir noch einmal zu Fall und Öffnung der Berliner Mauer zurückkehren. Dieses epochale Ereignis brachte völlig unerwartet das Thema der »deutschen Frage« auf die Agenda der Weltpolitik zurück. Eine Wiedervereinigung Deutschlands war für die europäischen Bündnispartner alles andere als selbstverständlich. Im Gegenteil, rief sie doch vor allem in Frankreich Ängste und Sorgen hervor. Mitterrand fühlte sich vollkommen von den Ereignissen überrollt: »Das Erdbeben von 1989/90 überstieg seine Erwartungen und Berechnungen; er mußte improvisieren, und das merkte man« (Stanley Hoffmann).[21]

Nicht von ungefähr bekannte er am Ende einer Pressekonferenz, die deutsche Wiedervereinigung werfe »so viele Probleme auf, und in dem Maße, wie die Dinge sich ereignen, werde ich darüber nachdenken«.[22] Frankreich (und in diesem Fall auch Italien und Großbritannien) befürchtete, dass sich die Europäische Gemeinschaft in eine »Gemeinschaft der D-Mark« verwandeln könnte. Tatsächlich drohte die D-Mark, die die europäischen Märkte schon vor 1989 beherrscht hatte, nach der Wiedervereinigung zur europäischen »Reserve«-Währung zu werden. Die Folge wäre gewesen, dass Deutschland (mittels der Bundesbank) die Hoheit über die Wirtschaft (und Politik) des gesamten Territoriums erlangt hätte.

Genau genommen war das Projekt einer einheitlichen europäischen Währung schon alt, denn bereits in den siebziger Jahren kam diese Idee mit dem sogenannten Werner-Plan auf. Geschehen ist damals freilich nichts, weil die Partner (innerhalb) der Europäischen Gemeinschaft keinerlei Handlungsbereitschaft zeigten. Die zahlreichen damals geäußerten Vorbehalte, ähneln denen, die zwanzig Jahre später im Zusammenhang mit der Unterzeichnung des Vertrags von Maastricht vom Februar 1992 aufkamen. Jacques Delors, der damalige Präsident der EG-Kommission, hatte diesen Gedanken Jahre zuvor beim Europa-Gipfel in Madrid vom 26. bis 27. Juni 1989 in einem entsprechenden Projektentwurf präsentiert. Bei dieser Gelegenheit wurde beschlossen, die erste Phase der Währungsunion am 1. Juli 1990 beginnen zu lassen und die nächsten Etappen erst im Anschluss festzulegen.[23] Sehr wahrscheinlich wäre der Delors-Plan, wie zuvor schon der Werner-Plan[24], zunächst in seinen Zielsetzungen beschnitten und anschließend auf ein unbestimmtes Datum verschoben worden, »zumal sich die Staaten nie und nimmer dazu bereit erklärt hätten, die Hoheit über Währung und Zentralbank abzugeben: Die heutigen Verhältnisse machen es uns zur Aufgabe, sie zu einer Meinungsänderung zu bewegen.«[25]

Im Übrigen passte die zum damaligen Zeitpunkt bestehende sogenannte europäische Währungsschlange allen recht gut ins Konzept: der Bundesrepublik Deutschland, die die volle Souveränität über ihre geliebte D-Mark behielt;

Frankreich und Italien, die, wie schon so oft in der Vergangenheit, durch Abwertungen weiterhin mit der D-Mark auf den internationalen Märkten konkurrieren konnten; und schließlich Großbritannien, das auf diese Weise seinem Grundprinzip in Sachen Europapolitik treu bleiben konnte – dem Prinzip des *divide et impera*.

Auf einmal aber wirbelte (abgesehen von den damaligen Währungsstürmen) die Geschichte die betulichen Rituale Europas durcheinander, das weder die dramatischen Veränderungen in der Welt noch die Tatsache registriert hatte, dass sich am Horizont die eigentliche wirtschaftliche Herausforderung der Globalisierung abzeichnete. Einmal mehr also kam der Impuls von jenem Bruch, der sich im November 1989 ereignet hatte: Die Wiedervereinigung und wenig später der Zusammenbruch der Sowjetunion[26] bedeuteten das Ende des Stillstands auf der europäischen Bühne – eines Stillstands, der fast ein halbes Jahrhundert gedauert und Europa durch die nukleare Abschreckung gelähmt hatte –, das Ende der Unantastbarkeit der Grenzen und das Ende der Doktrin der Nichteinmischung in die Angelegenheiten anderer Staaten. Die Geschichte »holt« also »wieder Luft, nachdem sie sie so lange hatte anhalten müssen« (Silvio Fagiolo).

Die Europäer mussten sich etwas einfallen lassen: Um auf die »unerhörte Begebenheit« der deutschen Wiedervereinigung angemessen reagieren und sie im Europa-Diskurs verarbeiten zu können, war ein radikaler Kontinuitätsbruch mit der Vergangenheit unausweichlich. Ein Paradigmenwechsel ließ sich nicht aufschieben: Von der Europäischen Wirtschaftsgemeinschaft musste man zu einer Union *sans phrase* gelangen, wie sie dann mit dem Vertrag von Maastricht beschlossen wurde. Dabei handelte es sich gewiss nicht, wie Giorgio Napolitano treffend bemerkte, »um eine bloße

Bedeutungsverschiebung, sondern um einen echten Wandel im Politischen«, zumal der Übergang von der deutschen zur europäischen Vereinigung nur dann möglich sein würde, wenn ihr eine tiefgreifende Umstrukturierung des Gemeinschaftssystems vorausginge.

Und genau das geschah: ein radikaler Wandel des Charakters und der Ziele des europäischen Einigungsprozesses.[27] In der Tat setzt erstmals die »Europäisierung der nationalen Souveränität« – auch auf der Wirtschafts- und Währungsebene – ein, was in der Folge empfindliche Reaktionen und Formen des (rechten wie linken) Populismus hervorrief, die sich gegen die Europa-Idee richteten.

Während dieses heiklen Übergangs arbeitete man an der großen Öffnung. Hierin bestand, wie wir bereits sagten, der eigentliche »Gründungsfehler«. In den Verhandlungen im Frühjahr 1990 – sie führten am 3. Oktober desselben Jahres zur deutschen Wiedervereinigung – versuchte Bundeskanzler Helmut Kohl vergeblich, die deutsche Wiedervereinigung unmittelbar mit der politischen Einigung Europas zu verflechten. Noch im November 1991, am Vorabend der Unterzeichnung des Vertrags von Maastricht also, in dem die Perspektive einer europäischen Währungsunion *de facto* von einer möglichen politischen Union abgetrennt wurde, betonte Kohl in einer Rede vor dem Bundestag, die künftige politische Union sei ein unerlässliches Pendant zur Wirtschafts- und Währungsunion.

Frankreich wählte einen anderen Weg. Eifersüchtig über die eigene politische Souveränität wachend gelangten die Verantwortlichen hier zur Überzeugung, eine deutsche Vorherrschaft ließe sich nur mit der Durchsetzung des Delors-Plans verhindern, womit man die Kraft der D-Mark im genau definierten Bereich einer gemeinsamen europäischen

Währung zu »absorbieren«, oder besser gesagt, zu neutralisieren gedachte. Daher wurde es zum vorrangigen und wichtigsten Ziel, möglichst schnell zu verwirklichen, was dann in Gestalt des Vertrags von Maastricht zur Unterzeichnung gelangte: *für Kohl das gesamte Deutschland, für Frankreich die Hälfte der Mark.* »Bei den vorangegangenen Plänen für eine Währungsintegration – wie dem Werner-Plan aus dem Jahr 1970 oder auch dem Plan von Delors – war man davon ausgegangen, dass die Währungsunion Hand in Hand mit der Wirtschaftsunion voranschreiten müsse, die den Staaten Zwänge, nämlich Sparzwänge, auferlegt hätte. Doch als die gemeinsame Währung schließlich kam, geschah dies nicht auf der Basis einer gründlichen Wirtschaftsanalyse und nach Maßgabe sorgfältig formulierter Bedingungen. Der unvorhergesehene Schock der deutschen Wiedervereinigung im Oktober 1990 und die Angst, die die Perspektive einer neuen deutschen Hegemonie in Paris auslöste, sorgten für ein beschleunigtes Vorangehen in Richtung Maastrichter Vertrag, der wiederum den Weg für den Euro freimachte.«[28] Deutschland verzichtete auf die geliebte D-Mark – und dazu gab es auch keine Alternative: »Das war der Preis, den die Bundesregierung für die Pariser Zustimmung zur deutschen Einheit zahlen musste.«[29]

Ganz im Einklang mit dem Grundsatz der Außenpolitik Konrad Adenauers, demzufolge die Bundesrepublik Deutschland – neben ihren atlantischen Bündnispartnern – stets der französischen Trikolore zu folgen hatte, war Kohl der Ansicht, dass es nicht nur unausweichlich, sondern auch notwendig sei, das Symbol für die Wiedergeburt des Landes als »post-deutsches« Deutschland »zu opfern«. Unausweichlich, weil auf diese Weise überwunden werden konnte, was moralisch und historisch gesehen das größte Hindernis für eine deutsche Wiedervereinigung hätte sein können. Notwendig, weil man so die »antibismarckschen« Absichten bestätigte, in deren Zeichen sich diese Wiedergeburt des deutschen Nationalstaates vollzog. Die Währungsunion bot den europäischen Partnern die Gewissheit für die Beständigkeit des deutschen Europagedankens, dem sich selbst die mächtige Bundesbank mit ihren Einwänden beugen musste:[30] »In Wirklichkeit war mit der Wiedervereinigung keineswegs eine neue deutsche ›Zentralmacht‹ entstanden, die – nach dem gängigen historiographischen Topos – ebenso sehr eine Bedrohung darstellte, wie sie selbst Bedrohungen ausgesetzt war. Im Gegenteil: Die Bundesrepublik stärkte ihre Bindung an den Westen und die Europäische Gemeinschaft sogar [...].«[31]

Eine Wiedervereinigung Deutschlands *mit* und nicht *gegen* Europa also, die tatsächlich zum Katalysator des Einigungsprozesses des gesamten alten Kontinents werden sollte: »Mit der Rückkehr Deutschlands ins Zentrum der Europapolitik haben sich die geopolitischen Koordinaten verändert, die der Gründung der Gemeinschaft der Sechs im Jahr 1957 und den nachfolgenden Erweiterungen die Richtung vorgegeben hatten [...]. Deutschland kann nicht mehr hinnehmen, dass die europäische Integration als eine Art Garant für seine Souveränität herhält. Europa darf nicht als Instrument betrachtet werden, mit dem Großdeutschland eingepfercht und gebremst werden soll. Eher schon trifft das Gegenteil zu [...]. Nur die deutsche Kraft kann den europäischen Einigungsprozess beschleunigen.«[32]

Es wird Aufgabe künftiger Historiker sein – wenn nämlich die diplomatischen Dokumente über die stürmischen Verhandlungen dieser Monate zugänglich sein werden – festzustellen, ob es tatsächlich ein förmliches Abkommen zwischen Kohl und Mitterrand gegeben hat, das den

Verzicht Deutschlands auf die D-Mark und, zum Ausgleich dafür, ein Abrücken der europäischen Bündnispartner, allen voran Frankreichs, von den Vorbehalten gegenüber einer deutschen Wiedervereinigung vorsah. Nach Meinung einiger Protagonisten existiert sogar ein solcher von beiden unterzeichneter Vertrag. Für andere wiederum sind die entsprechenden Szenarien aus der Luft gegriffen:

> *Mitterrands Zögern lag vor allem in der Sorge begründet, dass ein geeintes, größeres Deutschland die enge und freundschaftliche Zusammenarbeit mit Frankreich und den Prozess der europäischen Einigung vernachlässigen, wenn nicht sogar aufkündigen und Frankreich somit an Gewicht und Einfluss verlieren könnte. Daraus den Schluss zu ziehen, Mitterrand habe die Währungsunion und die Einführung des Euros zur Bedingung für die deutsche Einheit gemacht, entspricht jedoch nicht den Tatsachen.*[33]

Versuchen wir, die Dinge zusammenzufassen. Die Geschichte hat die ehemalige Europäische Wirtschaftsgemeinschaft zu einem Wandlungsprozess genötigt, für den die Protagonisten des Geschehens, das heißt die Nationalstaaten, weder vorbereitet noch gerüstet waren. Dennoch waren sie aufgrund der umfassenden Neugestaltung in Europa und der Welt gezwungen, ihn weiter voranzutreiben: »Am Ende stand der Kompromiss, den der Delors-Plan schon vorgegeben hatte: Seine Formel – gemeinsame Währung, dies aber zu den Konditionen der deutschen Stabilitätsphilosophie – wurde zur Grundlage des Vertrages von Maastricht.«[34]

Trotz der Mängel dieses Vertrags, die in einem regelrechten »Gründungsfehler« und in den entschiedenen Vorbehalten der Gegner der »deutschen Stabilitätsphilosophie« zutage treten (Vorbehalte, die bis heute vorhanden sind und auf die zurückzukommen sein wird), besteht kein Zweifel daran, dass sich mit ihm ein entscheidender Paradigmenwechsel auf dem Weg zur europäischen Einheit vollzog. Tatsächlich war die »Europäische Gemeinschaft bis dato eine ›Reglementierungsgesellschaft‹. Heute nun ist sie mit einem Schlag zu einer ›Aufteilungsgesellschaft‹ geworden. Und wo etwas aufgeteilt wird, werden sowohl die Erwartungen als auch die Widerstände größer.«[35]

Zum ersten Mal also ist die Frage der Einheit Europas nicht mehr nur ein außenpolitisches Projekt (im Namen des Friedens) der europäischen Nationalstaaten, für das sich ausschließlich exklusive Fachkreise oder Berufspolitiker interessieren. Inzwischen ist sie zu einem entscheidenden innenpolitischen Faktor geworden, vor allem auf wirtschaftlicher Ebene, verbinden sich mit ihr doch direkte und dramatische Folgen für das alltägliche materielle Leben der Bürger selbst, in einigen Fällen sogar für nationale Gemeinschaften als ganze. In Europa wird heute gestritten, denn die Europäer haben »wieder gelernt, sich zu hassen«, und jede Vision von kultureller und wirtschaftlicher Autarkie hat sich zerschlagen: Wenn etwas vergemeinschaftet wird, entstehen unweigerlich Ressentiments und Misstrauen.

Bedenkt man zudem, dass sich diese Transformation von einer Scheingemeinschaft in eine regelrechte »Schicksalsgemeinschaft« in einem äußerst ungünstigen Kontext vollzieht, weil man den wirtschaftlichen Herausforderungen der Globalisierung begegnen und zugleich die infolge der Finanzkrise auferlegten Zwänge berücksichtigen muss, sind die Gründe für die gegenwärtige *malaise européenne* mehr als verständlich.

Tony Judt hat bestimmt nicht ganz unrecht, wenn Politiker, die heute auf der europäischen Bühne agieren, für ihn im Vergleich mit den überragenden Gestalten der Vergangenheit wie Pygmäen wirken. Wahr ist freilich auch (selbst wenn dies keine Entschuldigung sein kann), dass sich diese »Pygmäen« mit ganz neuen und unerhört komplizierten Problemen auseinandersetzen müssen. Die Einheit Europas herzustellen ist weitaus schwieriger, als Hass und Ressentiments unter den Völkern zu schüren. So bedarf es tatsächlich tiefer politischer Weisheit und vor allem eines strategischen Weitblicks, um in die Zukunft zu investieren, statt über die Gegenwart zu spekulieren.

4.
Italien – Deutschland: das Ende einer Allianz

Ich habe immer für ein Italien gearbeitet,
das Deutschland möglichst ähnlich ist.
Mario Monti

Ein Reformprogramm nach deutschem Vorbild […].
Auf vielen Gebieten wird sich unser
Regierungsprogramm an Berlin ausrichten.
Pier Luigi Bersani

Deutschland ist eine Hegemonialmacht, die den anderen
Ländern strenge und harte Regeln diktiert. […]
Ich hätte mich Deutschland gegenüber weniger devot
verhalten.
Silvio Berlusconi

Das Jahr 1992 war ein *annus horribilis* für Italien – möglicherweise das schlimmste seit Ende des Zweiten Weltkriegs. Sämtliche Krisenfaktoren, die sich in den Jahrzehnten der sogenannten Ersten Republik angehäuft hatten, wirkten urplötzlich zusammen: Es kam zu einer regelrechten Kettenreaktion, die zu einem »vorhersehbaren und zugleich unerwarteten Ergebnis führte«, um eine treffende Formulierung des italienischen Historikers Guido Crainz zu verwenden. *Vorhersehbar*, weil es eine Folge der in der Vergangenheit begangenen Fehler und der strukturellen Versäumnisse in Gesellschaft und Wirtschaft war, die zum Teil bis in die Zeit des Risorgimento zurückreichten. *Unerwartet*, weil in der Folge des Zusammenbruchs der geopolitischen Ordnung von Jalta nach dem Fall der Berliner Mauer eher zufällige und eben unvorhergesehene (möglicherweise auch unvorhersehbare) Ereignisse zum auslösenden Faktor wurden: »Anfang 1992 kamen viele Probleme ans Licht, die sich durch die internationale Krise verschärft hatten.«[1]

Am Beginn der »langen Nacht Italiens« – einer politischen, gesellschaftlichen, wirtschaftlichen und intellektuellen Krise, die nach mittlerweile zwanzig Jahren noch lange nicht überwunden scheint – stehen, wie festgestellt, alte Konflikte, angefangen bei der Nord-Süd-Problematik, sowie historisch bedingte Defizite, allen voran die des bürgerlichen Unternehmertums in Norditalien. Gewiss, die Führungsriege ist zum Teil mitverantwortlich, aber auch das Fehlen eines kollektiven Bewusstseins, einer »zivilen Religion« und eines Zugehörigkeitsgefühls haben dazu geführt, dass es zwar Italien als Staat, aber kein italienisches Nationalgefühl gab. Gewiss, das hat mit untragbaren sozialen Ungleichheiten zu tun. Aber auch mit einer weit verbreiteten, von der Masse getragenen Gesetzesuntreue – als Ausdruck eines strukturellen Mangels an öffentlicher Moral. Dann mit dem Zynismus und Egoismus der politischen Klasse natürlich. Aber auch mit dem »egoistischen Besitzindividualismus« der Italiener, der ewig hin- und herschwankt zwischen anarchischer Revolte und unterwürfigem Opportunismus – als Indiz für einen tiefsitzenden Mangel an staatsbürgerlichem Bewusstsein.

All dies führte in jenem fatalen Jahr 1992 zum Kollaps des Systems Italien: Da war zum einen der Wahlsieg der Lega Nord von Umberto Bossi – einer anti-italienischen und zugleich anti-europäischen Partei (einmalig in der politischen Landschaft des alten Kontinents) – bei den Regionalwahlen am 5. April in Norditalien. Da war zum anderen die Schmiergeldaffäre *Tangentopoli*, die sich am 17. Februar in Mailand, der Hauptstadt des bürgerlichen und modernen Italiens, zum politischen Skandal ausweitete. Dann die Kriegserklärung der Mafia an Staat und Gesetz im »zurückgebliebenen und unterentwickelten« Sizilien durch die Ermordung von Salvo Lima, der rechten Hand Giulio Andreottis (am 12. März), sowie der beiden Richter und Mafia-Jäger Giovanni Falcone (am 23. Mai) wie auch, einige Monate später, Paolo Borsellino (19. Juli). Im Jahr darauf folgte eine schreckliche Serie von Attentaten, mit denen die Mafia (offensichtlich erfolgreich) versuchte, ein politisches System, das in den letzten Zügen lag, zum Einsturz zu bringen. Die Christdemokraten, die das Land fast ein halbes Jahrhundert lang regiert hatten, traten ab, und bei der Linken, die zerstritten war zwischen dem »kleptokratischen Revisionismus« Bettino Craxis und der »anmaßenden Unnachgiebigkeit«[2] der Erben eines Gramsci, Togliatti und Berlinguer in der Kommunistischen Partei Italiens (PCI), gab es keine überzeugende Alternative.

Die Modernisierung, die sich in den achtziger Jahren in Italien vollzogen hatte, war ebenso flüchtig wie ungestüm – ein Wandel, den Pier Paolo Pasolini genial bereits *ex ante* mit dem Bild vom »Verschwinden der Glühwürmchen« charakterisiert hatte. Die hässliche Folge dieses Prozesses sollte das Phänomen Berlusconi sein. Sein Aufstieg war die Konsequenz der vollkommenen Unfähigkeit eines politischen Systems, den Enthusiasmus der aufbegehrenden Studenten und Arbeiter, die zwischen Ende der sechziger und Anfang der siebziger Jahre den Versuch unternommen hatten, Italien zu verändern, in ein konkretes Projekt gesellschaftlicher und kultureller Reformen umzusetzen. Entstanden war vielmehr ein obsoletes Leistungssystem, zementiert von korporativen Interessen und einem durch Ideologien und Gewerkschaften verzerrten Arbeitsmarkt, das den Herausforderungen einer globalisierten Wirtschaft nicht gewachsen war. Hier lag die Ursache für die größte Finanzkrise seit Kriegsende, die die Regierung Amato noch im Juli 1992 zu drakonischen Maßnahmen veranlasste. Gleichwohl konnte sie nicht verhindern, dass die italienische Lira aus dem Europäischen Währungssystem ausschied.[3] Das war der endgültige Beweis, dass das politische und wirtschaftliche Modell ausgedient hatte, mit dem Italien den Weg aus der Kriegskatastrophe gefunden und sich im Zuge eines spektakulären Wirtschaftswunders von einem vorrangig landwirtschaftlich geprägten Land zu einer der führenden Industrienationen des Westens entwickelt hatte. Italien musste ein neues Kapitel in seiner Geschichte aufschlagen, denn es war ein »verfehltes Land« (Guido Crainz) geworden.

Wäre der 9. November 1989 nicht gewesen, dann wäre die ›lange italienische Nacht‹ anders und in einem anderen Tempo verlaufen, dann hätte auch die Krise einen weniger dramatischen und gewiss auch weniger traumatischen Verlauf genommen. Im Nachhinein scheint es freilich fast zu einfach, als offenkundig zu benennen, was damals so schwer zu erkennen war: dass nämlich Italien unter den Nationen Westeuropas diejenige war, die – gewiss aus eigener Schuld und Schwäche – den höchsten Preis für den Zusammenbruch des aus dem Zweiten Weltkrieg resultierenden Gleichgewichts bezahlt hat. Neben der Sowjetunion war Italien der wirkliche Verlierer nach dem Ende der Aufteilung der Welt in ideologische und militärische Einflusssphären – während das wiedervereinigte Deutschland als das gekrönte Haupt in der neuen europäischen Machthierarchie hervorgetreten ist, als das Land, das den größten Vorteil aus dem »Ende der Geschichte« gezogen hat. Die Trümmer der Berliner Mauer begruben nicht nur den Kalten Krieg, sondern auch die Erste Italienische Republik unter sich.

Diese erstaunliche zeitliche Überschneidung – es handelt sich dabei nicht um eine bloße historiographische Hypothese, sondern um eine belegbare geopolitische Tatsache – offenbarte sich auch darin, dass am selben Tag, an dem mit den Parlamentswahlen das Ende der Ersten Italienischen Republik eingeläutet wurde, auch die größte Belagerung der jüngeren europäischen Geschichte ihren Anfang nahm: die Belagerung der Märtyrerstadt Sarajewo durch serbische Milizen. Es war der 5. April 1992. Wo in den vier Jahrzehnten des Kalten Krieges von der Ostsee bis zur Adria der Eiserne Vorhang verlaufen war, tat sich mit dem Fall der Berliner Mauer schlagartig ein Abgrund aus politischer und militärischer Instabilität auf.

Der feste Europaglaube von Adenauers Deutschland und De Gasperis Italien[4] (sowie aller folgenden Regierungen der Ersten Italienischen Republik und der Bonner Republik) und die *Entente cordiale* zwischen beiden Ländern bildeten das Fundament ihres demokratischen Neuanfangs und die Voraussetzung für ihr jeweiliges »Wirtschaftswunder«. Eine wahrlich kostbare strategische Ressource, die es ermöglicht hat, auch die schwierigsten Momente auf jenem Weg zu meistern, an dessen Anfang die Römischen Verträge von 1957 standen.[5]

Es war eine »besondere Beziehung«,[6] die nach dem Zweiten Weltkrieg zwischen Italien und Deutschland entstand und die sich auf der Grundlage eines gemeinsamen europäischen Geistes (und der Erinnerung an die Tragödie des Zweiten Weltkriegs) mit der Zeit in eine ausgesprochene »Wahlverwandtschaft« verwandelte. Sie war im Hegel'schen Sinne aufgehoben in historisch-kulturellen Bindungen und gipfelte in einem klugen politisch-diplomatischen Zusammenspiel auf europäischer Ebene. Nach den katastrophalen Auswirkungen der Achse Berlin – Rom und den schrecklichen zwei Kriegsjahren 1943 bis 1945, in denen die Beziehungen beider Länder an ihren historischen Tiefpunkt gelangten, konnte sich zwischen Italien und Deutschland, »im Schatten der Mauer« und dank des Stillstands der Geschichte, die der Kalte Krieg für Westeuropa bedeutete, eine fruchtbare Zusammenarbeit entwickeln. Und auch wenn sie in keiner Weise mit der deutsch-französischen Achse (angesichts der Vergangenheit gewissermaßen eine Art »Blutsverwandtschaft«) konkurrieren oder gar eine Alternative zu ihr darstellen konnte, entfaltete sie auf dem Weg zur Europäischen Gemeinschaft doch eine positive Kraft.

Diesem Gleichklang zwischen der Bonner Republik und dem aus der *Resistenza* hervorgegangenen Italien lagen das Trauma des Totalitarismus zugrunde sowie die Erkenntnis, dass sich beide Länder im weltumspannenden Kampf zwischen Ost und West in vorderster Front befanden. Doch auch bestimmte kulturelle Faktoren spielten eine Rolle: etwa der politische Katholizismus, der De Gasperi und Adenauer miteinander verband (ein Aspekt, der auch im Verhältnis zwischen Kohl und Prodi ins Gewicht gefallen sein dürfte). Ein sehr wichtiges Kapitel dieses intensiven Dialogs waren sicherlich die Beziehungen zwischen PCI und SPD, insbesondere das Wohlwollen, mit dem Willy Brandt und die Führungsriege der deutschen Sozialdemokratie im Kontext der Ostpolitik auf das Experiment des Eurokommunismus blickten, dessen intellektueller Kopf der damalige Generalsekretär des PCI, Enrico Berlinguer, war. Hinzu kam das historische Bewusstsein, dass beide, Italien und Deutschland, in der Landschaft des modernen Europa *verspätete Nationen* waren – um eine berühmte Formulierung von Helmuth Plessner aufzugreifen –, eine Art paralleler Ausnahmefälle im Prozess der Ausbildung der europäischen Nationalstaaten.[7]

Darüber hinaus hatten beide Länder, traumatisiert durch die Kriegskatastrophe, Schamgefühle, wenn nicht gar den Wunsch nach Verdrängung ausgebildet, wenn es um »Heimat« ging, womit sie ein sehr schwaches und »entzaubertes« Zugehörigkeitsgefühl zu ihrem Land offenbarten: Deutschland wegen seines Schuldkomplexes, für das Auschwitz zur Metapher wurde; Italien, weil es sich seiner eigenen Schwäche als Nationalstaat bewusst war, wofür die traumatische Erfahrung des 8. September 1943 – als der Waffenstillstand zwischen der Badoglio-Regierung und den Alliierten bekanntgegeben wurde – und der »Tod des Vaterlands« (Ernesto Galli della Loggia) den abermaligen Beweis lieferten. Verständlich also, dass sich beide Länder an der Perspektive Europa ausrichteten, war diese doch ein wichtiger Bezugspunkt der politischen Identität, ein konstruktives Element der ethisch-politischen Abrechnung mit der eigenen Vergangenheit, jener Vergangenheitsbewältigung, die für Deutschland von so ungleich größerer Bedeutung war als für Italien.

Nicht unerwähnt lassen sollte man außerdem, dass seit Ende der sechziger Jahre, parallel zum wiedergefundenen politisch-diplomatischen Gleichklang zwischen Italien und Deutschland, eine fruchtbare kulturelle und intellektuelle

Auseinandersetzung begonnen hatte. Sie brachte eine regelrechte italienisch-deutsche *Koine* hervor, die in Intensität und Ausmaß, zumindest im Europa jener Jahre, ihresgleichen suchte. Der interkulturelle Austausch intensivierte sich auf beeindruckende Weise – was seinen Niederschlag in einer Vielzahl von Übersetzungen, Büchern, Kongressen und Debatten fand.

Ein Phänomen, dem – zumindest teilweise – ein wechselseitiges Missverständnis einer ganzen Generation von Intellektuellen und politisch militanten Jugendlichen zugrunde lag, das in beiden Ländern genährt wurde. Wie zu einer Pilgerreise machten sich die italienischen Intellektuellen nach Deutschland auf, beseelt von der Hoffnung, in den Archiven von Weimar (oder in den Schriften Carl Schmitts und seiner sozialdemokratischen Schüler Fraenkel, Neumann oder Kirchheimer), in großbürgerlich inspirierten Werken (Thomas Mann oder Ernst Jünger) oder bei den Autoren der Frankfurter Schule (von Benjamin über Horkheimer bis zu Adorno) theoretische Antworten auf die politische Krise im Italien der siebziger Jahre zu finden.

Die deutschen Intellektuellen ihrerseits nahmen die traditionelle Bildungsreise nach Italien wieder auf – diesmal in der Überzeugung, in Italien fände ein Experiment statt, das die »proletarische Revolution« unter spätkapitalistischen Bedingungen umsetzte. Daher das große Interesse am Werk Antonio Gramscis und am Experiment des »italienischen Weges zum Sozialismus«. Nicht zu vergessen natürlich die starke Anziehung, die von italienischen Autoren und Künstlern ausging, von Alberto Moravia bis Pier Paolo Pasolini, von Italo Calvino bis Elsa Morante, von Federico Fellini bis Luchino Visconti. Sie waren das Beste, was Literatur, Kino und Theater in Europa zu bieten hatten. Man denke nur an das außergewöhnliche Experiment des *Piccolo Teatro di Milano* unter der Leitung von Giorgio Strehler. Oder man blättere im Programm des Berliner Verlagshauses Klaus Wagenbach. In diesen Jahren entschloss sich Ingeborg Bachmann – ebenso wie Hans Werner Henze –, nach Rom zu ziehen (wo sie auch starb), und das ganze musikalische Europa lauschte fasziniert den revolutionären Neuerungen in den Kompositionen eines Luigi Nono, Luciano Berio oder Bruno Maderna. Letzterer zog nach Darmstadt, wo er schließlich starb – er, der Partisan und Gefangener der Nationalsozialisten gewesen war.

Gewiss, zwischen Italien und Deutschland stand nicht immer alles zum Besten. Es gab Momente großer Spannungen und gravierender Missverständnisse, die sich in einigen Fällen zu handfesten politisch-diplomatischen Krisen hätten ausweiten können. Man denke an den bereits erwähnten diplomatischen Fauxpas Andreottis oder daran, dass infolge des Falles Kappler alte Wunden der nationalsozialistischen Massaker während der deutschen Besatzung wieder aufbrachen. Da war aber auch das berühmt-berüchtigte Titelbild des »Spiegel« – ein Teller Spaghetti mit einer rauchenden Pistole als Persiflage und bissiger Kommentar auf die schrecklichen Jahre des »roten« Terrors. Und die »Ohrfeige« durch den sozialdemokratischen und sehr hanseatischen Bundeskanzler Helmut Schmidt, der im Sommer 1974 als Garantie für ein Darlehen von 5,2 Milliarden D-Mark an Italien fünf Tonnen Gold von der Banca d'Italia verlangte.[8] Helmut Schmidt versuchte auch – freilich ohne Erfolg – zu verhindern, dass Italien in die G5-Gruppe aufgenommen wurde, was dann aber auf Druck des französischen Präsidenten Valéry Giscard d'Estaing beim Gipfeltreffen von Rambouillet im Jahr 1975 dennoch geschah. Prompt wurden alte Vorurteile und Stereotype wach, die allerdings ebenso schnell überwunden und vergessen waren – wie es immer geschieht, wenn sich, wie ein bekannter deutscher Politiker kommentierte, ein altes Ehepaar streitet.

Dann, zu Beginn der neunziger Jahre zerbrach etwas im Verhältnis zwischen Italien und Deutschland. Bewährte Kommunikationskanäle, die auf kultureller Ebene den Dialog zwischen beiden Ländern jahrzehntelang aufrechterhalten hatten, trockneten nacheinander aus. Angefangen bei den Kontakten, die beispielsweise die beiden größten politischen Parteien im Nachkriegsitalien, die Christdemokraten und die Kommunisten, mit CDU und SPD gepflegt hatten. Wenn zuvor sozusagen Italiener und Deutsche häufig miteinander gesprochen hatten, auch ohne sich zu verstehen, verzichteten Italiener und Deutsche nun nach und nach darauf, überhaupt miteinander zu reden. Und erst recht darauf, einander zu verstehen.

Anders ist der kolossale Fehler nicht zu erklären, den Helmut Kohl beging, als er aus kurzsichtigem politischen Opportunismus und vollkommenem Unverständnis für die italienische Wirklichkeit beschloss, die von Silvio Berlusconi geführte Forza Italia, die bei den Wahlen von 1994 einen fulminanten Sieg davongetragen hatte, in die Europäische Volkspartei (EVP) aufzunehmen, um die Linke im Europäischen Parlament in die Minderheit zu befördern. Eine Entscheidung, die, wie man später sehen sollte,[9] derart dramatische Folgen für die Zukunft des europäischen Projekts hatte, dass sogar das Überleben der EU, die Kohl doch sein Leben lang anstrebte, auf dem Spiel stand. Zwischen Italien und Deutschland nistete sich eine »schleichende Entfremdung«[10] ein – eine große Kälte, die sich in der zwanzig Jahre andauernden Berlusconi-Ära in eine handfeste politische und kulturelle Feindschaft verwandelte. Dies ging so weit, dass das Verhältnis zu Deutschland zu einer Art Lackmustest wurde, mit dessen Hilfe man Freunde und Feinde des Europagedankens voneinander unterscheiden konnte.

So kam es also zu einer »Entfremdung« zwischen Italien und Deutschland, und das trotz des löblichen Einsatzes von Intellektuellen[11] und Politikern, die gegen diesen antideutschen, populistischen und antieuropäischen Kurs Bedenken äußerten und sich ihm entgegenstellten. Denn sie sahen voraus – und irrten sich darin nicht –, dass die Folgen für Italien die gravierendsten sein würden. In diesem Sinn wurde zunächst die Regierung Ciampi tätig, geleitet von dem »Bewusstsein, dass das Land, welches die Probleme der inneren, politischen und finanziellen Stabilität in Italien am aufmerksamsten verfolgte, eben Deutschland war«.[12] Und danach die Regierung von Romano Prodi – der vielleicht besten, die Italien seit dem Kriegsende erlebt hat. Nicht nur, weil sie das Land bis zur historischen Einführung des Euro begleitete, sondern auch, weil sie sich – nicht zuletzt dank der wertvollen Arbeit des fähigen Finanzministers Carlo Azeglio Ciampi – dem hartnäckigen Widerstand einiger europäischer Regierungen, allen voran dem der niederländischen, entgegenstellte.[13]

Das galt auch für die Vorbehalte des »Vaters des Euro«, des damaligen deutschen Finanzministers Theo Waigel, der mit Blick auf den Verzug Italiens in Sachen Maastricht-Kriterien vom »Kreuz des Südens« sprach.[14] Das letzte bedeutende Beispiel für die deutsch-italienische Zusammenarbeit, eine wirkliche *resurrectio in capitulo mortis*, war die Unterzeichnung der Erklärung von Berlin am 25. März 2007 anlässlich des fünfzigsten Jahrestages der Unterzeichnung der Römischen Verträge – mit Sicherheit der wichtigste Moment in der kurzen dramatischen zweiten Amtszeit Romani Prodis. Nach den Parlamentswahlen von 2008 stellte sich mit Berlusconi und der Mitte-Rechts-Regierung dann (einmal mehr) die große Kälte gegenüber dem Deutschland Angela Merkels ein – und zugleich die große Krise des Europa-Projekts.

Doch kehren wir zur Ausgangsfrage zurück: Warum sind sich Italien und Deutschland, zwei Nationen, für die das Europa-Ideal (neben der Bündnistreue zu den USA) ein unverzichtbarer Bezugspunkt ihres außenpolitischen Handelns war, ausgerechnet von da ab immer fremder geworden, als mit dem Ende des Kalten Kriegs die Einheit Europas zum Greifen nahe schien? Das Ziel also, für das beide Länder in den zurückliegenden Jahrzehnten so engagiert und einträchtig gearbeitet hatten? Was war der Grund für diese zunehmende Entfremdung? Welches traumatische Ereignis hat dazu geführt, dass ein politisches und strategisches Bündnis, das fast vier Jahrzehnte gehalten hatte, jetzt in die Krise geriet?

Die Antwort ist ebenso schlicht wie niederschmetternd: Das Ende der alten Aufteilung der Welt, dessen Ursache und Ergebnis zugleich die deutsche Wiedervereinigung (und damit die Überwindung der Teilung Europas) war, hat zu einer Verwerfung in den geopolitischen Verhältnissen geführt, auf deren Grundlage sich nach 1945 der Dialog zwischen Italien und Deutschland entwickelt hatte. Das ist der eigentliche Kern des Problems. Die Jahre, die uns – bei allem Auf und Ab – als die glücklichen in den Beziehungen der beiden Länder erscheinen, gründeten sich auf eine objektive Voraussetzung, die dann durch den Verlauf der Geschichte aufgehoben wurde: Das Deutschland mit der Hauptstadt Bonn, mit dem Italien vier Jahrzehnte lang einen fruchtbaren Dialog geführt hat, gibt es nicht mehr. Die Rückkehr des deutschen »Zentrums« nach Berlin hat Italien buchstäblich an den Rand gedrängt – aus demographischen, wirtschaftlichen und auch geopolitischen Gründen. Und zwar nicht nur aus dem naheliegenden Grund, dass in einem Europa, das von der russischen Westgrenze bis zum Atlantik reicht, Italien nicht mehr das Gewicht haben kann, das es noch zur Zeit des Europas der Sechs hatte.

Einmal mehr war das Jahr 1989 die entscheidende Wasserscheide, einmal mehr müssen wir zum Fall der Berliner Mauer und den geopolitischen Konsequenzen zurückkehren, die dieses »unerhörte Ereignis« für das politisch-diplomatische Gefüge in Europa und damit unweigerlich auch für die deutsch-italienischen Beziehungen hatte.[15] Dem antideutschen Zynismus Giulio Andreottis liegt, wohlgemerkt, »ontologisch« das klare Bewusstsein zugrunde, dass Italien, das wie durch ein Wunder »fast als Sieger« aus dem Ersten Weltkrieg und »nicht vollständig besiegt« aus dem Zweiten Weltkrieg hervorgegangen war, nun Gefahr lief, durch das Ende des Kalten Kriegs schwer bestraft zu werden. Was sich bereits eindeutig darin zeigte, wie die Verhandlungen zur Wiedervereinigung geführt wurden. Auf den Wunsch Italiens (und der Niederlande), an den Verhandlungen zwischen den beiden deutschen Staaten und den vier Siegermächten teilzunehmen, entgegnete der deutsche Außenminister Hans-Dietrich Genscher – ein normalerweise ausgeglichener Politiker und Freund Italiens – in einem Ton, der weder Zweifel noch irgendeinen Ermessensspielraum ließ: »You are not part of the game!«[16] Wenn dem aber so ist, dann ist das nur die halbe Wahrheit.

Die Europäische Union, die rund um das wiedervereinte Deutschland errichtet wurde – zunächst mit dem Vertrag von Maastricht (1992) und anschließend mit dem von Lissabon (2007) –, hat mit der Europäischen Gemeinschaft der Römischen Verträge (1957) kaum mehr etwas zu tun. Damals dachte man, Europa (oder zumindest den freien Teil des alten Kontinents) zu vereinen, um eine Wiederholung der Katastrophe des »europäischen Bürgerkriegs« zu verhindern, für den Italien und Deutschland die Hauptverantwortlichen gewesen waren. Deutschland und Italien hatten das Europa-Projekt als funktionellen Ersatz für ihre schwache und problembehaftete nationale Identität verstanden. Deutschland, das hoffte, sich auf diese Weise von den Alpträumen der Vergangenheit befreien zu können, suchte in Europa, wie es Zbigniew Brzeziński formuliert hat, gar »Erlösung«. Italien wiederum war von dem Gedanken getragen, durch Europa das Funktionsdefizit seines schwachen und ineffizienten Staatswesens ausgleichen zu können. Nicht von ungefähr äußerte Margaret Thatcher während eines Europa-Gipfels gegenüber Andreotti: »Auch ich würde mich an eurer Stelle von Brüssel regieren lassen.«

Wie wir inzwischen wissen, hat der Europa-Diskurs nach 1989 einen radikalen Wandel erfahren: einen Paradigmenwechsel, der im Vertrag von Maastricht (und fünfzehn Jahre später im Vertrag von Lissabon) festgeschrieben ist. Europa ist nicht mehr (nur) eine Antwort auf die Tragödien der Vergangenheit, es ist ein strategisches Konzept gegenüber den Herausforderungen der Zukunft. Der Aufbau eines vereinten Europas dient nicht mehr (nur) dazu, die Europäer vor ihren Alpträumen zu bewahren. Es soll vor allem die Selbstbehauptung des alten Kontinents und seines Gesellschafts- und Wertemodells im globalen Wettstreit ermöglichen.

In diesem großen Wandlungsprozess nimmt Deutschland die führende Rolle ein – indem es fordert, was in Italien, mag sein euphemistisch, als »Stabilitätskultur« bezeichnet wird, und zwar auf wirtschaftlicher wie auf politischer Ebene.

Hier trennen sich die Wege von Italien und Deutschland: Europa, das der wichtigste gemeinsame Bezugspunkt für Italien und die Bundesrepublik war, wird zu einer potenziellen Quelle des Dissens. Und das, weil »beide Länder die von der Globalisierung verlangten Veränderungen der Leistungssysteme nicht auf die gleiche Weise angegangen sind [...]. Deutschland hat sich nicht nur als das dominierende Land erwiesen, sondern auch als unabdingbar für Europa.«[17] Nämlich aufgrund einer epochalen Umgestaltung des deutschen Sozialstaats und des Arbeitsmarkts, die im Jahr 2003 von der rot-grünen Regierung unter Gerhard Schröder und Joschka Fischer mit der sogenannten Agenda 2010 in Angriff genommen wurde. Eine Reform, die aus dem noch immer vom Preis der Wiedervereinigung »traumatisierten«[18] Deutschland, das im »Economist« als »der kranke Euro-Mann« bezeichnet wurde, die führende Nation auf dem Kontinent gemacht hat. Als einzige unter den großen europäischen Nationen war Deutschland in der Lage, sich für die Herausforderungen der »neuen Welt« – der globalen – zu rüsten. Nur so konnte im Übrigen auch der Sozialstaat gerettet werden, der neben einem gleichmäßigen und zuverlässigen Funktionieren des demokratischen Systems das Fundament der Stabilität und der Machtposition Nachkriegsdeutschlands bildet. Und nur so konnte das Modell der »Sozialen Marktwirtschaft«, das nicht von ungefähr einige Jahre später im Vertrag von Lissabon als Referenzmodell für die Europäische Union diente, wieder voll funktionstüchtig werden.

Jenseits der Alpen gab sich das Italien der ersten Berlusconi-Regierung (die von 1994 war nur ein kurzes Zwischenspiel) damit zufrieden, fröhlich die Rendite zu verschleudern, die der Euro (gegen den Berlusconi und die Lega Nord weiter polemisch wetterten) der italienischen Wirtschaft garantierte. Indem er ihr die Möglichkeit eröffnete, sich auf dem Sekundärmarkt neues Kapital zu einem lächerlich geringen, in Wahrheit »unrealistischen« Zinssatz zu beschaffen – wie sich zehn Jahre später mit Blick auf die gewaltige Staatsverschuldung Italiens und das veraltete Wirtschaftssystem des Landes zeigen sollte.

An den Verhandlungstischen, an denen der Weg für die Europäische Union freigemacht wurde, galt das deutsche Modell als beispielhaft: »Europa hat sich für das deutsche Modell entschieden. Und mag auch Italien mit seiner Inflationspolitik, das wurde in Berlin angedeutet, gar nicht so schlecht gefahren sein – so setze eine gemeinsame Währung jedenfalls ähnliche Strukturen zwischen den Mitgliedsstaaten voraus.«[19] Für Italien, das in den Jahrzehnten nach dem Ende des Zweiten Weltkriegs nach einem inflationären Modell funktionierte, das durch eine »schwache Währung und schwache Regierungen« gekennzeichnet war – genau das Gegenteil zu Deutschland also, das auf der »Stabilität der Währung und der Stabilität der Regierungen« basierte –, bedeutete die Unterzeichnung des Vertrags von Maastricht nichts weniger als eine Revolution in Wirtschaft, Politik und Kultur.[20] Es war zweifelsohne ein mutiger, aber eben auch riskanter Schritt, wie der ehemalige Gouverneur der italienischen Notenbank, Guido Carli, sofort nach der Vertragsunterzeichnung in der kleinen niederländischen Stadt hellsichtig prognostizierte: »Die politische Klasse Italiens hat nicht begriffen, dass die Unterzeichnung des Vertrages sie dazu verpflichtete, Veränderungen solchen Ausmaßes einzuleiten, dass auch sie selbst nicht schadlos daraus hervorgehen würde.«[21]

Eine ganze politische Klasse, die das Land fast ein halbes Jahrhundert lang regiert hatte, wurde in der Folge mit dem Ende der Ersten Republik im Jahr 1992 buchstäblich weggefegt und hinterließ – dies ist das tragische Paradox – nicht nur das Desaster der Vergangenheit, sondern auch eine schwere Hypothek für die Zukunft. Tatsächlich brachte keine politische Kraft, von der rühmlichen Ausnahme Marco Pannellas und seines Partito Radicale [22] einmal abgesehen, die Zivilcourage oder den politischen Weitblick auf, in Italien eine öffentliche Debatte darüber zu beginnen, welche Folgen die Unterzeichnung des Vertrags von Maastricht für das Leben jedes einzelnen Italieners haben würde – ein Schritt, der der Einführung einer neuen Verfassung gleichkam.

Noch eine letzte Überlegung: Im Unterschied zu Deutschland, das dem Beitritt zum Vertrag von Maastricht verfassungsrelevante Bedeutung zusprach, indem es Artikel 23 des Grundgesetzes[23] entsprechend modifizierte, was in der Folge auch Frankreich mit der Änderung des Artikels 88 seiner Verfassung[24] unternahm, wurde in Italien nichts dergleichen getan: weder 1992 noch 2007. Im Gegenteil. So ist es zumindest erstaunlich (und bedenklich), dass in der italienischen Verfassung jeder ausdrückliche Hinweis auf Europa und die Europäische Union fehlt, während man es im Jahr 2001 unbedachterweise für nötig befand – die Folgen stehen uns heute allen vor Augen –, den fünften Titel der Verfassung im semi-föderalistischen Sinn anzupassen und damit, mit Blick auf Europa, zu verschlechtern.

Heute wissen wir, dass Italien im Grunde die Herausforderung des Euro nicht gemeistert hat. Verantwortlich für dieses Scheitern sind in erster Linie die Regierungen Berlusconi und deren Bündnispartner, die Lega Nord: »Das Mitte-Rechts-Bündnis meinte, im europäischen Regelwerk, insbesondere in der Einführung des Euro selbst, den Grund für die wirtschaftlichen Probleme zu erkennen, die sich am Horizont abzeichneten – als eine Art Sündenbock, um sich in Anbetracht der bevorstehenden Schwierigkeiten gewissermaßen selbst freizusprechen.«[25] Es war also eine vorsätzlich und systematisch anti-europäische Haltung, die sich die von Berlusconi geführte italienische Rechte zu eigen machte, kombiniert mit einer kritiklosen Position gegenüber den USA, die weit entfernt war von jenen Werten, die der Atlantik-Charta von 1941 zugrunde lagen. Was sich etwa im Jahr 2003 beim Beitritt zu der von George Bush jr. geschmiedeten »Koalition der Willigen« zeigte, die einen traumatischen Bruch in Europa (sowie der gesamten westlichen Welt) zur Folge hatte und letztlich auch das Projekt einer europäischen Verfassung zum Scheitern brachte. Der Ehrlichkeit halber sollen hier jedoch auch die zahlreichen Bedenken oder – schlimmer – die geradezu antieuropäischen (und antideutschen) Haltungen erwähnt werden, die selbst in einigen Kreisen des Mitte-Links-Bündnisses vertreten wurden. Sie waren vom »unerhörten Ereignis« des Falls der Berliner Mauer geradezu traumatisiert. Deshalb ließ man sich hier dazu verleiten, ebenso unwahrscheinliche wie paranoide Behauptungen einzelner amerikanischer Analysten zum »Zentralbankwesen« tatsächlich ernst zu nehmen – wie etwa die eines Edward Luttwak, dem zufolge »die geheimnisvolle Abkürzung EZB, also Europäische Zentralbank, eine ebensolche Berühmtheit erlangt hat wie andere berüchtigte Siglen – etwa KGB, CIA oder, schlimmer, SS«.[26]

Zwanzig Jahre nach der Unterzeichnung des Vertrags von Maastricht und einer wahren Realitätsflucht Italiens kommen wir nicht umhin zu konstatieren, dass »wir den Befreiungskampf verloren haben. Als mit den europäischen Entscheidungen vom Mai 1997 das Ziel erreicht und der Beitritt zum Euro vollzogen war, ließ der Einigungsdruck nach und Prodis Mehrheit löste sich auf. Wenn ein Termin näher rückte, ein in Zahlen formulierbares Kriterium erfüllt werden musste, weil sonst Sanktionen drohten, war eine Fokussierung möglich, und man einigte sich. Doch kaum war das geschafft, haben wir vergessen, dass man bei einer gemeinsamen Währung wettbewerbsfähig sein muss.«[27]

Warum haben wir – wie dies während der kurzen Regierungen von Prodi und Ciampi durchaus möglich schien – diesen »Befreiungskampf« nicht gewonnen? Warum ist es Italien nicht gelungen, diese großartige Gelegenheit beim Schopfe zu packen und den Euro zum Anlass für eine Modernisierung zu nehmen, die die führende Klasse sonst nicht einmal hätte in Erwägung ziehen können – geschweige denn umsetzen? Nach dem Risorgimento und der Resistenza hätte der Euro die dritte große Etappe auf Italiens Weg zu einer demokratischen und europäischen Moderne sein können. Für eine berechtigte Hoffnung auf einen Sieg im Kampf um den Euro hätte Italien jedoch einer Führung durch eine verständige Öffentlichkeit bedurft, die wiederum von der historischen Notwendigkeit und strategischen Wichtigkeit eines solchen Unternehmens hätte überzeugt sein müssen und die in der Lage gewesen wäre, einen breiten gesellschaftlichen Konsens herbeizuführen.

Doch die italienischen Wähler meinten, eine solche Herausforderung umgehen zu können, indem sie sich vom ebenso verführerischen wie irreführenden Gerede eines Berlusconi überzeugen ließen. Dessen Persönlichkeitsprofil ließ sich nicht einmal mit dem Mussolinis vergleichen, dem ja eine gewisse – tragische und kriminelle – Größe nicht abzusprechen ist. Eher schon erinnert Berlusconi an einen »Rattenfänger« oder, noch fataler, an das *Butterkugel-Männlein* in Collodis Pinocchio, das den unschuldigen Kindern weismacht, die Welt in ein »Land der Spielereien« verwandeln zu können.

Warum also haben wir – wie Mario Monti treffend bemerkte – »den Krieg mit uns selbst verloren«?[28] Warum wählte Italien, als es nach zwanzig Jahren Berlusconi vor der Möglichkeit stand, wieder den europäischen Weg einzuschlagen, stattdessen und zum hundertsten Mal eine Sackgasse, indem es sein Schicksal einem Clown überließ, der auf eindrückliche Weise an den Cavaliere Cipolla aus Thomas Manns Erzählung *Mario und der Zauberer* erinnert? Mehr noch: Warum haben wir es uns mit Deutschland verscherzt, wo es doch für Italien im Kampf für Europa ein ebenso unverzichtbarer wie entscheidender Bündnispartner war, ist und sein wird?

Es wird die Aufgabe künftiger Historiker sein, dieses weitere Kapitel der schwierigen, vielschichtigen, aber auch faszinierenden Beziehung zwischen Italien und Deutschland auszuleuchten. Eines ist freilich sicher: Eine der Ursachen für die »existenzielle« Krise, die das Projekt der Europäischen Union in diesen Jahren durchlebt, ist ohne Zweifel in der strategischen und kulturellen Spaltung zwischen Italien und Deutschland zu suchen – den einzigen beiden Ländern, in deren historischer DNA das Ziel Europa fest verankert ist: »Die zunehmende Isolation Italiens innerhalb der Union ist auch die Folge einer selbstzerstörerischen Achtlosigkeit gegenüber den Mechanismen und der Dynamik des Projekts Europa, dessen Bindungen, aber auch dessen Möglichkeiten schuldhaft vernachlässigt wurden […]. Je nach Bedarf galt die Union mal als unvermeidliche äußere Fessel, dann wieder wurde sie für die eigenen nationalen Probleme verantwortlich gemacht oder auch als einzige Retterin angerufen – mit dem Ergebnis, dass nationale und europäische Verantwortlichkeiten kollidierten.«[29]

ZWEITER TEIL
Modell Deutschland

1.
Post-deutsches Deutschland

Ich habe mich manchmal gefragt,
wo ich wohl heute stünde, wenn ich
als Deutscher mit Deutschen lebte.
Karl Löwith

Challenged by memory,
you could move forward.
Elie Wiesel

»Die Deutschen haben das seltenste aller historischen Geschenke erhalten, eine zweite *Chance*«[1] – eine zweite Chance, nachdem die erste in einer furchtbaren Katastrophe endete. Heute liegt der 3. Oktober 1990, der Tag der deutschen Wiedervereinigung, schon beinahe ein Vierteljahrhundert zurück, und wir wissen, dass Deutschland seine zweite historische Chance zu nutzen verstand.

Deutschland wird heute allgemein bewundert – und beneidet: Es repräsentiert zwar – glücklicherweise – nicht die beste aller möglichen Welten, aber – zumindest in Europa – auch nicht die schlechteste aller tatsächlichen. Dank seiner politisch-institutionellen Stabilität und seiner Wirtschaftskraft ist Deutschland faktisch zur führenden Nation des alten

Kontinents aufgestiegen, und als solche wird das Land in der Welt wahrgenommen.[2] Doch die eigentliche Stärke der deutschen Führungsmacht, sozusagen das Fundament ihrer hegemonialen Befähigung, liegt auf geistig-kultureller Ebene und erwächst aus der außergewöhnlichen Metamorphose des Landes: aus einer Art ethisch-politischem Wunder, dem »Demokratiewunder«. Dessen Tragweite reicht – nicht nur symbolisch – weit über das vielfach besungene »Wirtschaftswunder« hinaus, mit dem sich Deutschland unter Konrad Adenauer und seinem Wirtschaftsminister Ludwig Erhard in nur wenigen Jahren aus den Trümmern des Zweiten Weltkriegs erhob.

Andere europäische Länder wollen dies nur ungern wahrhaben, wie fragwürdige Rückgriffe auf boshafte Stereotypen belegen, die das Deutschlandbild unwiderruflich auf die deutsche »Schuld« verengen wollen.[3] Doch nach der materiellen und moralischen Katastrophe des Dritten Reiches vermochten es die Deutschen, sich durch einen radikalen Bruch mit der eigenen Vergangenheit buchstäblich neu zu erfinden:[4] Ihnen gelang eine erfolgreiche *Metanoia*, wie Peter Sloterdijk diese Kehrtwende nannte. Deutschland »entdeutschte« sich, so wie es der (ganz zu Unrecht) als deutschester aller Philosophen geltende Friedrich Nietzsche gefordert hatte: »Gut deutsch sein«, so stellte er in *Menschliches, Allzumenschliches* fest, »heißt sich entdeutschen«. Und Zukünftiges beinah vorwegnehmend, fügte er hinzu: »Erwägt man zum Beispiel, was alles schon deutsch gewesen ist, so wird man die theoretische Frage: was ist deutsch? sofort durch die Gegenfrage verbessern: ›was ist jetzt deutsch?‹ – und jeder gute Deutsche wird sie praktisch, gerade durch Überwindung seiner deutschen Eigenschaften lösen.«[5] Kurt Sontheimer hat es ganz lakonisch im Titel seines leidenschaftlichen Essays ausgedrückt: »So war Deutschland nie.«[6]

Heute ist die deutsche Nation, die in Europa lange Zeit als »beunruhigend und rätselhaft« galt, zum »bewunderten Modell« geworden:

> *Unser Land hat sich von seinen politischen Träumen unfreiwillig, aber abrupt verabschiedet. Die berühmte »Bewältigung« war bekanntlich kein moralischer, sondern ein rein pragmatischer Akt, und als solcher ist er über alle Erwartungen hinaus gelungen. Fast über Nacht hat sich ein ganzes Volk nach außen hin von lieben Gewohnheiten wie dem Obrigkeitsglauben, dem Drill, dem Kadavergehorsam verabschiedet. Diese Konsequenz aus dem größten Debakel ihrer Geschichte ist nicht allen Deutschen leichtgefallen. Es war ein schmerzlicher, aber überaus erfolgreicher Lernprozeß. […] Die Mehrheit der Bevölkerung will von politischen Abenteuern nichts mehr wissen, sie lehnt jeden ideologischen Fanatismus ab, Utopien aller Art und totalisierende Träume sind ihr zutiefst verdächtig. […] Die Integrationsfähigkeit dieses Gemeinwesens hat alle Erwartungen übertroffen. Mit den bisherigen Krisen ist es so gut fertiggeworden, daß man sagen kann: ein so hohes Maß an Ultrastabilität hat es in der deutschen Geschichte noch nie gegeben.*[7]

Aber wie war ein solches »weltliches Umlernen« (*Metanoia*) möglich? Auf welche ethisch-politischen Ressourcen, auf welche geistige Vorgeschichte konnte Deutschland zurückgreifen, um dem Medusenhaupt der eigenen Geschichte ins Auge schauen zu können, einer Geschichte, auf der die düsteren Schatten des »Zivilisationsbruchs« (Dan Diner) lagen, dessen schmerzlichste Metapher Auschwitz ist? Wie konnte es in einem Land zu einer erfolgreichen *Metanoia* kommen, das nach dem Zweiten Weltkrieg, als Hannah Arendt ihre ehemalige Heimat erstmals besuchte, noch vollkommen unfähig war, sich über die eigene, furchtbare Vergangenheit Rechenschaft abzulegen? In ihrem Reisetagebuch, das Ende 1950 in der Zeitschrift »Commentary« erschien, hielt sie fest:

> *Überall fällt einem auf, daß es keine Reaktion auf das Geschehene gibt, aber es ist schwer zu sagen, ob es sich dabei um eine irgendwie absichtliche Weigerung zu trauern oder um den Ausdruck einer echten Gefühlsunfähigkeit handelt. […] Dieser allgemeine Gefühlsmangel, auf jeden Fall aber die offensichtliche Herzlosigkeit […] ist jedoch nur das auffälligste äußerliche Symptom einer tief verwurzelten, hartnäckigen und gelegentlich brutalen Weigerung, sich dem tatsächlich Geschehenen zu stellen und damit abzufinden.*[8]

Käme Hannah Arendt heute nach Berlin, sie träfe auf ein vollkommen anderes Deutschland. Inzwischen hat es nicht nur Frieden mit sich selbst und der Welt geschlossen, sondern – und dies ist von besonderer Bedeutung – seine historisch-geistige Identität auch auf ein neues »metanoetisches« Fundament gestellt, das die »immerwährende« Verantwortung des Landes für die nationalsozialistischen Verbrechen und vor allem für den Völkermord an den europäischen Juden anerkennt:

Die Feststellung, die Bundesrepublik Deutschland habe eine gesunde demokratische Kultur auf Grundlage der Erinnerung an den Holocaust entwickelt, ist quasi zur Selbstverständlichkeit geworden. Heute wird das Verhältnis einer liberalen bundesrepublikanischen Kulturpolitik zur Vergangenheitsbewältigung durch ein gigantisches Mahnmal symbolisiert, das 2005 in der Hauptstadt Berlin […] für die in Europa ermordeten Juden errichtet wurde. Normalerweise bauen Staaten Mahnmale für ihre gefallenen Soldaten und nicht für die Opfer dieser Soldaten. In den Augen vieler ist die Vergangenheitsbewältigung der Bundesrepublik und seit 1990 des vereinten Deutschlands zu einem Modell dafür geworden, wie post-totalitäre und post-genozide Gesellschaften »come to terms with the past« (Goldhagen). Deutschland scheint heute nicht mehr anders zu sein als jedes andere europäische Land oder besser noch als der Westen allgemein. Juden aus Osteuropa emigrieren heute lieber nach Deutschland als nach Israel, in die USA oder nach Australien.[9]

Nebenbei bemerkt: Wie schwierig, brüchig und letztendlich ungelöst die Beziehungen zwischen (deutschen) Juden und Deutschen bis heute sind, verrät die Tatsache, dass einige deutsche jüdische Intellektuelle, wie der Historiker Dan Diner oder Henryk M. Broder, vor allem gegen dieses Mahnmal Einwände vorgebracht haben, das vielen als Zeugnis »eines neuen historischen Gewissens« *eines* »ganz anderen Deutschland« gilt. Broder hob mit seiner Polemik auf die »kollektive Entlastung« ab, der das Mahnmal diene, und auf dessen Funktion, die Stigmatisierung der Deutschen zu verhindern. Und fügte den bissigen Kommentar hinzu, die ermordeten Juden, denen das Mahnmal gewidmet wurde, könnten ja nun zufrieden ruhen, nachdem sie einen konkreten Beitrag zur neuen deutschen Gewissenskultur geleistet hätten.

Kehren wir zu unserem Ausgangspunkt zurück: Wie kam es, dass die Deutschen, die zunächst die Frage nach der »Schuld« am Holocaust und an den nationalsozialistischen Verbrechen umfassend verdrängt hatten, sich schließlich doch der Frage nach der kollektiven Verantwortung stellten und mit einer systematischen, methodischen Vergangenheitsbewältigung begannen? (Den Wendepunkt bildete der sogenannte *Auschwitzprozess* Mitte der sechziger Jahre, der, wie man sagte, das »Ende des Schweigens« bedeutete.) Wie kam es, dass diese *Vergangenheitsbewältigung* so rigoros und entschieden war, dass sie vielerorts Respekt und sogar Bewunderung hervorrief, dies vor allem in den USA, weniger allerdings in Europa? Das mag auch daran liegen, dass manche Länder auf dem alten Kontinent wie die Baltischen Staaten, Ungarn, Österreich[10] und sogar Frankreich an den Verbrechen des Nationalsozialismus selbst beteiligt waren, aber eine Aufarbeitung dieses sperrigen Kapitels ihrer Geschichte bisher sorgfältig vermieden haben.

Wie wir bereits gesagt haben, werden die Gründe dafür allgemein in der Verwestlichung[11] der Bundesrepublik (und seit 1990 auch der neuen Bundesländer) gesehen. Die deutsche *Metanoia* nach der Katastrophe von 1945 bedeutete demnach die deutsche Anerkennung der liberal-demokratischen Ideen der großen Revolutionen beiderseits des Atlantiks: der »Glorreichen« Englischen und der Amerikanischen sowie der Französischen Revolution. Alle drei Umwälzungen hatten die Grundpfeiler des »politisch-konstitutionellen Projekts der westlichen Moderne« errichtet, und es war ausgerechnet Deutschland, Heimatland großer Aufklärer wie Lessing und Kant[12], das erbitterten Widerstand leistete und revolutionäre Ideen als undeutsch diffamierte: Eine »Demokratisierung Deutschlands« – so Thomas Mann in seinen *Betrachtungen eines Unpolitischen* – habe eine »Entdeutschung« zur Folge, und die Vereinigung nationaler Demokratien zu einer europäischen oder weltweiten Demokratie bedeute den Verlust der »deutschen Substanz«.[13]

Und nicht zu vergessen: Im 20. Jahrhundert wurde in Deutschland und von Deutschland aus zwei Mal ein erbarmungsloser Krieg gegen die »westlichen Werte« geführt, und zwar auf ideologischer, propagandistischer und militärischer Ebene. Zunächst vom Nationalsozialismus im Namen einer größenwahnsinnigen »Weltanschauung«, die von der naturgegebenen Ungleichheit der menschlichen Rassen überzeugt war, von einer Ideologie also, wie sie konterrevolutionärer nicht sein konnte. Und dann nach dem Zweiten Weltkrieg von einem vorgeblich »anderen Deutschland« im Namen einer falschen Utopie namens »realer Sozialismus«, die sich als eine Form asiatischer Despotie erwies, jedes Freiheitsrecht absolut negierte und, wie es Lucio Colletti treffend gesagt hat, »mit Marx ungefähr so viel zu tun hatte wie die vatikanische Finanzverwaltung von Monsignore Marcinkus mit der Bergpredigt«. Die Deutschen sind folglich das einzige europäische Volk, das im 20. Jahrhundert eine entscheidende Rolle in den beiden großen Gegenbewegungen zur parlamentarischen Demokratie und dem Projekt der Zivilgesellschaft spielte: im Nationalsozialismus und im Kommunismus.[14]

»In keinem Land des Okzidents stießen die demokratischen Ideen des Westens auf so hartnäckigen Widerstand wie in Deutschland.«[15] Hier liegt auch der geistige Zwiespalt zwischen *Deutschland und Europa* (Bern 1946) begründet, wie Benedetto Croce den Ursprung des blutigen »europäischen

Bürgerkrieges« des 20. Jahrhunderts nannte. Die Anerkennung der westlichen Werte durch die Deutschen bedeutete also einen radikalen historischen Bruch, den man durchaus mit der Reformation Martin Luthers vergleichen kann: Nach 1945 beschlossen die Deutschen, »sich mit der Siegerkultur in einer Friedensordnung höherer Stufe zusammenzuschließen [...], als sie das Leitwort ›Westintegration‹ als Handlungsmaxime ausriefen. Für diese Bereitschaft zur Umformung der als schädlich erkannten Kulturregeln in weniger schädliche Muster verwende ich im folgenden den Ausdruck *Metanoia*.«[16] Sloterdijks Analyse deckt sich im Wesentlichen mit den allerdings weniger kryptischen Ausführungen von Jürgen Habermas (was überrascht, weil beide Denker ansonsten keine Gemeinsamkeiten aufweisen), mit denen dieser vor 25 Jahren auf die neo-revisionistische Provokation Ernst Noltes antwortete und damit den Historikerstreit auslöste: »Die vorbehaltlose Öffnung der Bundesrepublik gegenüber der politischen Kultur des Westens ist die große intellektuelle Leistung unserer Nachkriegszeit, auf die gerade meine Generation stolz sein könnte.«[17]

Die »Westorientierung des deutschen Denkens«, wie es Fritz Stern ausdrückte, wendete Deutschlands Blick gen Westen und ermöglichte es, den Gesprächsfaden wieder aufzunehmen, der mit den Napoleonischen Kriegen zu Beginn des 19. Jahrhunderts zerrissen war. Umfang und Wirkung verliehen der deutschen geistig-politischen Metamorphose eine geradezu paradigmatische Bedeutung: So konnte Daniel J. Goldhagen, der augenscheinlich vehementeste Vertreter der These von der kollektiven deutschen Verantwortung für die Verbrechen Hitlers (*Hitlers willige Vollstrecker* nannte er sein berühmtes Buch), angesichts der deutschen *Metanoia* vom *Modell Bundesrepublik* sprechen und konstatieren, dass es nur die bequeme Position zu Beginn des 21. Jahrhunderts erlaube, den Wandel Deutschlands als selbstverständlich zu betrachten, der angesichts der 1945 gescheiterten Moral und Kultur als epochal gelten muss. Aufgrund der »Verwestlichung« und »Modernisierung« des Landes unter Führung der alliierten Besatzer sei es nur eine Frage der Zeit gewesen, bis der Liberalismus in Deutschland Fuß fassen und Deutschland »wie wir« werden konnte.[18]

Die geistig-historische Bedeutung der deutschen Vergangenheitsbewältigung und ihre Auswirkungen auf die politisch-institutionelle Organisation der Bonner Republik lassen sich in vollem Umfang erst ermessen, wenn man sich vor Augen führt, welche Folgen es für die Weimarer Republik und schließlich für den gesamten alten Kontinent hatte, dass die *Metanoia* nach dem Ersten Weltkrieg ausgeblieben war. Nach der Niederlage von 1918 war es ausgerechnet den Hauptverantwortlichen – dem preußischen Junkertum des Wilhelminischen Zeitalters, den Ruhrindustriellen und den antiwestlich und antiliberal geprägten kulturellen und akademischen Eliten – gelungen, ihre hegemonialen Ansprüche durch Verbreitung der sogenannten »Dolchstoßlegende«[19] zu wahren.

Nach dieser Lesart, die sich trotz offenkundigen Nichtzutreffens in der Öffentlichkeit durchsetzen konnte, trugen nicht die eigentlich Verantwortlichen die Schuld an der militärischen Niederlage Deutschlands, sondern die vermeintlichen Vaterlandsverräter: Arbeiterbewegung, Sozialisten und Kommunisten, Katholiken, Pazifisten, Antimilitaristen und generell alle Intellektuellen, die sich sozial- oder kulturkritisch äußerten. Sie hätten durch ihr »defätistisches« Verhalten, das auf die Verbreitung »antideutschen«[20] Gedankenguts und den Umsturz der wirtschaftlichen und politischen Ordnung zielte, die Heimatfront geschwächt und so dem deutschen Heer, das dank seiner teutonischen Kampfkraft im Felde unbesiegbar war, von hinten einen Dolchstoß versetzt. Verantwortlich für die Niederlage und das Ende des zweiten deutschen Reichs waren nach dieser manipulatorischen Deutung also nicht die preußischen Junker oder die Armeegeneräle, die Ludendorffs und Hindenburgs, oder die mächtigen Industriellen wie Krupp oder die »akademischen Mandarine«, die den deutschen Geist von 1914 hymnisch besungen und den französischen Geist von 1789 diffamiert hatten, sondern die liberalen, demokratischen und sozialistischen Kräfte, aus denen die Weimarer Koalition hervorgegangen war.

Als zuverlässigstes Bindemittel für den Zusammenhalt der republikfeindlichen Kräfte erwies sich ein aggressiver, wütender Antisemitismus, der in allen deutschen Gesellschaftsschichten verbreitet war. Er hatte angesichts der großen Zahl von Intellektuellen und Persönlichkeiten jüdischen Glaubens oder jüdischer Herkunft (allen voran Walther Rathenau), die an der Gründung und am Aufbau der ersten deutschen Republik mitwirkten, leichtes Spiel: »Was wir heute gern Weimarer Kultur nennen, wurde in großem Maße von linken Intellektuellen geschaffen, unter denen sich eine so unverhältnismäßig hohe Anzahl Juden befand, dass die Weimarer Kultur boshaft als interner jüdischer Dialog bezeichnet wurde.«[21]

Die antisemitische Logik machte aus der Weimarer Republik die gehasste »Judenrepublik« und stempelte sie in den Augen der deutschen Öffentlichkeit zu einer »undeutschen« Herrschaftsform. Allein durch die Kollaboration der deutschen Juden hätte sie den Deutschen von den Siegermächten aufoktroyiert werden können. Doch Weimar verkörperte nicht nur den drastischen politisch-institutionellen

Bruch mit der Geschichte des modernen deutschen Nationalstaats, der bis dahin vom Scheitern der bürgerlich-liberalen Revolution 1848 und von Bismarcks »sozialem« Autoritarismus geprägt war. Weimar war auch ein gewaltiges, modernes künstlerisch-intellektuelles Experiment, das herkömmliche ästhetische und semantische Regeln und Normen erschütterte und traditionelle »Weltanschauungen« infrage stellte.

Dieser Kulturschock wurde von konservativen Kräften im Namen der Rettung »deutscher Werte« ebenfalls bewusst antisemitisch umgedeutet: »der deutsche Jude – oder genauer, der jüdische Deutsche [...] ist ein Symbol – für sich selbst wie für seine Bewunderer und Verächter – der tiefen und oft traumatischen Veränderungen, die die abendländische Kultur zu dem gemacht haben, was sie heute ist: er ist eine Metapher für Modernität.«[22] In Deutschland triumphierte also nicht das »Projekt der Moderne«, sondern eine »reaktionäre Modernität«. Die antisemitische Hetze sollte sich schließlich für das Schicksal des ersten demokratisch-parlamentarischen Experiments in Deutschland als mindestens ebenso folgenschwer erweisen wie die amerikanische Wirtschaftskrise, die Europa Anfang der dreißiger Jahre erreichte und der todkranken Republik den Gnadenstoß versetzte.

Allerdings konnten wir die Frage, die am Anfang unserer Überlegungen stand, noch nicht beantworten. Sie lässt sich in etwa so resümieren: Wie konnte sich in Deutschland in nur etwas mehr als zwei Jahrzehnten, von 1945 bis zum Ende der sechziger Jahre, ein derartiger Wandel in der öffentlichen Meinung vollziehen? Noch dazu, wenn man bedenkt, dass Veränderungen von kulturellen und kognitiven Massenprozessen wesentlich komplexer und zäher verlaufen, als es der historische Materialismus nahelegt: Nicht zufällig beschäftigte das Problem auch die bedeutendsten Repräsentanten des sogenannten »westlichen Marxismus«, vor allem die Vertreter der *Kritischen Theorie*, die nach der Rückkehr aus dem amerikanischen Exil zur Frankfurter Schule werden sollte.

2.
Von Weimar nach Berlin (über New York)

Hitler hat den Menschen [...] einen neuen kategorischen Imperativ aufgezwungen: ihr Denken und Handeln so einzurichten, daß Auschwitz nicht sich wiederhole, nichts Ähnliches geschehe.
Theodor W. Adorno

Die Deutschen werden den Juden Auschwitz nie verzeihen.
Zvi Rex, israelischer Psychoanalytiker

Die deutsche *Metanoia*, die aus politischen Entscheidungen und kulturellen Veränderungen erwuchs, die wir hier nur in groben Zügen nachzeichnen können, verlief lange Zeit in zwei unterschiedlichen Entwicklungssträngen. Zwischen beiden bestanden Wechselwirkungen, auch wenn dies den Akteuren nicht immer bewusst war; dennoch bleiben beide klar unterscheidbar und repräsentieren zwei Epochen, oder besser noch, zwei unterschiedliche Phasen der deutschen Geschichte nach 1945.

Konrad Adenauer, dem ersten deutschen Nachkriegskanzler (und einigen anderen Persönlichkeiten aus Politik und Gewerkschaften, die den Nationalsozialismus in der »inneren Emigration«[1] überlebten), kommt das historische Verdienst zu, Verfassung, Militär, Diplomatie und politische Strategie der Bundesrepublik Deutschland an den Westen gebunden zu haben: »Die Demokratiegründung von 1949 war eben doch ein politischer Neuanfang, ein Neuanfang, in dem Deutschland sich in Gestalt der Bundesrepublik endlich den westlichen Traditionen öffnete und zuwandte.«[2]

Diese politische Entscheidung bedeutete das endgültige Ende der fatalen geopolitischen und geistigen Illusion von einem zwischen Ost und West gelegenen Deutschland, das sich als Hüter der Werte des Abendlandes verstand und sich der orientalischen Despotie, aber auch der Zivilisation des angloamerikanischen, transatlantischen Westens gegenüberstellte. Nicht zufällig fand diese Illusion ihre berühmteste philosophische Ausformung in einer Schrift Martin Heideggers von 1935:

> *Wir liegen in der Zange. Unser Volk erfährt als in der Mitte stehend den schärfsten Zangendruck, das nachbarreichste Volk und so das gefährdetste Volk und in all dem das metaphysischste Volk. Aber aus dieser Bestimmung, derer wir gewiß sind, wird sich dieses Volk nur dann ein Schicksal erwirken, wenn es* in sich selbst *erst einen Widerhall, eine Möglichkeit des Widerhalls für diese Bestimmung schafft und seine Überlieferung schöpferisch begreift. All das schließt in sich, daß dieses Volk als geschichtliches sich selbst und damit die Geschichte des Abendlandes aus der Mitte ihres künftigen Geschehens hinausstellt in den ursprünglichen Bereich der Mächte des Seins.*[3]

Konrad Adenauer, der altgediente Politiker aus dem katholischen Rheinland und ehemalige Oberbürgermeister von Köln während der Weimarer Republik, widerstand nicht nur Stalins heimtückischen Neutralitätsangeboten, insbesondere dem vom 10. März 1952, sondern auch der Verlockung einer pazifistischen Neutralität, wie sie die SPD unter Kurt Schumacher[4] herbeisehnte. Willy Brandt und später Helmut Schmidt revidierten diese SPD-Position allerdings vollständig. Adenauer befreite die Deutschen von der Bürde der Vergangenheit und der geographischen Gegenwart. Mit Adenauer begann »eine *andere deutsche Geschichte*, sie ging in umgekehrte Richtung als jene, die Bismarck 1871 begonnen hatte. [...] Die Konsequenzen dieses geopolitischen Revirements waren tiefgreifend: für den deutschen Geist und für die internationale Situation der Bundesrepublik«[5].

In den Jahren nach 1945 lässt sich daher eine paradoxe Umkehrung der Rollenverteilung beobachten, wie sie beispielsweise noch in der Weimarer Republik galt. Moderate und konservative Kräfte unter Führung von Adenauers CDU drängten Deutschland zur Öffnung in Richtung Westen und schließlich Europa, während die linke Sozialdemokratie als Hüter des deutschen Nationalstaats auftrat:

> *Einer der grundlegenden Unterschiede zwischen der ersten und der zweiten deutschen Demokratie [lag] in einem frappierenden Rollentausch zwischen »links« und »rechts« [...]. In der Weimarer Republik war die Linke international und die Rechte nationalistisch gewesen. In der Bonner Republik betrieben die gemäßigten Kräfte der rechten Mitte, repräsentiert durch die von Konrad Adenauer geführte bürgerliche Koalition, eine Politik der supranationalen Integration, während die gemäßigte*

Linke in Gestalt der Sozialdemokratie unter Kurt Schumacher und Erich Ollenhauer den nationalen Part übernahm und sich als Partei des Primats der deutschen Einheit zu profilieren versuchte.[6]

Die Bonner Republik unternahm damit allerdings nur einen ersten Schritt in die richtige Richtung, denn zumindest in den unmittelbaren Nachkriegsjahren blieb trotz der radikalen politisch-diplomatischen und strategischen Neuorientierung ein geistig-kultureller Wandel auf »suprastruktureller« Ebene aus. Wie Hannah Arendt richtig bemerkt hat, fand die Westbindung keine Entsprechung in einem allgemeinen tiefgreifenden Einstellungswandel hinsichtlich der Vergangenheit und insbesondere der nationalsozialistischen Verbrechen.

Die militärisch-wirtschaftliche Allianz mit den USA wurde nicht von einer »überzeugten Zustimmung der großen Bevölkerungsmehrheit zur westlich geprägten politischen Kultur getragen, speiste sich doch die Westbindung vieler Deutscher in den ersten Nachkriegsjahrzehnten nicht aus der Rückbesinnung auf die liberal-progressiven Werte Weimars, sondern in erster Linie aus der Ablehnung des Kommunismus und seines anti-liberalen, totalitären Systems«.[7] Die Deutschen der Bonner Republik standen im Grunde *nur deshalb* auf der Seite des Westens, weil sie Antikommunisten und Amerikafreunde waren, was übrigens der Logik des Kalten Krieges entsprach, und nicht, weil sie im Innersten von der Überlegenheit der *westlich-transatlantischen Werte* überzeugt gewesen wären, denen Goebbels nur wenige Jahre zuvor noch den »totalen Krieg« erklärt hatte.

Die Bundesrepublik errichtete man auf dem kleinsten gemeinsamen Nenner, auf den man sich einigen konnte: auf einem diffusen Antitotalitarismus und der Überzeugung, auf deutschem Boden dürfe nie wieder eine Diktatur wie der Nationalsozialismus entstehen. Über alles andere legte sich ein Schleier komplizenhaften, verlegenen Schweigens: Es waren düstere Jahre, die weniger von heimlicher Wut als von Schuldgefühlen geprägt waren, von einer *Day-after*-Atmosphäre, die Heinrich Böll und Günter Grass in ihren realitätsnahen Romanen meisterhaft einfingen. Diese Jahre waren von einer kollektiven, »Absolution erteilenden Solidarität« gekennzeichnet, die nur einen einzigen Gedanken kannte: die Vergangenheit zu verdrängen, zu vergessen, die »Vergangenheit Vergangenheit sein zu lassen«. Diese Einstellung blieb bis Anfang der sechziger Jahre vorherrschend: Die öffentliche Meinung strebte nach *kollektiver Amnestie* durch systematische *kollektive Amnesie*: »Man verdrängte und strebte nach Amnesie, nach Vergessen. Und hatte damit für eine Weile auch guten Erfolg.«[8]

Ein Beispiel? Als Joseph Wulf[9] in den sechziger Jahren vorschlug, die Villa am Wannsee, in der im Januar 1942 die Vorbereitungen zur »Endlösung« getroffen wurden, in ein internationales Dokumentationszentrum umzuwandeln, lehnte der damalige Regierende Bürgermeister von West-Berlin Klaus Schütz[10] dies mit der Begründung ab, Berlin brauche keine »makabre Kultusstätte«, sondern ein Bildungs- und Erholungszentrum für bedürftige Arbeiterkinder aus Neukölln.

Doch schließlich setzte die geistig-kulturelle Tauwetterperiode in Deutschland ein, die Stimmung änderte sich. Auch wenn der Prozess nicht linear und ohne Widersprüche verlief: Noch im Wahlkampf 1969, der die große politische Wende herbeiführen und in der Folge der Jugend- und Studentenbewegung den Gegner des Nationalsozialismus und

Remigranten Willy Brandt schließlich zum Kanzler machen sollte, ließ sich CSU-Parteichef Franz Josef Strauß zu der öffentlichen Aussage hinreißen: »Ein Volk, das diese wirtschaftlichen Leistungen vollbracht hat, hat ein Recht darauf, von Auschwitz nichts mehr hören zu wollen.«

Es scheint paradox, aber erst als die Kriegserinnerungen verblassten und die Debatte über die Kriegsverbrechen nachließ, als sich am westdeutschen (und europäischen) Horizont eine Ära des Wohlstands und Konsums abzeichnete, wurde der breiten Öffentlichkeit bewusst, dass im Herzen Europas das größte Verbrechen gegen die Menschlichkeit, etwas stattgefunden hatte, »das in einem völlig neuen Sinn ungeheuerlich war; über alles hinaus, was die Weltgeschichte bis dahin an Kriegs-Untaten und Greueln gekannt hatte«.[11]

Mit der in den letzten Kriegs- und unmittelbaren Nachkriegsjahren geborenen Generation, die nun die öffentliche Bühne der Bonner Republik betrat, fand ein dramatischer Paradigmenwechsel statt: Man begann, sich umfassend über die deutsche Geschichte Rechenschaft abzulegen. Allerdings dauerte es, bis die Strategie der *Amnesie* einer Praxis der *Anamnese* wich. Der kritischen Generation wurde bewusst, dass »die Geschichte der Erinnerung an Auschwitz Teil der deutschen Identitätsgeschichte« war und dass diese Geschichte für den einzelnen Deutschen und kollektiv für das deutsche Volk galt. Als entscheidender Auslöser sollte sich der kollektive Schock erweisen, den 1978 die Ausstrahlung der amerikanischen Fernsehserie *Holocaust* in Deutschland auslöste. Und 1985 folgte schließlich der monumentale Dokumentarfilm *Shoah* von Claude Lanzmann.

Diese – im wörtlichen Sinne – Kulturrevolution wurde in ihrer ganzen Radikalität erst durch die deutsche 68er-Generation[12] ermöglicht, die sich, im Gegensatz zu den Altersgenossen in Frankreich und Italien, die »Abrechnung mit der Vergangenheit« auf die Fahnen ihrer moralisch-politischen Revolte gegen Vätergeneration und herrschende Meinung geschrieben hatte. Zumindest anfangs, als sie sich noch nicht zu einem dogmatischen Terrorismus verstiegen hatte, der im Namen des antikapitalistischen Kampfes antiamerikanische und sogar antisemitische Töne anschlug:

> *Die Auseinandersetzung mit der eigenen Geschichte allerdings blieb defizitär. Die Verdrängung eigener Schuld, die fehlende Empathie mit den Opfern des Nazi-Regimes prägte den damaligen Zeitgeist. Erst die 68er-Generation hat das nachhaltig geändert. [...] Es bleibt das Verdienst dieser Generation: Es war ein mühsam errungener Segen. Trotz aller Irrwege, die sich mit dem Aufbegehren der 68er verbanden, hat sie die historische Schuld ins kollektive Bewusstsein gerückt.*[13]

Der Prozess, der die historisch-universelle Dimension des Völkermords an den Juden, den »Zivilisationsbruch«, schließlich ins allgemeine Bewusstsein rückte, verlief – wie wir festgestellt haben – nicht nur in Deutschland, sondern ebenso in Europa und der ganzen Welt wesentlich quälender und widersprüchlicher, als heute gern angenommen wird. Man denke nur an den auf tragische Weise paradoxen Antisemitismus, der im Namen einer falsch verstandenen Solidarität mit dem antiimperialistischen Kampf der Palästinenser gegen Israel aufgeflammt war. Trauriges Zeugnis ist die Attentatsserie jener Jahre in Deutschland, die sich teilweise auch gegen jüdische Einrichtungen richtete und deren Urheber linksterroristische Gruppierungen[14] waren. Paradoxerweise beriefen sich jene Gruppierungen auf die antiautoritären

Theorien Herbert Marcuses oder des Psychoanalytikers Wilhelm Reich, auf Theorien jüdischer Denker also, die nur das Exil davor bewahrt hatte, in Auschwitz ermordet zu werden. Selbst ein so großartiger Künstler wie Rainer Werner Fassbinder wurde 1985, zu Recht, des Antisemitismus beschuldigt: Die Aufführung seines Theaterstücks *Der Müll, die Stadt und der Tod* wurde durch einen wahren Aufstand der jüdischen Gemeinde in Frankfurt verhindert, die das Stück als »Linksfaschismus« brandmarkte.

Parallel zum Entwicklungsstrang der »Verwestlichung« kam es in Deutschland also zu einer systematischen Vergangenheitsbewältigung, die schließlich die Einzigartigkeit des Holocaust[15] im allgemeinen Bewusstsein verankerte, eine Einzigartigkeit, die – so Bundeskanzlerin Angela Merkel 2008 bei ihrer Rede vor der israelischen Knesset – Deutschlands »immerwährende Verantwortung für die moralische Katastrophe« sowie seine »besondere historische Verantwortung [...] für die Sicherheit Israels« als »Teil der Staatsräson meines Landes« begründe.

Die Jugend, die in den sechziger Jahren die »deutschen Mandarine«[16] nach Hause schickte und Universitäten und öffentliche Meinung in der Bundesrepublik auf den Kopf stellte, fand in ihrem Kampf moralisch-intellektuelle Unterstützung von unerwarteter Seite: von jüdischen Intellektuellen, die Deutschland unter dem Nationalsozialismus verlassen mussten und nun zurückkehrten, um ihr Wissen und ihr Erinnerungsvermögen in den Dienst des Landes zu stellen – und um zu beweisen, dass es in der Geschichte kein Jahr Null gibt, auch nicht in der deutschen. Die »großherzigen Remigranten«[17], wie Jürgen Habermas sie zutreffend genannt hat, waren Zeugen und Akteure des großen, glücklosen Experiments von Weimar und hatten in den Jahren ihres Exils vor allem in den USA und in England die angloamerikanische Kultur und Politik aus der Nähe kennengelernt.

Nach ihrer Rückkehr in ein Land, das sich ihnen gegenüber feindselig verhalten hatte und, um wiederum mit Habermas zu sprechen, in dem eine politische Öffentlichkeit herrschte, »die vom Willen zum aggressiv geschichtslosen Wiederaufbau und von der betonharten Mentalität eines Verdrängungsantikommunismus geprägt war«, wurden diese Remigranten »für eine jüngere Generation zu unersetzlichen Lehrern«. Diese jüdischen Stimmen entfalteten eine »beispiellose Wirkung im Milieu einer verunsicherten und kleinlaut gewordenen Universität«, und »die politische Kultur der alten Bundesrepublik verdankt ihre zögerlichen Fortschritte in der Zivilisierung ihrer Einstellungsmuster zu einem guten, ja ausschlaggebenden Teil jüdischen Emigranten«. Diese jüdischen Remigranten waren die eigentlichen Schöpfer des Prozesses der »normativen Verwestlichung« in Deutschland – Kopf und Herz der deutschen *Metanoia*.

Aber dieses dramatische, schmerzliche Kapitel der deutschen Geschichte muss noch geschrieben werden. Erst mit erheblicher Verzögerung bringen einige bedeutende kritische Studien Licht ins Dunkel des intellektuellen Nachkriegsdeutschlands.[18]

Wie gesicherte Daten zeigen, waren über 300 000[19] Menschen gezwungen, aus Deutschland zu emigrieren. Vor allem der Massenexodus der deutsch-jüdischen Intelligenz erwies sich als epochale Zäsur für die zeitgenössische europäische und amerikanische Geschichte. Die politisch-gesellschaftlichen Folgen sahen allerdings völlig anders aus, als von den nationalsozialistischen Machthabern erwartet. Denn die »Unterdrückung von Disziplinen und die Vertreibung vor allem jüdischer Gelehrter haben zu einer Vermengung deutscher und vorrangig angelsächsischer Wissensbestände geführt«[20] – zu einer Osmose, zu einer ganz realen Kreuzung zwischen analytischer und kontinentaler Philosophie, die eine »Germanisierung« der amerikanischen Kultur bewirkte.

Die deutschen Juden, die nach Amerika flohen, brachten in ihrem Gepäck aufgrund ihrer Bildung und Kultur eine »Weltanschauung« mit, die durch eine tiefe Skepsis gegenüber jeglichem eindimensionalen Fortschrittsglauben und jeglicher Form von Wissenschaftsgläubigkeit geprägt war. Sie vertraten also ein philosophisches Programm, das dem damals szientifischen Mainstream in der akademischen Welt Amerikas diametral entgegenstand.

Die Kritik der Moderne im Namen des antiken Naturrechts (Leo Strauss), die Vorstellung einer anthropologisch fundierten Ordnung (Eric Voegelin), die Utopie einer befreiten Gesellschaft (Herbert Marcuse) oder ein politisches Handeln, das auf dem Modell der »antiken Demokratie« beruhte (Hannah Arendt), um nur einige Beispiele zu nennen, »wirkten als eine Art philosophische Konterrevolution gegenüber der Behavioral Revolution der 50er Jahre«.[21]

Bekanntlich rief dies bei den Hohenpriestern der streng konservativen Lehre lautstarke Proteste hervor. Der deutlichste und letzte Widerspruch kam 1987 von Allan Bloom: *Der Niedergang des amerikanischen Geistes*. Bloom wollte mit seinem Buch, das in der Reagan-Ära erschien, erklärtermaßen eine neue geistige Monroe-Doktrin entwerfen. Dazu »richtete er die unverhüllte Aufforderung an die Amerikaner, sich von den verderblichen Einflüssen der durch die Emigranten importierten deutschen Geisteskultur endlich zu befreien und Hegel und Marx, Heidegger, Max Weber und Freud [...] zu enttarnen«[22], die die christlich-liberalen Werte zerstört und die amerikanische Kultur in eine Art »Disneyland-Version der Weimarer Republik« (Allan Bloom) verwandelt hätten.

Jüdische Intellektuelle nahmen in den Kriegsjahren entscheidenden Einfluss auf die amerikanische Politik: zunächst beim Vorgehen gegen den Nationalsozialismus und später beim Wiederaufbau der Bundesrepublik Deutschland. Autoren wie Neumann, Marcuse oder Kirchheimer stellten ihre Arbeiten zum Dritten Reich dem amerikanischen Geheimdienst (Office of Strategic Service) zur Verfügung, andere wie Franz Borkenau, Hannah Arendt oder Carl Joachim Friedrich trugen wesentlich zur Entwicklung und Definition der *Totalitarismustheorie* bei. Denker wie Friedrich Pollock oder Emil Lederer schließlich entwarfen die Grundlagen für eine Analyse der Rolle des Staates im Zeitalter der Massengesellschaft. Und bekanntlich beruht die moderne amerikanische Theorie der internationalen Beziehungen größtenteils auf Thesen, die von jüdischen deutschen Intellektuellen wie Hans Joachim Morgenthau, Karl Wolfgang Deutsch und John Herz entwickelt wurden. Deshalb konnte Walter Cook, Leiter der historischen Fakultät von Princeton, wo auch Erwin Panofsky lehrte, mit zynischem Realitätssinn bemerken: »Hitler ist mein bester Freund. Er hat am Baum gerüttelt und ich habe die Äpfel aufgesammelt.«

Das Kapitel, das auf diese außerordentlichen Geschehnisse folgen sollte, die Rückkehr der jüdischen deutschen Intellektuellen in das Deutschland der Nachkriegszeit, harrt hingegen noch seiner Erforschung: Es muss in seiner ganzen Komplexität und mitunter menschlichen Tragik noch geschrieben werden.[23] Denn wer sich durch Emigration vor der »Endlösung« in Sicherheit bringen konnte, litt unter oft unerträglichen Schuldgefühlen gegenüber anderen, denen es nicht gelang. Niemand hat dieses Leid wohl besser in Worte gefasst als Adorno:

> *Das perennierende Leiden hat soviel Recht auf Ausdruck wie der Gemarterte zu brüllen, darum mag falsch gewesen sein, nach Auschwitz ließe sich kein Gedicht mehr schreiben. Nicht falsch aber ist die minder kulturelle Frage, ob nach Auschwitz noch sich leben lasse, ob vollends es dürfe, wer zufällig entrann und rechtens hätte umgebracht werden müssen.*[24]

Die »Remigranten« wurden von Schuldgefühlen gepeinigt: »als potentielle Opfer des Holocaust empfanden sie ihr Überleben als eine schambesetzte Tatsache, sie glaubten ihr Leben dem puren Zufall zu verdanken, [...] das genauso zufällig und irrational war wie der Massenmord an ihren Schicksalsgenossen«[25]. Und aus ihren Schuldgefühlen erwuchs das verzweifelte Bedürfnis, das, was in Auschwitz geschehen war, zu verdrängen oder mit verlegenem Schweigen darüber hinwegzugehen. (Eine Ausnahme sind Adorno und Hannah Arendt; Letztere hat sich allerdings nie mehr dauerhaft in Deutschland niedergelassen.) Es sollte Jahre dauern, bis die Weltöffentlichkeit von der Dimension des Völkermords an den europäischen Juden wirklich Notiz nahm. Eine wichtige Rolle kam dabei Raul Hilberg[26] zu, der mit seinem Pionierwerk 1961 Geschichte schrieb. *Die Vernichtung der europäischen Juden* – auf Deutsch erstmals 1982 erschienen – habe, wie Hannah Arendt sagte, den furchtbaren Mechanismus erstmals klar und deutlich beschrieben.

Als Deutschland nach der Öffnung der Berliner Mauer 1989 seine volle Souveränität zurückerlangte und begann, nach möglichen geistig-philosophischen Grundlagen seiner demokratischen Identität zu suchen, konzentrierte sich die Aufmerksamkeit der Wissenschaftler nicht zufällig auf die Rolle, die den jüdischen »Remigranten« im deutschen Prozess der Umformung/Reue (*Metanoia*) zugekommen war. Und »im Rahmen der amerikanischen Politik der ›*reeducation*‹ hatte auch die Einführung der Politikwissenschaft ihren Stellenwert«[27], die als vorgebliche »Pseudowissenschaft«, ähnlich wie die Soziologie, bis 1945 keinen Eingang in die Lehrpläne der deutschen Universitäten gefunden hatte. Den universitären Gepflogenheiten verpflichtete Wissenschaftler versuchten folglich, die Einführung dieser Disziplinen zu verhindern, indem sie diese als »Modedisziplin«, »undeutsch« und »oberflächlich« abtaten.

Ob wir von Denkern wie Ernst Fraenkel[28], dem vielleicht bedeutendsten Politikwissenschaftler des 20. Jahrhunderts, von Richard Löwenthal (Autor von *Jenseits des Kapitalismus*, der in den dreißiger Jahren unter dem Pseudonym Paul Sering Berühmtheit erlangte) oder von Franz L. Neumann sprechen, dem wir die erste große Forschungsarbeit über den Nationalsozialismus verdanken[29]: Sie alle trugen dazu bei, ein Vorhaben zu verwirklichen, das auf die »Demokratieerziehung« der nächsten deutschen Akademikergenerationen durch »Amerikanisierung« des akademischen Lebens zielte.[30] Eine Vorbildrolle kam dabei der Freien Universität Berlin und teilweise dem Otto-Suhr-Institut für Politikwissenschaften zu, an denen sich die anderen westdeutschen Universitäten orientierten. Und bei allem verfolgte man stets das ausdrückliche Ziel, eine Wiederholung der Geschehnisse von Weimar dauerhaft zu verhindern.

Denn während des Dritten Reiches waren ausgerechnet die Universitäten zu Hochburgen des Nationalsozialismus und Antisemitismus geworden: »Das Bekenntnis zur pluralistischen Demokratie beruht auf der Erkenntnis, daß eine jede freiheitliche Demokratie sowohl Differenzierung als auch Übereinstimmung, daß sie ›cleavages‹ und ›consensus‹ bedeutet.«[31]

Einem weiteren »Remigranten«, Josef Neuberger, verdanken wir die radikalste Reform von Straf-, Sozial- und Umweltrecht der (west-)deutschen Nachkriegszeit. Neuberger, Jurist und Anwalt, emigrierte 1938 nach Palästina und kehrte nach Gründung des Staates Israel und Entstehung der Bundesrepublik Deutschland in das Land zurück, aus dem er fliehen musste. Von 1966 bis 1972 war das SPD-Mitglied Justizminister des bevölkerungsreichsten Bundeslandes Nordrhein-Westfalen. Frank Schirrmacher, langjähriger Feuilletonchef der »Frankfurter Allgemeinen Zeitung«, hat zu Recht betont, dass Josef Neuberger zu den Gründungspersönlichkeiten der Bundesrepublik gehörte: »Er war ein Garant für Rechtssicherheit, nicht nur in seiner Tätigkeit als Justizminister und Anwalt. Als emigrierter Jude gehörte er zu jener Gruppe der Verfolgten des Nationalsozialismus, die durch die pure Tatsache ihrer Rückkehr, was heute allzu leicht vergessen wird, diesem Land wieder eine moralische Chance gaben, eine Chance, die es in den Augen vieler so schnell nicht wieder verdient hatte.«[32]

Es waren zwei klar unterschiedene, aber einander befruchtende Entwicklungen, die schließlich zur vollständigen »Verwestlichung« Deutschlands führten – das offiziell Bundesrepublik Deutschland heißt und damit die Kontinuität des vereinten Deutschlands mit der demokratischen Bonner Republik betont. »Altmodische« Persönlichkeiten wie Konrad Adenauer – der »die pragmatische und alltägliche Seite der metanoetischen Arbeit in Deutschland symbolisierte«[33] – und der erste Bundespräsident Theodor Heuss, der die Einführung zu der von Johannes Winkelmann betreuten Erstausgabe von Max Webers politischen Schriften schrieb, legten den Grundstein und wagten damit den ersten Schritt in Richtung Westen; Politiker also, deren Persönlichkeit in den Jahren vor dem Ersten Weltkrieg geformt wurde: »Die Demokratiegründung von 1949 war eben doch ein politischer Neuanfang, ein Neuanfang, in dem Deutschland sich in Gestalt der Bundesrepublik endlich den westlichen Traditionen öffnete und zuwandte.«[34]

Auf sie folgten schließlich die Söhne der zweiten Nachkriegszeit, die erst schmerzlich erkennen mussten, wie viel ihnen ihre Väter systematisch verschwiegen hatten. Sie suchten nach Wegen, sich mit der eigenen deutschen Identität zu »versöhnen«, und ihre Wege waren häufig von Verzweiflung und Scheitern geprägt. Erst die systematische Vergangenheitsbewältigung, die sich als intellektuell-moralisches Fundament des neuen Staates begriff, ermöglichte es der »skeptischen Protestgeneration«, sich – nach einem langen, quälenden Prozess – in der Realität der Bundesrepublik wiederzuerkennen. Es war dieser Prozess, der Deutschland endgültig in eine *post-deutsche* Republik verwandelte.

Was wir »Verwestlichung« der Bundesrepublik genannt haben, war also in Wahrheit kein Abschied von der Idee der Nation, sondern eher deren Neuentdeckung durch eine »Verwestlichung« nach den Vorbildern der französischen und der amerikanischen Demokratie. Die »Verwestlichung«, die durch die im Grundgesetz von 1949 verankerten unveräußerlichen Grundrechte bekräftigt wird, erteilt dem »Relativismus« eines »Volksgeistes« und dem Historismus Herder'scher Prägung ausdrücklich eine Absage. Eine entscheidende Rolle bei der Renationalisierung und Verwestlichung Deutschlands spielte die Frankfurter Schule: Es gab kaum andere Intellektuelle, die ähnlich wie Horkheimer und vor allem Adorno »als Juden, Remigranten, Sozialwissenschaftler und Linksintellektuelle glaubwürdiger in der Rehabilitierung deutscher geistiger Traditionen waren«[35]. Doch auch die Versöhnung mit der deutschen geistigen Identität, die erst durch die systematische Dekontaminierung all dessen ermöglicht wurde, was durch reaktionäre Traditionen verfälscht worden war, kann man als paradoxe Folge der Emigration begreifen: »In den USA ist die kritische Gesellschaftstheorie erst zur Kritischen Theorie geworden. [...] Ohne die amerikanische Erfahrung hätte die Kritische Theorie nicht formuliert werden können.«[36]

So schließt sich der Kreis. Die Berliner Republik – so wird das vereinte Deutschland gern in Abgrenzung zur Bonner Republik genannt – verdankt ihre demokratisch-liberale Wirklichkeit einer radikalen Verwestlichung, zu der die Repräsentanten der alten deutschen politischen Klasse beitrugen, die nicht durch den Nationalsozialismus kompromittiert waren.

Adenauer ist die bekannteste Persönlichkeit, die den Nationalsozialismus in der »inneren Emigration« überlebte. Doch den größten Beitrag leisteten die Emigranten, die, vor allem aus den USA, häufig von Schmerz und Zweifeln bewegt nach Deutschland zurückkehrten und die Grundwerte der Neuen in die Alte Welt reimportierten. Jene »großherzigen Remigranten« ermöglichten, und sei es posthum, die Vollendung des großartigen Projekts, das seinen Anfang mit dem Experiment Weimar genommen hatte: mit dem tragisch gescheiterten Versuch, die deutsche Geschichte und Kultur in der geistig-rechtlichen Tradition der demokratischen Revolutionen der Moderne zu verankern, so wie es Ernst Troeltsch[37] oder Ernst Cassirer, der 1928 eine ausgezeichnete Rede über die Weimarer Verfassung[38] hielt, vergeblich gehofft hatten.

Im Jahr 1956 veröffentlichte der schweizerische Autor Fritz René Allemann die Studie *Bonn ist nicht Weimar*, mit der er großes Aufsehen erregte. Allemann wollte, wie er sagte, die bösen Geister der Vergangenheit austreiben und die grundlegenden politisch-institutionellen Unterschiede zwischen erster und zweiter deutscher Republik in den Vordergrund rücken – und der zweiten damit ein weniger tragisches Schicksal als der ersten in Aussicht stellen. Seine Voraussage hat sich erfüllt. Allerdings kann und muss man heute einen Schritt weiter gehen und sagen: *Berlin ist auch Weimar*. Galt die Weimarer Republik in politikwissenschaftlichen und historischen Standardwerken jahrzehntelang als paradigmatisches Modell der »Selbstpreisgabe« einer parlamentarischen Demokratie[39], so wurde das interpretatorische Paradigma schließlich geradezu auf den Kopf gestellt.

Heute beurteilt die Forschung die Weimarer Republik nicht mehr unter dem Gesichtspunkt ihres Scheiterns, sondern betrachtet sie als Ausgangspunkt von bedeutsamen kulturellen und institutionellen Erneuerungen, die sie wesentlich prägten.[40] Die Weimarer Republik gilt nicht mehr als Lehrstück eines politischen und Verfassungsmodells, das zum Scheitern verurteilt war und von dem man sich ausdrücklich distanzieren muss, sondern als ein Experiment, das seiner Zeit weit vorauseilte:

> *Vielfältige Forschungen haben die dynamische Zukunftsoffenheit und Polyvalenz der Weimarer Kultur, Politik und Gesellschaft betont sowie die uneindeutige Reichhaltigkeit des intellektuellen Diskurses hervorgehoben. […] Das Forschungsinteresse hat sich von den*

> *Ursachen des Scheiterns zu den Erfahrungen der kulturellen Moderne verlagert.*[41]

Aus dem großen Erfahrungsschatz der Weimarer konnte die Bonner Republik (und kann heute das vereinte Deutschland) schöpfen:

> *Ohne die Erfahrung von Weimar wäre die Erfahrung von Bonn unmöglich gewesen. Nicht in dem banalen historischen Sinn, daß, was nachfolgt, immer eine Konsequenz dessen ist, was vorher geschah. Weimar, das war der erste Versuch. [...] Wenn die Bonner Demokratie ein Modell darstellen konnte, [...] war dies [...] deshalb so, weil Deutschland an den eigenen Schwächen und Fehlern lernen konnte.*[42]

Man muss sich dazu nur vor Augen führen, wie die Stabilität der deutschen parlamentarischen Demokratie in der Bonner – und heute Berliner – Republik durch das »konstruktive Misstrauensvotum« gewährleistet wurde und wird. Seine Einführung sollte dazu dienen, die endemische Instabilität zu verhindern, die die Weimarer Regierungskoalitionen geprägt hatte.[43] Ähnliches gilt für die zweite entscheidende Stärke des *Modells Deutschland* gegenüber anderen europäischen Modellen: für die *Sozialpartnerschaft*, einen »Klassenkompromiss«, bei dem sich soziale Gerechtigkeit und produktive Innovation nicht ausschließen und dessen Vorläufer bis auf das Weimarer Experiment der *kollektiven Demokratie* zurückgehen.

Die deutsche Wiedervereinigung erfolgte im Zeichen der westlichen liberal-demokratischen Werte, von denen sich die Bonner Republik leiten ließ. Doch die Wiedervereinigung zeigte auch, dass die Gründe für die politische und soziale Stabilität Deutschlands, die es zur hegemonialen Macht in Europa gemacht haben, in den bitteren Lehren zu suchen sind, die die »großzügigen Remigranten« wie Ernst Fraenkel[44] in den Jahren ihres Exils aus dem Scheitern der Weimarer Republik gezogen hatten. Sie hatten am eigenen Leib erfahren, welche Faktoren zum Ende der ersten deutschen Republik geführt hatten, und brachten nun ihre Erfahrungen ein, damit das Experiment, das nach der Katastrophe des Zweiten Weltkriegs in Angriff genommen wurde, einen besseren Ausgang nahm. Zweifellos liegt die Stärke des *Modells Deutschland* in den Lehren aus Weimar und in der kritischen Bewertung des historischen Erbes begründet.

Doch ohne den langen, quälenden, selbstkritischen Lernprozess angesichts einer »*Vergangenheit, die nicht vergehen will und darf*«, wäre das vermutlich gar nicht möglich und sicherlich vergebens gewesen: »Das wiedervereinigte Deutschland ist Hitlers Schatten nicht losgeworden, und es wird ihn auch nicht loswerden. Nach dem Zweiten Weltkrieg vergingen vier Jahrzehnte, bis der Holocaust in der kollektiven Erinnerung der Deutschen als das anerkannt war, was er ist: das zentrale Ereignis der deutschen Geschichte im 20. Jahrhundert.«[45] Joschka Fischer nannte Auschwitz zu Recht den *Gründungsmythos* des heutigen Deutschland.

3.
Das Modell Deutschland

Das deutsche System könnte sich […]
als das effizienteste und das für eine
globalisierte Welt am besten geeignete erweisen.
Fareed Zakaria

Deutschland ist in diesem Moment
das führende Land in Europa.
Claudio Magris

Zu Beginn dieses Jahrhunderts und Jahrtausends war Deutschland »der kranke Mann Europas«: ein Land in der Krise, das nicht in der Lage zu sein schien, sich vom Schock der Wiedervereinigung zu erholen. Niedrige Wachstumsraten, hohe Arbeitslosenquote, eine unkontrollierte Staatsverschuldung – und das bei einem besorgniserregenden Rückgang der privaten Investitionen. Heute, kaum mehr als zehn Jahre später, wird Deutschland in ganz Europa bewundert und beneidet (möglicherweise auch gefürchtet). Und auch wenn die deutsche Welt (zum Glück) nicht die beste aller möglichen Welten ist, so ist Deutschland doch das erfolgreichste Land im heutigen Europa: politisch stabil und kulturell gereift, ein Land, das sich als fähig erweist, eine epochale

Wende sowie die mit der Integration der neuen Bundesländer (und von 17 Millionen Menschen) verbundenen wirtschaftlichen und geopolitischen Herausforderungen zu meistern und zugleich die Grundsätze des liberal-demokratischen Staates sowie die Bürgerrechte zu wahren. Auf diese Weise konnte es die gewichtigen Probleme und Ängste, die nach dem Fall der Berliner Mauer aufkamen, hinter sich lassen. Deutschland ist es darüber hinaus auch gelungen, Wirtschaft und Produktion so zu reformieren, dass es zur vorherrschenden Macht auf dem alten Kontinent avanciert ist: »Die strategische Bedeutung Deutschlands war nie größer«, meinte ein hoher amerikanischer Funktionär, als er im März 2013 an der jährlichen Versammlung der Trilateralen Kommission in Berlin teilnahm. Und das nicht nur mit Blick auf Europa.

Länder wie Spanien und Italien versinken in einer beispiellosen Krise, und selbst Frankreich – ob von einem linken oder einem konservativen Präsidenten geführt, macht allem Anschein nach keinen großen Unterschied – bringt offensichtlich nicht die politische Kraft auf, um die notwendigen Reformen einzuleiten, die ihm aus einer inzwischen chronischen Stagnation heraushelfen könnten. Deutschland hingegen ist eine überraschende Umgestaltung gelungen. Die Gründe dafür lassen sich gewissermaßen doppelt definieren – historisch und strukturell, was mit den besonderen Eigenschaften und Vorzügen des sogenannten *Modell Deutschland* zusammenhängt.

Es gibt aber auch andere, kontingente Ursachen, die an den politischen Akteuren und ihren Entscheidungen festzumachen sind. Ebendiese stehen am Beginn des Geschehens, denn der eigentliche Grund für dieses neue deutsche Wunder hat einen Namen: Agenda 2010. Mit den typischen Eigenschaften großer politischer Leitfiguren – Mut und Weitblick (»Ich will nicht hinnehmen, dass die Lösungen wegen irgendwelcher Privatinteressen scheitern, weil es am Mut fehlt, zusammenzustehen«) –, kündigte Gerhard Schröder, der Chef der damaligen rot-grünen Regierung (neben Joschka Fischer), am 14. März 2003 im Bundestag die radikalste Reform des Sozialstaats in der deutschen Nachkriegsgeschichte an. Hinzu kam eine strukturelle Umstellung des Wirtschafts- und Produktionssystems, um es in die Lage zu versetzen, die Herausforderung der Globalisierung zu meistern.[1] Und Schröder setzte beides durch.

Es war eine schwerwiegende Entscheidung für einen Spitzenpolitiker der SPD, einer Partei, die, nachdem sie den Mythos vom Klassenkampf *ad acta* gelegt hatte, die Unantastbarkeit der sozialen Errungenschaften »von der Wiege bis zur Bahre« zur eigenen Existenzberechtigung erklärte. Die Schröder-Regierung brach also nicht nur mit einer etablierten Tradition, was das Verhältnis zwischen Unternehmern und Lohnabhängigen betraf,[2] sondern definierte auch den Zusammenhang von bürgerlichen Rechten und staatlichen Aufgaben neu: »Wir werden Leistungen des Staates kürzen, Eigenverantwortung fördern und mehr Eigenleistung von jedem Einzelnen abfordern müssen.« Kurzum, dem großzügigsten Wohlfahrtsstaat Europas (nur die skandinavischen Länder lagen hier weiter vorn) wurde eine drastische Diät verordnet, und seine Sozialleistungen wurden entsprechend abgespeckt. Wie sich später herausstellte, sollte dies Deutschland retten, die SPD jedoch in die Krise stürzen.[3]

Außerdem ist daran zu erinnern, dass die Regierung Schröder im Jahr 2003 zwei weitere wichtige Entscheidungen traf, die erhebliche Konsequenzen für die internationalen Beziehungen und den Prozess der europäischen Einigung hatten. So widersetzte sich Deutschland – im Einklang mit

Frankreich –, der Entscheidung George W. Bushs, in den Irak Saddam Husseins einzumarschieren. Diese Entscheidung der amerikanischen Regierung, mitgetragen von der sogenannten »Koalition der Willigen«, an der sich Berlusconis Italien aktiv beteiligte, führte zu einer Spaltung Europas und zum dramatischsten Bruch in der westlichen Welt seit der Suez-Krise im Jahr 1956: »Der einig geglaubte Westen ist gespalten. Jedoch nicht die Gefahr des internationalen Terrorismus hat diese Entwicklung verursacht, sondern eine Politik der US-Regierung, die das Völkerrecht ignoriert, die Vereinten Nationen an den Rand drängt und den Bruch mit Europa in Kauf nimmt.«[4]

Um ein wenig Handlungsspielraum zu gewinnen und die Auswirkungen der durch die Agenda 2010 eingeleiteten Reformen auf die öffentliche Meinung abzumildern, trat Schröder sodann noch im selben Jahr – auch dieses Mal mit der Unterstützung des von Chirac geführten Frankreich sowie der »interessierten« Anteilnahme Italiens (die italienische Regierung hatte in diesem Halbjahr die EU-Ratspräsidentschaft inne) – für ein flexibles Vorgehen bei der Anwendung der sogenannten »Maastricht-Kriterien«[5] ein: »Deshalb halten wir am Ziel der Haushaltskonsolidierung und am Stabilitätspakt fest, über den wir uns einig geworden sind. Aber dieser Pakt darf nicht statisch interpretiert werden.«

Es ist gewiss nicht übertrieben zu behaupten, dass dieses Auseinanderbrechen der europäischen Front ein Vorbote der Krise wurde, der Sinn und Zweck der europäischen Integration, wie man sie nach Kriegsende definiert hatte, infrage stellte. Herbeigeführt wurde dieser Bruch durch die »willigen« Unterstützer des amerikanischen Angriffs auf den Irak sowie durch die Überschreitung der Regeln des Stabilitätspakts, des Grundsteins des Maastricht-Vertrags, durch die beiden mächtigsten EU-Staaten. (Dass ausgerechnet Deutschland selbst die Regeln brach, sollte schwerwiegende Konsequenzen nach sich ziehen, zumal es diese Regeln selbst eingefordert hatte.) Die Dimensionen der dann eintretenden Krise zeigten sich erstmals 2005, als die europäische Verfassung (einzelne Grundsätze konnten im Vertrag von Lissabon nachträglich verankert werden) durch Franzosen und Niederländer in zwei aufsehenerregenden Abstimmungen abgelehnt wurde.

Im Jahr 2010 schlug die Krise schließlich vollends durch und offenbarte ihr ganzes Ausmaß – mit dem »Krieg um die Staatsschulden«, der die Europäische Union buchstäblich spaltete: in die »tugendhaften« Länder Nordeuropas und die »verschwenderischen« Länder des Mittelmeerraums. Dass der Europa-Gedanke bei Schröders SPD viel weniger ausgeprägt war als bei Helmut Kohl oder Helmut Schmidt, bekräftigte der Kanzler übrigens mehrfach persönlich und gab zu, sich in einem gewaltigen kulturellen wie politischen Zwiespalt zu der viel weitergehenden föderalistischen Vision seines Außenministers Joschka Fischer zu befinden. Eine Vision, deren historisches Zeugnis Fischers Rede »Vom Staatenverbund zur Föderation – Gedanken über die Finalität der europäischen Integration« darstellt, die er am 12. Mai 2000 an der Berliner Humboldt-Universität hielt.

Die radikale Reform, mit der Gerhard Schröder den deutschen Sozialstaat umkrempelte (unter anderem mit der Anhebung des Rentenalters auf 67 Jahre und der Abänderung der Kriterien für die Gewährung von Arbeitslosengeld,[6] was mit Ausnahme einiger nebensächlicher Details von Angela Merkels Großer Koalition zu Ende geführt wurde), hat Früchte getragen. Deutschland ist heute die führende Exportnation – so wie es die Bonner Republik in den achtziger und neunziger Jahren des vergangenen Jahrhunderts gewesen war – und zudem das Land mit der geringsten Jugendarbeitslosigkeit in Europa. Darüber hinaus hat Deutschland außerordentlich viel in Forschung und Kultur investiert, weil es in der Ausbildung der nachwachsenden Generationen (das haben die aus Krisenländern wie Spanien, Italien und Griechenland immigrierten und integrierten jungen Menschen begriffen) die wichtigste strategische Waffe Europas sieht, um auf dem globalen Markt wettbewerbsfähig zu sein.[7]

Das bedeutet freilich nicht, dass sich in Deutschland, so wie in allen anderen westlichen Industrienationen, infolge einer Konzentration des Reichtums und einer deutlichen Verschärfung der wirtschaftlichen Unterschiede nicht auch eine dramatische soziale Ungleichheit zum Nachteil der Mittelschicht und der schwächeren Bevölkerungsteile herausgebildet hat.[8] Nur dass dies in einer sozial weitaus verträglicheren Form[9] geschah als anderswo – nämlich abgefedert durch das soziale Sicherungssystem und die Regulierung des Arbeitsmarktes. Zu verdanken ist dies den Reformen von Gerhard Schröder, der am *Modell Deutschland* zwar quantitative Abstriche vornahm, es aber qualitativ nicht antastete. Und wie sich herausstellte, war dieses Modell nach der Reform tatsächlich in der Lage, die systembedingten Anforderungen des Marktes und den Imperativ sozialer Gerechtigkeit in einer durch die Globalisierungsprozesse radikal veränderten Situation miteinander in Einklang zu bringen, indem die für den Einsatz von Arbeitskräften erforderliche Flexibilität klug mit einer grundsätzlichen Sicherheit des Arbeitsplatzes verbunden wurde:

Für eine Reform, die sich auf eine Entschlackung des deutschen institutionellen Rahmens konzentriert, seine Eigenarten aber erhält und seine Wettbewerbsfähigkeit noch betont, spricht die Realität einer globalen Wirtschaft, die bei aller systemischen Homogenität immer stärker von divergenten kulturellen Faktoren bestimmt wird. Deutsche Wirtschaftspolitik sollte sich daher am Anfang des 21. Jahrhunderts nicht in der Imitation von Produktionsregimen erfolgreicher Wettbewerber erschöpfen, sondern die eigenen komparativen institutionellen Vorteile kreativ ausbauen.[10]

Deshalb gründeten sich die Reformen in Deutschland nicht auf eine Potenzierung der befristeten Arbeitsverhältnisse, sondern auf unternehmensinterne Mobilität. Diese Mobilität setzt nicht allein auf flexible Arbeitszeiten, Teilzeitarbeit und Überstunden, sondern auch auf aktive Mobilität, im Rahmen derer die Beschäftigten in regelmäßigen Abständen, vor allem aber in Zeiten der Krise, ihre Kenntnisse vertiefen und anspruchsvollere Aufgaben übernehmen, die ihnen mehr abverlangen. Eine Mobilität, die sich speziell in der Weiterbildung auf allen Ebenen äußert. Die Mobilität ist daher »ein sozialer und beruflicher Fahrstuhl, der vor allem innerhalb des Unternehmens genutzt wird und der [...] zur außerordentlich und überraschend guten Behauptung der deutschen Industrie in der Welt beiträgt.« Mit dieser Formulierung bezieht sich Romano Prodi in seinem Artikel *L'ascensore sociale nel sistema tedesco* (Der soziale Fahrstuhl im deutschen System)[11] direkt auf das eigentliche Herzstück der Sozialpartnerschaft, die einer der Eckpfeiler, wenn nicht gar das Fundament des Modells Deutschland ist.

Diese Sozialpartnerschaft ist Ausdruck eines gesellschaftlichen Kompromisses, der den Gewerkschaften wichtige Kontrollfunktionen und Mitbestimmungsrechte einräumt, ohne durch diesen institutionalisierten Dialog aber die Entscheidungsprozesse zu lähmen. Ebenso wenig behindert die Sozialpartnerschaft die Einführung produktiver Neuerungen in den Unternehmen – im Gegenteil, sie befördert sie sogar: »Die Mitbestimmung«, so einer der führenden Manager der deutschen Industrie, »hat für uns eine strategische Bedeutung. Sie ist ein konstituierendes Element unseres Erfolgs. Die Rolle der Gewerkschaft auch in den Aufsichtsräten, der fortdauernde Dialog zwischen unseren Personalleitern und den Gewerkschaftsführern sind entscheidende Elemente unserer Kraft.«[12] Nach der Einschätzung unseres ehemaligen Ministerpräsidenten (und Ex-Präsidenten der EU-Kommission) funktioniert der soziale Fahrstuhl im deutschen System deshalb, weil er die Schnittstelle zwischen kontingenten Entscheidungen staatlicher Politik und dem System als solchem bildet.

In anderen Worten: Den Erfolg der Reformstrategie der Agenda 2010 ermöglichte die Synergie zwischen bestimmten Zielen (kontingenten politischen Entscheidungen) und dem systemisch-strukturellen Kontext, der ihre Umsetzung vorantrieb. Prodi unterstreicht daher mit Blick auf Italien: »Das eigentliche Problem besteht darin, dass die Art der deutschen Reform eine Zusammenarbeit erfordert, die in unserer Kultur nur selten zu finden ist. So ist eine besondere Aufmerksamkeit der Arbeitgeber für alle Fragen der Ausbildung notwendig […] und eine tägliche Personalpflege […]. Analog dazu müssen sich auch die Gewerkschaften umstellen, für die diese tägliche, erfahrungsbedingt notwendige Aufmerksamkeit zur Verbesserung der Fähigkeiten des einzelnen Arbeitnehmers gewiss nicht von vorrangiger Bedeutung ist.«

Es wird schon etwas Wahres dran sein, dass es die politische Führung in unserem Land, so wie in den anderen südeuropäischen Staaten, schuldhaft versäumt hat, notwendige Reformen einzuleiten (sieht man von zeitraubenden, fruchtlosen Einzelaktionen ab). Doch selbst wenn die Politik den Mut und den nötigen Weitblick aufgebracht hätte, wäre sie aufgrund der fehlenden politisch-kulturellen Voraussetzungen und strategisch-institutionellen Bedingungen vermutlich gescheitert. »Ich denke«, fährt Prodi fort, »dass allein schon der gewerkschaftliche Pluralismus ein nahezu unüberwindbares Hindernis für einen Prozess ist, der sich auf alle Arbeitsplätze auswirken soll [...]. Das ungeregelte Nebeneinander der Gewerkschaften begünstigt de facto das Konkurrenz- und Konfliktverhalten, nicht aber kooperatives Verhalten.«

Diese ontologische Differenz zwischen den einzelnen Modellen der ökonomischen Verhältnisse – dem konsensorientierten Deutschlands und dem konfliktorientierten der Mittelmeerländer (in erster Linie Frankreich, Italien, Spanien) – spiegelt sich in den unterschiedlichen Strategien wider, die von Gewerkschaften und Unternehmen verfolgt werden. Sie verursachen wachsende Unterschiede der Leistungsfähigkeit der Wirtschaftsräume in der Euro-Zone. Diese Unterschiede dürften, neben den unterschiedlich hohen Staatsschulden, als Hauptgrund für die gegenwärtige Krise der gemeinsamen Währung gelten. Tatsächlich ist der Begriff »Sozialpartnerschaft« in Italien vielen ein Fremdwort:

> *Unternehmen und Gewerkschaften stehen sich nicht nur als Gegner, sondern fast wie Feinde gegenüber; Mitverantwortung oder Mitbestimmung in der Privatwirtschaft lehnen die Gewerkschaften ab. Der Plural ist mit Bedacht gewählt, denn in Frankreich [das Gleiche gilt*

für Italien, Anm. d. Verf.] gibt es keinen Dachverband wie den deutschen DGB und keine Branchengewerkschaften [...]. Es gibt eine Vielzahl miteinander konkurrierender Gewerkschaften [...], die selbst an nationalen Streiktagen nur mühsam zusammenfinden. Denn sie kämpfen gegeneinander um die wenigen gewerkschaftlich organisierten Arbeitnehmer [...], was oft zu einem Überbietungswettlauf radikaler Forderungen führt. [...] Um aus den Schützengräben zu kommen und eine neue wirtschaftliche Dynamik zu schaffen, wäre im Grunde eine Kulturrevolution notwendig – im Arbeitgeberlager, bei den Gewerkschaften und in der Politik.[13]

Eine Kulturrevolution, von deren Resultaten das heutige, »post-deutsche« Deutschland profitiert und die, wie angedeutet, bereits in den turbulenten Jahren der Weimarer Republik von sozialdemokratischen Arbeitsrechtlern in Gang gesetzt wurde.[14] Im Anschluss an Rudolf Hilferdings berühmte Thesen zum »organisierten Kapitalismus« erarbeiteten die Vertreter des sogenannten »Hofgeismarer Kreises«[15] die Theorie der »Wirtschaftsdemokratie«, in der die »Arbeitsgemeinschaft« die »alte revolutionäre Ideologie durch einen reformorientierten Begriff der Zusammenarbeit gegeneinander arbeitender Wirtschaftsorganisationen ersetzen sollte, indem diese Zusammenarbeit von der Wirtschaftsebene auf eine politische Ebene von Koalitionsregierungen transponiert wurde«.

Es handelte sich hierbei innerhalb der Arbeiterbewegung um eine wahrhaft kopernikanische Wende. Diese überwand ein klassisches Axiom des orthodoxen Marxismus, wonach *Kapital* und *Lohnarbeit* keinen Gegensatz bilden (ein solcher wäre folglich dialektisch auflösbar), sondern eine unüberwindliche Antinomie ausdrücken: Diese Antinomie wiederum manifestiere sich in einer *Realrepugnanz*, weshalb es kein Glück, sondern Pech sei, ein produktiver Arbeiter zu sein, wie Marx im *Kapital* sagt. Dies erklärt, warum das Ziel der »kollektiven Demokratie«, das Ernst Fraenkel Anfang der dreißiger Jahre formulierte, in einem historisch-konzeptionellen Zusammenhang mit dem modernen Revisionismus steht, ja sogar auf politischer und gewerkschaftlicher Ebene die unabdingbare Voraussetzung für die Konsens- und Kompromissbereitschaft bildet, die zum Erfolg des *Modells Deutschland* beigetragen hat.

»Die Kraft, die aus Deutschland heute, in den Wirren einer erschütternden und unwirklichen Finanzkrise, einen Referenzpunkt für die Europapolitik macht«, so Claudio Magris in einer Lobeshymne auf das *Modell Deutschland*,

> *hat alte Ursachen; die Wurzeln liegen in jenem ›rheinischen‹*[16] *Kapitalismus, der sich – strikt kapitalistisch und vor jeder Versuchung, auf Abwege zu geraten, gefeit – entschieden vom angelsächsischen und insbesondere vom amerikanischen [Kapitalismus] unterscheidet. [...] Es ist eine kapitalistische Tradition, die auf das Sparen setzt, die die Produktion nicht zugunsten der Spekulation vernachlässigt (sie im Gegenteil befördert) [...]. Eine Tradition, bei der die Gewerkschaften in vielerlei Hinsicht mitgewirkt haben und die ein System der Finanzvorsorge, der Renten und der Gesundheitsvorsorge hervorgebracht hat, aus der eine anständige Welt entstanden ist, in der die Sozialleistungen nicht über die Maßen missbraucht werden. [...] Daher ist Kapitalismus nicht nur commodity; es gibt auch die community mit ihren Gütern, den Handelsgütern, aber auch den*

halböffentlichen Gütern [...], die zur Lebensqualität beitragen – unter anderem der Verdienst, aber auch die Arbeitsbedingungen, unter denen der Verdienst zustande kommt.[17]

Natürlich haben wir es dabei mit einer außerordentlich wichtigen Frage zu tun – und das nicht nur aus theoretischer Sicht. Zu verstehen, warum das Modell des »rheinischen Kapitalismus« tatsächlich für die wirtschaftlichen Herausforderungen des globalen Marktes besser gerüstet ist als das anarchisch-konfliktorientierte Modell der Mittelmeerländer (wobei zwischen dem inflationistischen italienischen Modell und dem neo-colbertistischen Modell Frankreichs zu unterscheiden ist) oder das liberal-manchesterkapitalistische der angelsächsischen Staaten (auch hier sind Unterschiede zwischen Großbritannien und den USA zu beachten), zugleich aber auch die sozialen Errungenschaften und Rechte bewahrt, heißt letztlich zu akzeptieren, dass sich jedwede Wirtschafts- und Sozialpolitik am *Modell Deutschland* zu orientieren hat. Jedenfalls dann, wenn man die Errungenschaften des europäischen Modells erhalten und nicht unaufhaltsam dem strukturellen Untergang entgegeneilen will.

Doch was ist unter dem Begriff »rheinischer Kapitalismus« zu verstehen? Ist es nicht vielleicht wissenschaftlich und historisch angesagt, einen Schritt weiter zu gehen und auch diese Kategorie zu dekonstruieren (Michael Albert subsummiert hier höchst unterschiedliche sozio-ökonomische und kulturelle Modelle, die nur gemeinsam haben, dass sie gerade nicht in orthodoxem Verständnis liberal sind), wie es angesehene Wissenschaftler vorschlagen, die am Ende nur mehr vom deutschen Modell des Kapitalismus sprechen? Die Erhellung dieses komplexen Themas, das an dieser Stelle nur angerissen werden kann, wird Aufgabe künftiger Forschungen sein.[18] In jedem Fall verweist der Begriff des »rheinischen Kapitalismus« auf ein Wirtschafts- und Gesellschaftsmodell, das den auf einen bedingungslosen Liberalismus ausgerichteten Modellen angelsächsischer Prägung ebenso entgegensteht wie den hierarchisch-gemeinschaftlichen des asiatischen Kapitalismus: »Die deutsche Stabilitätskultur ist kein Monster [...]. Es ist eine Kultur, die aus Deutschland die einzige nicht erbarmungslose Alternative zum chinesischen und amerikanischen Modell gemacht hat: Es basiert auf einer Aufwertung der Gewerkschaften, auf einvernehmlichen Entscheidungen gegen das Outsourcing, auf hohen Einkommen.«[19]

Es ist also ein Modell des Kapitalismus, dessen Grundlage ein korporatives System gewerkschaftlicher Beziehungen bildet und das mittels konsensorientierter Strukturen im Kontext eines demokratischen Rechtsstaates umgesetzt wird. Sein Ziel ist es, ein optimales Funktionieren des freien Marktes zu gewährleisten, aber auch – dank eines robusten Systems sozialer Sicherung – einer größtmöglichen Anzahl von Bürgern den Zugang zum erwirtschafteten Reichtum zu ermöglichen: Dies ist die Idee des »Wohlstands für alle«, wie sie Ludwig Erhard, der Vater des deutschen Wirtschaftswunders, einst propagierte.

Daher wird der Begriff rheinischer Kapitalismus nicht selten fälschlich als Synonym für »Soziale Marktwirtschaft«[20] verwendet, wobei es natürlich einen historisch-systematischen Zusammenhang zwischen beiden Bezeichnungen und den dahinterstehenden Vorstellungen gibt: Auf der Basis des Programms einer »Sozialen Marktwirtschaft«, das vor allem von Alfred Müller-Armack[21] erarbeitet wurde, entwickelte sich in der Bundesrepublik in der unmittelbaren Nachkriegszeit ein Modell des Sozialstaats, das das kapitalistische Wirtschaftssystem in seiner spezifisch »rheinischen« Form charakterisierte.[22] Der Begriff des rheinischen Kapitalismus verweist also einerseits auf eine geographische Realität – die der alten Bundesrepublik –, andererseits stellt er den Einfluss der christlichen Soziallehre, der Gesetzgebung zur Mitbestimmung und des Prinzips der Subsidiarität heraus, die, verankert in der Tradition der sozialdemokratischen »Wirtschaftsdemokratie« der Weimarer Republik, das deutsche System einer regulierten Marktwirtschaft, das auf Vertrauen, Kooperation und Koordination beruht, in besonderer Weise geprägt haben.[23]

In der Praxis besteht das Geheimnis des *Modells Deutschland* also in der Suche nach Kompromissen auf politischer, sozialer und institutioneller Ebene – mit dem Ziel, die Stabilität eines Systems zu gewährleisten, dessen Metapher *par excellence* die Stabilität von Währung und Regierung ist.[24] Die heimliche »politische Theologie« eines Landes, das sich – nach einer sehr konkreten und tragischen Erfahrung – dazu entschloss, die primitive Freund-Feind-Logik eines Carl Schmitt und seiner linksradikalen Bewunderer für unzulässig zu erklären, entspricht einer Haltung, die wir als einen programmatischen Antidezisionismus bezeichnen können:

> *Die alte Bundesrepublik hat etwas geleistet, was in den vorhergehenden Jahrzehnten nicht erreicht wurde – die Überwindung der alten Zerrissenheit. Sie lebt mit verfassungsmäßigen Institutionen, die allgemein anerkannt werden, von denen man erwarten kann, daß sie auf friedlichem Wege die unvermeidlichen Konflikte austragen können. Diese Konflikte innerhalb Deutschlands*

werden nicht mehr aufgebauscht durch weltanschauliche Prinzipien, durch Freund-Feind-Denken. [...] Dank wirtschaftlicher Kraft, aber auch dank eines neuen Denkens hat die Bundesrepublik eine innere Befriedung geschaffen.[25]

Ein entscheidendes Kapitel beim geistigen Wiederaufbau Deutschlands nach der Katastrophe des Zweiten Weltkriegs schrieben die Gründerväter des *Grundgesetzes*[26] 1949. Sie machten sich die Lehre aus dem Scheitern der Weimarer Republik und ihrer Verfassung zunutze, stellten den »demokratischen Souverän« unter eine Art Dekalog »unveränderlicher Werte«, die sogenannten »Grundrechte« der Art. 1–19 Grundgesetz, und bestellten ein Gericht zum »Hüter der Verfassung« (und kein Individuum): Die Souveränität des Bundesverfassungsgerichts besteht darin, die verfassungsmäßigen Rechte zu verteidigen, nicht aber »über den Ausnahmezustand zu entscheiden«. So hätte auch der Reichspräsident der Weimarer Republik als »Palladium der echten Demokratie« (Max Weber) agieren müssen, er wurde jedoch zum entscheidenden Auslöser für den Untergang der Weimarer Demokratie:

Stellt man das in Rechnung, erweist sich die Einrichtung des Bundesverfassungsgerichts als die folgenreichste aller Neuerungen, die das Grundgesetz von früheren deutschen Verfassungen unterscheidet. Indem das Gericht in fast allen größeren Konflikten angerufen wurde, die in der Bundesrepublik auftraten, erhielt es Gelegenheit, dem Grundgesetz die außergewöhnliche Relevanz zu verleihen, die es in der Bundesrepublik besitzt. Die großen Konflikte waren nicht wie in Weimar Konflikte über die Verfassung, sondern im Rahmen der Verfassung.[27]

Daher lässt sich mit Fug und Recht sagen, dass das Bundesverfassungsgericht als »Hebamme der zweiten deutschen Demokratie« fungierte. Geschaffen wurde ein Gericht (»In Europa waren es nach dem Zweiten Weltkrieg zunächst Westdeutschland und Italien, die nach der Kriegsniederlage auf die eigene totalitäre Erfahrung in Nationalsozialismus und Faschismus reagierten, indem sie selbständige Verfassungsgerichte einrichteten und auch das Parlament an Grundrechte banden.«[28]), dessen Entscheidungen nicht mehr nur die Regierung banden, sondern auch das Parlament.

Dabei handelte es sich nicht allein um eine juristisch weitreichende, beziehungsweise hinsichtlich der Ausübung der Staatsgewalt höchstrelevante Neuerung, es war vielmehr eine Revolution von philosophischer Tragweite innerhalb der Grundsatztradition europäischer Demokratie. Sie stieß bei der Linken (vor allem in Italien) auf erheblichen Widerstand,[29] denn diese lehnte eine »verfassungsmäßige« Einschränkung der parlamentarischen Souveränität rundweg ab und hielt es für vollends undenkbar, dass Freiheit sich nicht nur *mittels* der, sondern auch *gegen* die vom Parlament verabschiedeten Gesetze verteidigen lässt.

Darüber hinaus hat das *Grundgesetz* – im Unterschied zur italienischen Verfassung von 1948 – eine weitere verfassungsmäßige Notbremse eingebaut, nämlich durch die Erklärung in Artikel 1, dass die Grundrechte der Menschenwürde und die Menschenrechte »Gesetzgebung, vollziehende Gewalt und Rechtsprechung als unmittelbar geltendes Recht« beschränken und folglich unmittelbar rechtswirksam sind[30] und eben nicht lediglich programmatische Bedeutung haben wie in der Weimarer Reichsverfassung. Teilweise in Übereinstimmung mit Ideen der traditionellen Naturrechtsphilosophie wies das Bundesverfassungsgericht deshalb mehrfach darauf hin, dass die Grundrechte ein »Wertesystem« bilden, das als solches vom Rechtssystem[31] ebenso respektiert werden muss wie vom demokratischen Souverän, stellt es doch nichts Geringeres dar als eine verfassungsmäßige »Übergesetzlichkeit«:

> *In vieler Hinsicht stellten die Bonner Verfassungsschöpfer Schmitts Weimarer Positionen auf den Kopf – etwa wenn sie sich für eine konsequent repräsentative und gegen eine plebiszitäre Demokratie, für ein Staatsoberhaupt mit überwiegend repräsentativen Funktionen und gegen jedwede präsidiale Diktaturgewalt, für einen gerichtsförmigen und gegen einen präsidialen »Hüter der Verfassung« entschieden. Doch was die Gegnerschaft zum Weimarer Wertrelativismus anging, waren die Väter und Mütter des Grundgesetzes »Schmittianer« – freilich mit einer wichtigen Einschränkung: Sie dachten naturrechtlich und sahen in der »Entscheidung« keinen Selbstzweck; sie waren Normativisten und keine Dezisionisten.*[32]

Der radikale Konstitutionalisierungsprozess der deutschen Rechtsordnung sorgte dafür, dass sich eine neuartige Kultur des Vertrauens gegenüber dem Recht behauptete. Diese Behauptung, die insbesondere in politisch-staatlichen Systemen mit totalitärer Vergangenheit wie eben Deutschland zu beobachten war, hatte paradigmatische Bedeutung und wurde auch als solche von der europäischen Öffentlichkeit wahrgenommen und zu Recht geschätzt:

> *Das Bundesverfassungsgericht zum Beispiel stellt die Umsetzung der Autonomie des Verfassungsrechts dar, da*

es ein Gesetz für unrechtmäßig erklären kann, selbst wenn dieses von der politischen Regierung nach Maßgabe demokratischer Kriterien und entsprechend dem Mehrheitsprinzip verabschiedet wurde. In diesem Fall hat das Prinzip des Rechtsstaats Vorrang vor dem der Demokratie, auch wenn es dieses nicht ersetzt. Denn das Bundesverfassungsgericht kann zwar ein Gesetz aufheben, es kann aber kein neues Gesetz verabschieden.[33]

Auf diese Weise wurde der Gegensatz zwischen Recht und Gerechtigkeit überwunden, den Leo Strauss in der Einleitung zu *Naturrecht und Geschichte* polemisch als verborgenen Fehler des normativen Formalismus eines Hans Kelsen ins Licht gerückt hatte.

Schließlich – das allerdings erfordert eine historische und theoretische Vertiefung, die in diesem Rahmen nicht möglich ist – gibt es noch einen weiteren Aspekt im Organisationsmodell des deutschen Staates, der einen unabdingbaren Bezugspunkt für die zukünftige Organisation des vereinten Europas darstellt (wenn es denn einmal so weit kommt). Ein möglicher Bezugspunkt auch für Italien, sollte das Land aus dem Tunnel der gegenwärtigen Krise herauskommen, ist das Modell des solidarischen Föderalismus, der die Funktionsweise des staatlichen Lebens in Deutschland charakterisiert und »die einzige Erfahrung eines gelungenen Föderalismus in Europa ist, da er die wichtigste Erfahrung des Föderalismus in einem starken Nationalstaat darstellt«.[34]

Gegenwärtig gibt es in Deutschland – im Unterschied zu fast allen Ländern Europas – keine populistische rechte Partei, obgleich der Radikalismus rechter deutscher Splittergruppen aggressiver ist, als dies in anderen Ländern der Fall ist (wie die Existenz von Neonazi-Organisationen belegt).

Deren Gefährlichkeitspotenzial wirft erneut die Frage auf, ob es im Sinne einer wirksamen Gegenwehr angeraten ist, dass der liberale Rechtsstaat zum äußersten Mittel greift: dem Verbot.[35] Die Bundesregierung hat sich, eingedenk einer schrecklichen Vergangenheit, unmissverständlich zum autoritären und parafaschistischen Abweg geäußert, auf dem sich Ungarn zurzeit befindet, so wie sie es in der Vergangenheit auch in Bezug auf die populistische Bewegung Jörg Haiders getan und mit Blick auf die Lega Nord (erfolglos) angeraten hatte. Das macht Deutschland inmitten eines Europa, das von den verschiedensten Populismen heimgesucht wird und alle möglichen Anzeichen einer wirtschaftlichen Krise zeigt, zu einer Oase der Stabilität und Liberalität (meist schließen sich beide Aspekte gegenseitig aus). Viele ausländische Intellektuelle, die aus politischen Gründen verfolgt oder von religiösen Fundamentalisten bedroht werden und sich deshalb entschlossen haben, Asyl in Berlin zu suchen, haben dies verstanden. Zwei von vielen: die Literaturnobelpreisträger Herta Müller und Imre Kertész.

Nachdem sich die politische Klasse in Deutschland jahrzehntelang der Erkenntnis verweigert hatte, dass ihr Land zu einem Einwanderungsland geworden ist, und sie Immigranten weiterhin als »Gastarbeiter« bezeichnet hatte, denen keine Bürgerrechte zustünden, ist Deutschland nun, dank wichtiger Reformen der rot-grünen Regierung nach der Wiedervereinigung, eine Nation, in der die Integration selbst in sozialen Brennpunkten ein Grundsatz geworden ist. Dieser Befund lässt eine Verwirklichung des Ideals eines »Universalismus der Differenz« (Marramao) möglich erscheinen.

Tatsächlich wird hier die soziale und (religiös-)kulturelle Integrationspolitik im Sinne eines »dritten Weges« praktiziert. Sie unterscheidet sich vom französischen Modell eines absoluten »Universalismus« ebenso wie vom »multikulturell« ausgerichteten englischen (und überhaupt dem angelsächsischen) Modell: Das französische Modell zielt auf eine Integration, die als vollständige Anpassung an die Werte der *nation française* verstanden wird und dabei jede Anerkennung kultureller Abweichungen ausschließt.

Das englische Modell eines *Londonistan* basiert auf der bloßen Kenntnisnahme der Existenz einer kulturellen (und sozialen) Pluralität. Daraus resultiert dann der Multikulturalismus aneinandergereihter Ghettos, die sich voneinander abschotten und von Gruppen mit einer geschlossenen, jeweils aphasisch wirkenden Identitäten bevölkert werden: »Dieser multikulturelle Ansatz, der besagt, dass wir glücklich Seite an Seite leben, ist gescheitert. Er ist vollkommen gescheitert«, zitiert Slavoj Žižek kritisch Angela Merkel und David Cameron, ohne deren Positionen zu teilen.

Dass Deutschland den ebenso archaischen wie barbarischen Mythos des *ius sanguinis* überwinden konnte (in Europa verteidigt ihn als einziges Land Italien, dabei die römische Tradition offensichtlich vollkommen vergessend, der zufolge das Bürgerrecht, das *civis romanus sum*, auch auf die entlegensten Provinzen des Reichs ausgedehnt war, sodass sogar Kaiser werden konnte, wer nicht in Rom geboren war), verdankt es der »Entdeutschung« von öffentlicher Meinung und kollektiver Moral durch die Grünen[36]:

> *So betrachtet läßt sich sagen: In Deutschland kamen die Achtundsechziger an die Macht […], wodurch [Brandt] das neue ökologische Bewusstsein für die Politik nutzte. In Wirklichkeit hat der Wechsel, der sich in der deutschen Gesellschaft seit dem Ende der sechziger Jahre vollzog, auf existentieller Ebene eine umwälzendere*

Wirkung gehabt als in den anderen europäischen Ländern; diese Erfahrungen kamen zu den traumatischen Erlebnissen der vierziger und fünfziger Jahre noch hinzu. Sie drangen in die emotionalen und psychologischen Beziehungen der privaten Sphäre ein: In Deutschland »wurde das Private politisiert« […]. In der Terminologie der Soziologen war es ein Sieg der Lebenswelten über die strategische Logik des Systems.[37]

Die Verankerung des ökologischen Bewusstseins in der deutschen Gesellschaft, das manch einer in Europa der deutschen Seele irrigerweise als (hundertste) Manifestation ihrer unverbesserlich romantischen Neigung austreiben möchte, veranlasste die (liberal-konservative) Regierung von Angela Merkel dazu, aus der Katastrophe in Fukushima am 11. März 2011 die notwendigen Konsequenzen zu ziehen und eine radikale Energiewende einzuleiten. Die Entscheidung für einen schrittweisen, aber irreversiblen Atomausstieg bis zum Jahr 2022 bestätigt einmal mehr die Vorreiterrolle Deutschlands selbst bei der Wahl eines möglichen Alternativmodells für die wirtschaftliche Entwicklung in Europa: Dieses Modell kann, indem es konkrete zukunftsorientierte Schritte in der Energiewirtschaft fördert, in den komplexen, aber innovationsstarken Bereichen von Wissenschaft und Produktion entscheidende Anstöße geben bei der Erforschung ökologisch nachhaltiger Technologien:

Ob das Modell eines kernenergiefreien und klimaverträglichen Wirtschaftssystems letztlich erfolgreich ist, bemisst sich jedoch nicht nur an seinen umweltpolitischen Errungenschaften. Auch soziale und makroökonomische Faktoren müssen dafür herangezogen werden.

Genauso zählt auch die Attraktivität des Modells für andere Staaten zu den Erfolgsbedingungen. Dies gilt insbesondere für die Übernahme von umwelt- und klimapolitischen Normen. Sollte sich das deutsche Modell als erfolgreich erweisen, wäre zu erwarten, dass zunächst entsprechende Nachahmungseffekte in der EU auftreten, die sich wiederum positiv auf die Veränderung europapolitischer Rahmenbedingungen auswirken könnten. Erst wenn die Spielregeln gesamteuropäisch entscheidend verändert werden, kann sich ein neues Wirtschaftssystem in einem integrierten Europa auch dauerhaft etablieren.[38]

Der Ausstieg aus einem Modell, das von einer Technologie wie der Atomkraft abhängt, die industriell überflüssig und wirtschaftlich unrentabel geworden ist sowie strukturelle Hierarchien ausprägte, zieht erhebliche Konsequenzen nach sich, wie Ulrich Beck mehrfach betonte. Dies gilt für das Wirtschaftsmodell, für die internationalen Beziehungen wie auch für das politische System, zwingt es diese doch zu Transparenz und weitergehender Demokratisierung, die eine umfangreichere Bürgerbeteiligung am öffentlichen Leben ermöglichen:

Niemand kann das Sonnenlicht besitzen, keiner kann es privatisieren oder nationalisieren. Jeder kann diese Energiequelle für sich erschließen. Atomenergie ist hierarchisch, Sonnenenergie ist demokratisch. Nukleare Energie ist ihrer Natur nach anti-demokratisch. Das genaue Gegenteil gilt für die erneuerbaren Energien der Sonne, des Windes. […] Wer Deutschlands Ausstieg aus der Atomenergie kritisiert, könnte dem Irrtum der

Raupe erliegen. Das Tier befindet sich im Stadium der Entpuppung, beklagt aber das Verschwinden des Kokons, weil sie den Schmetterling der erneuerbaren Energie, zu dem sie wird, noch nicht ahnt.[39]

Dass das Land, das den »reaktionären Modernismus« des Nationalsozialismus als die schrecklichste Verdichtung zu einer politischen und kulturellen Bewegung erfahren hat, die westliche Öffentlichkeit dringlich an das Nachdenken über die Perspektive einer »zweiten Moderne« (oder einer reflexiven Moderne) erinnert – und zwar als vernünftige wie praktikable Lösung für den Zwiespalt zwischen ökologischem Bewusstsein und Leistungssteigerung, zwischen umweltbedingten Erfordernissen und den wachsenden Bedrohungen in einer »Risikogesellschaft« –, bestätigt einmal mehr: Die gegenwärtige historisch-intellektuelle Verfassung Deutschlands verkörpert einen entscheidenden Bezugspunkt für ganz Europa.

Zugleich könnte der Versuch unternommen werden, eine praktische Antwort zu finden auf das metaphysische Dilemma der *Querelle des Anciens et des Modernes* – um die bekannte Wendung wieder aufzugreifen –, das zwei der berühmtesten jüdisch-deutschen Philosophen während ihrer Jahre im Exil formulierten: Eine Kritik der Moderne ist nämlich, wie Karl Löwith behauptet, *nur* aus einem modernen Selbstverständnis heraus möglich, denn man kann sich der »modernen Voraussetzungen«, die einen prägen, nicht (einfach) entledigen, um so die alte Welt der Antike – im Prinzip – zu wiederholen. Oder diese Kritik der Moderne, wie ihm Leo Strauss entgegnet, erfolgt in der Form ihrer *ausschließlichen* und *totalen* Verwerfung, zumal »die heutige Lösung, das heißt die vollständig moderne Lösung, *contra naturam* sei, wie die berüchtigten Atombomben zeigen«.[40]

4. Mythos Berlin

Berlin ist gar keine Stadt, sondern Berlin gibt bloß den Ort dazu her, wo sich eine Menge Menschen […] versammeln.
Heinrich Heine

Vor Gott sind eigentlich alle Menschen Berliner.
Theodor Fontane

Ein russischer Kunstkritiker, der während des Kalten Krieges in die Bundesrepublik emigriert war, sagte am 9. November 2009 bei den Feierlichkeiten zum zwanzigsten Jahrestag der Öffnung der Berliner Mauer nicht ohne nostalgischen Unterton und Ironie: »Vor dem Mauerfall war Berlin die Hauptstadt der Welt. Danach war es ›nur‹ noch die Hauptstadt Deutschlands.« Eine kluge und provokative Behauptung – und eine ganz und gar abwegige.

Denn Berlin ist seither zum neuen Mekka der Kunst geworden, zur Stadt mit der aktivsten internationalen Kunstszene und die Metropole, in der zu leben sich junge Kreative aus Europa und der ganzen Welt heute erträumen. Berlin fasziniert vor allem wegen des eklatanten Widerspruchs, den es auf geradezu skandalöse Weise verkörpert: die Erinnerung an eine schreckliche, oft auch tragische Vergangenheit – und die

Gegenwart, die getragen ist von einem großen Projekt: zu einer Modellstadt für ganz Europa zu werden, und zwar nicht nur städtebaulich, sondern auch hinsichtlich des kulturellen und sozialen Zusammenlebens. Eine große Metropole, tolerant und kosmopolitisch, die nach dem spektakulärsten Wiederaufbau der neueren Geschichte danach strebt, im 21. Jahrhundert jene Rolle einzunehmen, die in der ersten Hälfte des 20. Jahrhunderts Paris innehatte, wo Chagall einst »liberté et lumière« fand. Und nach 1945 dann New York.

Berlin verfügt zurzeit als einzige Hauptstadt der Welt über drei Opernhäuser. In Berlin kommt es vor, dass gleichzeitig Simon Rattle in der Philharmonie und Daniel Barenboim in der Staatsoper dirigieren, während die Schaubühne, die Volksbühne oder das Berliner Ensemble die weltweit besten Inszenierungen bieten. Die Skyline des neuen Berlin wurde von den bedeutendsten Architekten der Gegenwart entworfen; erstmals seit 1939 sind wieder alle fünf Museen auf der Museumsinsel zugänglich. Berlin besitzt das größte jüdische Museum Europas, dessen Entwurf auf Daniel Libeskind zurückgeht, und wenige Schritte entfernt vom Brandenburger Tor, jenem preußischen Triumphbau schlechthin, erhebt sich das Holocaust-Mahnmal von Peter Eisenman, ein beängstigendes Stelenfeld.

Alle Welt spricht deshalb heute von einem neuen »Mythos Berlin« und erinnert mit fast hundert Jahren Abstand an die ebenso flüchtigen wie trügerischen »Goldenen Zwanziger« in Berlin. Dieser Mythos schien durch die Barbarei des Nationalsozialismus und den Zweiten Weltkrieg endgültig entzaubert. Geradezu befremdend mutet es an, wenn man Kommentare und Beobachtungen über das heutige Berlin[1] liest, die teilweise wortwörtlich das bewundernde Staunen der Schriftsteller und Kommentatoren vom Anfang des 20. Jahrhunderts wiederaufnehmen. Für Georg Simmel, der neben Walter Benjamin die wohl scharfsinnigsten Überlegungen zu Berlin anstellte, war die Stadt der Prototyp der nervösen Energie der Metropole. »Metropole Berlin« ist tatsächlich zu einem Gemeinplatz geworden, der in der soziologischen und städtebaulichen Literatur allerdings zuweilen unzutreffend benutzt wird. In den zwanziger Jahren des vergangenen Jahrhunderts meinte man, den Zauber Berlins an seiner absoluten Unbeständigkeit festmachen zu können, eine Stadt der ewigen Zukunft, die einem beständigen Wandel unterlag: Berlin sei dazu »verdammt, immerfort zu werden und niemals zu sein«, wie Karl Scheffler in seinem 1910 erschienenen und inzwischen legendären Buch *Berlin. Ein Stadtschicksal* schrieb.[2] Ein Urteil, das Bertolt Brecht nur einige Jahre später aufgriff: »Es gibt einen Grund, warum man Berlin anderen Städten vorziehen kann: weil es sich ständig verändert!«

Jedenfalls ist man versucht, in dem Ereignis der Nacht vom 9. November 1989, als eine scheinbar für die Ewigkeit gebaute Mauer innerhalb weniger Stunden fiel und das durch die Konferenz von Jalta begründete geopolitische Gleichgewicht mit sich riss, eine weitere Bestätigung dafür zu sehen, dass Berlin die einzige »unfertige« Hauptstadt der Welt ist, die immer schon »post«, immer auch schon über sich hinaus ist. Nie ganz fertig geworden, weil immer im Werden begriffen. Kurzum, das Gegenteil einer *urbs aeterna*. Die Bedeutung Berlins für die Geschichte könne nur verstehen, so Ernst Kaeber 1929, wer die Essenz des historischen Geschehens nicht in der Stabilität erkenne, sondern in der Turbulenz, nicht in der Gleichförmigkeit, sondern in der Veränderung. Eine Stadt, die deshalb unweigerlich eine »capitale inachevée« ist, wie es die französische Tageszeitung »Le Monde« einmal formuliert hat. In vielerlei Hinsicht erscheint uns

Berlin als schrankenlos »exzentrische«[3] Stadt – nicht nur im europäischen Vergleich, sondern auch in Deutschland.

Berlins Magie besteht aus den kulturellen und sozialen Reibungen und Widersprüchen, die diese Stadt ausmachen: »ein wahrhaft modernes Babel«, wie Corrado Alvaro nach seinen Berlin-Aufenthalten 1928 und 1929 bemerkte. Gestern wie heute ein Ort der sittlichen Freizügigkeit, aber auch der geistigen Freiheit. Es ist »Berlins Charakterdialektik aus Toleranz und Indifferenz, Piefkestolz und Libertinage, Proletariertum und Weltläufigkeit, die es in keiner zweiten Hauptstadt gibt und Berlins sagenhaften Aufstieg zur Weltpartymetropole und coolsten Stadt des Planeten überhaupt erst möglich gemacht hat.«[4] Zu glauben, es würde zum besseren Verständnis Berlins genügen, den expressionistischen Filmklassiker *Berlin. Sinfonie einer Großstadt* anzusehen, ist allerdings völlig irreführend.

Das Berlin von heute, »arm, aber sexy«, ist – trotz des trügerischen Scheins und der verführerischen Analogien – eine Stadt, die mit jener, die im vergangenen Jahrhundert umjubelt wurde, nicht das Geringste zu tun hat. Und das nicht nur aus dem ebenso einfachen wie naheliegenden Grund, dass sich seither viel Geschichte ereignet hat (und was für eine Geschichte!). Das gegenwärtige Berlin, das jene Generationen fasziniert und anzieht, die am Ende des Kalten Krieges oder danach geboren wurden, trägt die Spuren ebendieser Geschichte, nicht nur städtebaulich. Das Berlin, über das wir reden müssen, ist dem Kalender nach eine Stadt des 21. Jahrhunderts, und nicht nur das. Wer das Berlin von heute verstehen und lieben will, muss die Kultur und die Politik des 20. Jahrhunderts hinter sich gelassen, muss mit der Vergangenheit, ihren Tragödien wie ihren Illusionen, wirklich abgeschlossen haben. Die Rekonstruktion Berlins nach 1989 setzt die Dekonstruktion der totalitären Ideologien der ersten Hälfte des 20. Jahrhunderts voraus, deren Kampf gegeneinander durch die Mauer buchstäblich zu Stein geworden war.

So gesehen müssen wir uns klar darüber werden, dass die Wiedergeburt der *Mitte* Europas mit Berlin als ihrem Herzstück eine vollkommen andere Bedeutung hat als Bismarcks Reichsgründung 1871. Diese Wiedergeburt ist das Ergebnis jener anderen Geschichte. Die Entscheidung für Berlin, so kommentierte Wolf Jobst Siedler, einer der letzten großen Zeugen der deutschen Geschichte des 20. Jahrhunderts, lasse sich nur mit einem neuen Konzept für Europa rechtfertigen, sonst habe sie keinen Sinn. Berlin werde niemals wieder das Zentrum Deutschlands sein, und die Illusionen, die es sich einen flüchtigen Augenblick lang diesbezüglich gemacht habe, rechtfertigten den Regierungsumzug in keiner Weise. Was zähle, sei einzig die europäische Perspektive, nicht die deutsche.

Der Tag, der eine »Rückkehr der Geschichte« nach Berlin einleitete, fiel nicht – daran sei erinnert – mit dem welthistorisch bedeutsamen Ende des Kalten Krieges zusammen, auch wenn es natürlich einen untrennbaren Zusammenhang zwischen beiden Ereignissen gibt. Die Berliner Mauer, die man am 13. August 1961 zu bauen begonnen hatte und die, nach mehreren Erweiterungen, schließlich eine Gesamtlänge von 155 Kilometern erreichte, von denen 111,9 Kilometer West-Berlin von der DDR abteilten und 43,1 Kilometer die beiden Teile der Stadt voneinander, fiel am 9. November 1989. Die schwierige Entscheidung, Berlin zur Hauptstadt des wiedervereinigten Deutschlands zu machen, wurde allerdings erst knapp zwei Jahre später getroffen, eine Entscheidung, die man sich mühsam abringen musste. Der Bundestag entschied die sogenannte »Berlin-Bonn-Debatte«

am 20. Juni 1991 nur mit knapper Mehrheit (mit 338 zu 320 abgegebenen Stimmen, also mit einer Mehrheit von 18 Stimmen), nach einer dramatischen Debatte, die die europäische, vor allem aber die deutsche Öffentlichkeit tief gespalten hatte. Entschlossen setzte sich Willy Brandt für Berlin ein, einst Regierender Bürgermeister der Stadt und der beliebteste ohnehin. Er brachte den Mut auf, sich mit einer flammenden und weitsichtigen Rede gegen die Mehrheit seiner eigenen Partei, der SPD, zu stellen. Ebenso couragiert traten auch andere deutsche Spitzenpolitiker wie Helmut Kohl, Wolfgang Schäuble und Helmut Schmidt auf. Den Argumenten der Befürworter eines Regierungsumzugs von Bonn nach Berlin – sie waren in erster Linie historischer, moralischer und geopolitischer Natur – konnten die von Lafontaine (damals noch SPD) geführten Gegner mit der Unterstützung der Hälfte der Bundestagsabgeordneten von SPD und CDU (für die bayerische CSU war das Votum gegen Berlin eine Art posthume Rache im Namen Ludwigs II.) nur das brutale wirtschaftliche Argument der (zweifellos) exorbitanten Kosten des Umzug entgegensetzen. Die um die Hauptstadtentscheidung für Berlin geführte Schlacht war das letzte Gefecht all derer, die sich zuvor gegen die Wiedervereinigung Deutschlands gestellt hatten – und wieder waren sie die Verlierer. Trotz zahlreicher Bedenken, begleitet von sorgenvollen Blicken auf die europäische Öffentlichkeit, und unter enormen Bauchschmerzen begann am 26. Juni 1991 der wohl größte »Umzug« in der deutschen Geschichte.

Heute, mehr als zwanzig Jahre später, können wir sagen, dass die Operation geglückt ist – nicht nur auf der Ebene von Städtebau und Infrastruktur. Dieser Erfolg ist einer architektonischen und demographischen Metamorphose zu verdanken und weckt das Interesse und Staunen von Millionen Besuchern, die die Straßen der deutschen Hauptstadt beleben. Auch auf der wichtigsten Ebene – der politischen – ist die Operation geglückt. Berlin ist zum archimedischen Punkt der geistigen Identitätsbildung des neuen Deutschlands geworden und wird heute von der Mehrheit der Deutschen als das unbestrittene politische Zentrum des Landes anerkannt.

Noch vor zehn Jahren, am Ende der neunziger Jahre, waren die meisten Deutschen ganz anderer Meinung, fragte man sich doch allenthalben, ob die Hauptstadtentscheidung für Berlin wirklich richtig gewesen sei. Nur die Menschen in den neuen Bundesländern standen aus naheliegenden, mit ihrem Selbstverständnis zusammenhängenden Gründen nach wie vor hinter dieser Entscheidung. Die große Mehrheit der Bevölkerung in den alten Bundesländern war hingegen durchaus skeptisch: Heute können sich dieselben Menschen übrigens, wie jüngste Umfragen belegen, keine überzeugende Alternative zu Berlin vorstellen. Im Laufe dieses letzten Jahrzehnts ist Berlin also zu einer wirklichen Hauptstadt geworden, die alle Deutschen akzeptieren – eine faszinierende Metropole mit starker Anziehungskraft: nicht nur für die Deutschen, sondern auch für junge Menschen und Künstler aus aller Welt.

Der Grund dafür ist ebenso simpel wie offensichtlich: In keiner anderen Hauptstadt waren auf einmal so viele riesige ungenutzte Flächen mitten im Stadtzentrum frei wie in Berlin – etwa der weltweit bekannte Potsdamer Platz. Berlins Mitte lag ein halbes Jahrhundert lang im Dornröschenschlaf des Kalten Krieges und hatte sich deshalb seit dem Ende des Zweiten Weltkriegs nicht verändert. Zu überaus erschwinglichen, wenn nicht gar lächerlichen Preisen – verglichen mit allen anderen deutschen Städten, von den Verhältnissen in anderen Teilen Europas ganz zu schweigen – wurden riesige, bis dahin ungenutzte Flächen und völlig heruntergekommene Stadtviertel feilgeboten. Ein echtes Eldorado für Architekten, Städteplaner, junge Künstler und Kreative aus aller Herren Länder (darunter viele Italiener)![5] Sie nisteten sich in den provisorischen Verhältnissen ein und schufen etwas Neues, indem sie sich das Entwicklungspotenzial zunutze machten und es noch verstärkten. Wo Investoren, denen es nur um den wirtschaftlichen Profit ging, nicht den Mut aufbrachten, ihr Geld gleich nach dem Fall der Mauer anzulegen, haben junge, unabhängige Menschen in ihre eigene Zukunft investiert. Vor allem die Künstler wirkten geradezu als Katalysatoren – nicht zuletzt dank eines Programms des Berliner Senats, das ihnen mehr als 700 Ateliers kostenfrei zur Verfügung stellte, um Ausstellungen und »Performance«-Events zu veranstalten. Wie aus einem Strategiepapier hervorgeht, war es das erklärte Ziel des Senats, aus Berlin ein Modell für das Nachhaltigkeitszeitalter zu machen, indem man die Stadt als europäisches Zentrum für innovative Produktionsmethoden ins Spiel brachte – zukunftsorientiert und umweltbewusst.

Jeder Berlinbesucher ist heute fasziniert von dieser Stadt, die sich gegen die Hektik, gegen die Zermürbung durch das moderne Leben stellt. Eine Metropole, die man durchaus als *slow* bezeichnen kann, bestens organisiert (Berlin wurde – was leicht übertrieben sein dürfte – als »bestverwaltete Stadt der Welt« bezeichnet), eine Metropole, in der es sich gut leben lässt, aber der Hang zum Luxus der Suche nach einem neuen Gleichgewicht der Lebensstile und nach neuen Prioritäten bei den Lebensmodellen gewichen ist. Berlin gehört in Deutschland zu den Städten mit der niedrigsten Zahl an Kraftfahrzeugen pro Kopf: 300 auf 1000 Einwohner. In München und Stuttgart liegt diese Zahl zwischen 600 und

700. In Rom sind es 699, hinzu kommen noch Motorräder und Mopeds. Der gesamte Stadtverkehr wird zu 15 Prozent mit dem Fahrrad absolviert, in den zentralen Stadtvierteln sind es sogar 25 Prozent.

Gegenwärtig ist die Einwohnerzahl der deutschen Hauptstadt – sie entspricht der von Frankfurt, Köln, Stuttgart und München zusammen – etwas höher als zur Zeit der Teilung: fast 3,5 Millionen (Hamburg, hinsichtlich der Einwohnerzahl die zweitgrößte Stadt Deutschlands, hat 1,78 Millionen), und sie nimmt beständig zu. Noch mehr sticht ins Auge, dass sich Berlin demographisch in den letzten zwanzig Jahren radikal verändert hat, denn gut 1,5 Millionen Berliner, vor allem ältere Menschen und Rentner, haben die Stadt verlassen. An ihre Stelle traten Modemacher, Galeristen, Werbefachleute, Designer, Künstler und Vertreter neuer Berufsgruppen sowie der Spitzenforschung, allesamt junge Menschen. Rückläufig ist die Zahl traditioneller Familien, auch wenn es einen regelrechten Babyboom gibt – und das nicht nur, wie sonst üblich, in Vierteln mit starkem Migrantenanteil, sondern gerade in den angesagten Stadtteilen, die von den »neuen jungen Reichen« bewohnt und geradezu »gentrifiziert« werden, wie Kreuzberg, Mitte oder Prenzlauer Berg. Berlin ist zur Hauptstadt der Haushalte von Singles mit Kindern geworden: In einer von drei Familien bestreitet eine alleinerziehende Mutter den Lebensunterhalt. Berlin zieht vor allem Frauen zwischen 20 und 35 an. Dieser Bevölkerungsanteil ist in den letzten zehn Jahren im Verhältnis zur Gesamtbevölkerung denn auch um 16,5 Prozent größer geworden, während der entsprechende männliche Anteil nur um 11 Prozent gewachsen ist.

Dieser Trend erklärt sich zweifelsohne durch die gute Infrastruktur für alleinerziehende Mütter. In keiner anderen deutschen (geschweige denn europäischen) Stadt besteht ein so dichtes Angebot, das es Frauen ermöglicht, Arbeit und Kindererziehung miteinander zu vereinbaren: Kindergärten, ein Betreuungsnetzwerk vor Ort und Möglichkeiten zum sozialen Austausch wie Cafés oder Kulturzentren. Gewiss, in einer Stadt wie München, in der das Durchschnittseinkommen etwa doppelt so hoch ist wie in Berlin (aber auch die Sozialstruktur insgesamt homogener ist), ist das Wachstum des Bevölkerungsanteils der 20- bis 35-Jährigen doppelt so hoch. Doch der Trend geht dahin, dass der Abstand zwischen den beiden Städten – einem von jeher reichen München im Herzen des industriellen *Sunbelt* Deutschlands und einem chronisch defizitären und verschuldeten Berlin – immer kleiner wird. Den jüngsten statistischen Erhebungen zufolge wächst die Beschäftigungsrate in Berlin deutlich schneller als anderswo.

Berlin zieht also nicht nur junge Menschen an, die nach ihrem Studium dort bleiben, weil sie eine Arbeit gefunden haben. Seit 2005 ist das Wirtschaftswachstum Berlins im Durchschnitt höher als das der anderen deutschen Großstädte. Gerade weil seine Einnahmen strukturell nicht von exportorientierten Unternehmen oder Großkonzernen abhängen, hat Berlin die jüngste Wirtschafts- und Finanzkrise weitaus besser überstanden als die anderen Bundesländer. Berlin wird kaum je wieder der größte Industriestandort Deutschlands sein. Das muss kein Nachteil sein, hat sich doch die traditionelle Industrie im globalen Maßstab als nicht wettbewerbsfähig erwiesen. Das Wirtschaftswachstum der Stadt stützt sich in erster Linie auf die Forschung, den Tourismus und den kreativen Sektor.

Die Zukunft Berlins liegt also in der Kombination von Eliteuniversitäten, Forschung in der Pharmaindustrie (laut des Geschäftsführers eines pharmazeutischen Großkonzerns habe Berlin die Position Londons eingenommen), Aktivitäten der Verlagsbranche sowie Dienstleistungen. Arbeit findet man in Berlin als Ingenieur, Computerspezialist, Unternehmensberater, Wirtschaftsanalyst, Werbe- und Kommunikationsfachmann oder -frau. Berlins Potenzial entfaltet sich jedoch vor allem im sogenannten Kreativsektor, den eine Mischung aus Spitzenforschung und künstlerischer Kreativität ausmacht. Er ist ein Musterbeispiel für das »neue Bündnis« zwischen Wirtschaft und Kunst, die sogenannte *Kreativwirtschaft* im Zeichen eines neuen Einklangs von Zivilisation und Natur.

Die Vertreter des neuen kreativwirtschaftlichen Bereichs legen besonderen Wert auf Aspekte wie Umweltverträglichkeit, kulturelle Traditionen und gesellschaftliches Leben und ziehen deshalb mit Vorliebe in historische Bezirke oder auch einstige Arbeiterviertel, um sie aufzuwerten. Dieses Aufblühen der Stadt kann der fortschreitenden Ghettoisierung entgegenwirken und einen, wie es in der Fachsprache heißt, »kreativen Vorteil« bedeuten, der sich aus der sozialen und kulturellen Mischung ergibt. Insofern ist der Stadtteil Kreuzberg geradezu typisch, da hier eine Art Schulterschluss zwischen Migranten (Kreuzberg ist die größte »türkische Stadt« außerhalb der Türkei) und alternativer Subkultur von Künstlern und Studenten gelungen ist.

Doch Berlin, dessen Einwandereranteil bei etwa 15 Prozent liegt, wobei er in einigen Stadtteilen bis zu 30 Prozent erreicht, ist eine Stadt, die über die schlichte Multikulturalität im Sinne bloßer gegenseitiger Toleranz zwischen nebeneinander existierenden Gruppen oder Wohngegenden hinauszugehen sucht, und zwar im Namen einer »aktiven Anerkennung«. Menschen, die aus verschiedenen kulturellen (geographischen wie religiösen) Kontexten stammen, beschränken sich nicht darauf, friedlich nebeneinanderher zu leben, sondern versuchen sich zu integrieren und durch politische und kulturelle Auseinandersetzung zusammenzuwachsen: Eine Stadt, die ohnehin schon sozial ist, befindet sich auf dem Weg, noch dazu solidarisch zu werden.

Diese Metamorphose Berlins in eine Metropole der Kultur – die aufsehenerregendste Bestätigung dieser Trendwende war die Entscheidung des Suhrkamp-Verlags, jenes Verlags also, der die kulturelle Wiedergeburt und die Herausbildung des kritischen Bewusstseins der Bundesrepublik publizistisch begleitet hatte, seinen Hauptsitz von Frankfurt am Main nach Berlin zu verlegen – steht in unmittelbarem (auch räumlichem) Zusammenhang mit den historischen Brüchen, die die Stadt im Laufe des 20. Jahrhunderts erlebt hat.

Ein in diesem Sinne besonders eindringliches Beispiel sind die Dauerausstellung »Topographie des Terrors« und vor allem der Ort, an dem sie eingerichtet wurde, handelt es sich doch um das Areal, wo sich einst die Kommandozentrale der Gestapo und deren Folterkammern befanden. Hier wurde nach dem Krieg rein zufällig die Grenze zwischen Ost- und West-Berlin gezogen und später jene Mauer errichtet, die – geradezu makaber – als »antifaschistischer Schutzwall« gefeiert wurde. Tatsächlich ist es nur in Berlin denkbar, dass die Geschichte derart unglaubliche Sprünge vollführt:

> *Der Fall der Mauer veränderte alles, die Erinnerung an die Mauerzeit nicht ausgenommen. […] Wie die Bastille des Jahres 1789 erhielt die Mauer des Jahres 1989 neben ihrer dunklen plötzlich eine helle Seite. Sie verwandelte sich in einen weltumspannenden Ort der Erinnerung an staatliche Willkür wie an politische Selbstbefreiung, an*

die Konfrontation der Supermächte wie an die glückliche Überwindung des Kalten Krieges und die Rückkehr Europas – an nichts weniger als an Freiheit, Einheit und Frieden.[6]

Vor etwa zwanzig Jahren, bald nach der deutschen Wiedervereinigung und der darauf folgenden Entscheidung, die Hauptstadt von Bonn nach Berlin zu verlegen, befürchteten weite Teile der Öffentlichkeit in und außerhalb Deutschlands, die »Berliner Republik« könnte erneut einem »Willen zur Macht« anheimfallen. Diese Ängste waren unbegründet. Die geistige Verfassung dieser Republik spiegelt wider, wie es um ihre Hauptstadt steht, die, wie einmal geäußert wurde, über ein ausgeglichenes Selbstbewusstsein ohne Hybris verfüge. Berlin als Hauptstadt eines Landes, das mit seiner Vergangenheit abgeschlossen hat. Der englische Architekt David Chipperfield, nach dessen Plänen das Neue Museum umgebaut wurde, sagte bei dessen Wiedereröffnung:

Ich glaube, dass Deutschland, was seine Selbstreflexion anbelangt, heute das höchste denkbare Niveau erreicht hat. Wir wissen aber auch, worauf das zurückzuführen ist: auf den Krieg und die Notwendigkeit, kritisch über all die dunklen Schatten nachzudenken, die mit ihm verbunden sind. Auch wenn Deutschland lange aus diesem Schattenreich herausgetreten ist, hat sich das Land die Fähigkeit bewahrt, alles immer wieder infrage zu stellen. Davon könnten andere Länder etwas lernen.

Dass übrigens die symbolische Wiedererweckung des Reichstagsgebäudes im Zentrum des politischen Berlins nicht das Geringste mit den Ereignissen und Ambitionen der Vergangenheit zu tun hat, wurde deutlich, als das Gebäude vor Beginn der Renovierungsarbeiten nach den Plänen von Sir Norman Foster im Sommer 1995 unter den Tuchplanen von Christo und dessen Frau Jeanne-Claude »verschwand«. Dieses Ereignis war, wie es in der spanischen Tageszeitung »El País« hieß, das wohl aufsehenerregendste Kapitel der Vergangenheitsbewältigung und eine Bestätigung dafür, dass Deutschland mit der Hauptstadt Berlin »kein Land mehr ist, das zähneknirschend in die Welt blickt«.

Also Berlin. Gewiss nicht um seiner Schönheit willen. Auf der ästhetischen Rangliste nimmt die deutsche Hauptstadt hinter ihren europäischen Nachbarn den wohl letzten Platz ein. Im Unterschied zu Rom, Paris, Madrid oder Prag hat die Geschichte im Falle von Berlin, jedenfalls in ästhetischer Hinsicht, gegen die Stadt gearbeitet:

> *Was sie so hässlich macht, so schrecklich, zu einer Stadt »ohne Eigenschaften« könnte man sagen, »groß und ein wenig trist«, wie sie Lucio Dalla erschien, war eine Art perverses Bündnis: zwischen dem Minderwertigkeitskomplex der alten preußischen Führungsriege, die wie besessen war von der Pariser* grandeur *und der Idee, Haussmann nachzuahmen, und etwas, das man als einen echten proletarischen Hass in Gestalt des kleinbürgerlichen Kitsches bezeichnen könnte, der in den Jahren nach dem Zweiten Weltkrieg seine Triumphe gefeiert hat. Im sozialdemokratischen Westberlin ebenso wie in Ostberlin, das sich pompös als Hauptstadt des real existierenden Sozialismus bezeichnete. Ein seltsames Schicksal, das Berlin widerfahren ist, die als einzige Hauptstadt Europas von den Politikern, die im 20. Jahrhundert die Geschichte dieses Landes geschrieben haben,*

nicht geliebt wurde: Hitler, der München, die Wiege der nationalsozialistischen Bewegung, Berlin vorzog, hatte in der Tat beschlossen, die Stadt zur Feier des weltweiten Triumphs des Dritten Reichs von Grund auf neu erbauen zu lassen und ihr einen anderen Namen zu geben: Germania. Bundeskanzler Adenauer ist in Berlin nie heimisch geworden, hielt er doch die Stadt für zu »asiatisch«, zu orientalisch und – wie dies auch der Kanzler der Einheit Helmut Kohl empfand – zu protestantisch und proletarisch, für zu turbulent, und vor allem fand er, dass sie zu weit vom karolingischen Herzen des rheinisch geprägten Deutschlands entfernt war. Dagegen hat sich der meistgeliebte Präsident der Vereinigten Staaten John F. Kennedy stolz zum Ehrenbürger der Stadt erklärt, als er vor dem Rathaus Schöneberg weithin vernehmbar die berühmten Worte sprach: Ich bin ein Berliner.[7]

Den Zauber Berlins könnte man also in seiner geistigen Anziehungskraft suchen. Berlin ist ein Ort der Seele, der wieder angefangen hat zu leben, nachdem er heroisch gegen alles und alle gekämpft hat: gegen die Geschichte und gegen die Geographie, gegen die Schrecken des Nationalsozialismus, gegen den Kalten Krieg, der ein halbes Jahrhundert währte, wie auch gegen die stumpfe Grausamkeit des »preußischen Sozialismus«.

Wenn auch in einem ganz anderen Sinn als in den Jahren der Weimarer Republik: Berlin ist heute gewiss die geistige Hauptstadt Europas, auf eine Weise, von der sich auch die Künstler um Tommaso Marinetti faszinieren ließen, die nicht zufällig Berlin – nach Paris und London – als Schauplatz der dritten Kunstausstellung des Futurismus auswählten. Diese wurde im April 1912 in der Galerie »Der Sturm« von Herwarth Walden organisiert, der damals noch mit der Dichterin Else Lasker-Schüler verheiratet war. *Spiritus loci* des damaligen Berlins war der »reaktionäre Modernismus«, der Tempo und Krieg paradigmatisch verband und mit dem sich – so paradox das heute klingen mag – die nationalsozialistische Ideologie und der Kommunismus identifizierten sowie all jene, die irrigerweise glaubten, Revolution und Hypermoderne seien der einzige Weg, die bestehende Staatsordnung umzustürzen.

Heute ist Berlin die Hauptstadt der »zweiten Moderne« (Ulrich Beck), einer reflexiven Moderne, die – ohne sich verführerischen rückwärtsgewandten Illusionen hinzugeben – die erstaunlichen technischen Errungenschaften und Fortschritte nüchtern, rational und skeptisch betrachtet, wie auch die Mythen des besitzergreifenden Individualismus und des hedonistischen Narzissmus der Postmoderne. Im Berlin von heute scheint sich ein posthumer Sieg der Kritik am Neokapitalismus nach der Frankfurter Schule zu manifestieren – allerdings ohne ideologische Extrempositionen: Über der Eingangstür des angesagtesten Berliner Restaurants, des »Grill Royal« in der Friedrichstraße, prangt in leuchtender Neonschrift: »Capitalism kills love«. West-Berlin verkörperte einst die westliche Konsumwelt, verstand sich als das »Schaufenster des Westens« in der Zeit des Kalten Krieges und wurde zum Augenzeugen des Endes des real existierenden Sozialismus nach preußischer Manier.

Ganz Berlin erscheint uns heute – es ist das hundertste Paradox seiner Geschichte – wie ein Ort, der einen Sozialismus *light* lebt. Berlin, so könnte man sagen, hat sich begeistert, als der real existierende Sozialismus sich abschaffte, und sich doch die Hoffnung bewahrt, das ihm zugrundeliegende

Ideal zu schützen. Diese Stadt, die die »Jetzt-Zeit« verkörperte, wie sie Walter Benjamin am Herzen lag, durchlebte eine außergewöhnliche Metamorphose und ist die Stadt der »wiedergefundenen Zeit«. Berlin, eine metaphysische Stadt par excellence, Heimat der Geschichtsphilosophie, hat auf eigene Kosten erfahren müssen, dass es eine ebenso verführerische wie gefährliche Illusion ist, über die Geschichte hinausgehen zu wollen. Berlin hat es mittlerweile nicht nur verstanden, das Maß der Dinge einzuhalten, sondern auch, dass es ebenso sinnvoll wie möglich ist, die eigenen Grenzen anzuerkennen.

DRITTER TEIL

Europa – eine Kopf- und Herzenssache

1.
Eine alte und neue Frage

Deutschland ist keine Nation, sondern Austragungsort europäischer Antagonismen, Deutschland ist die »Quintessenz Europas«.
Louis Dumont

Es ist politisch notwendig, aber emotional extrem schwierig, die deutsche Frage neu zu überdenken.
Peter Gay

»Europa ist die Vielzahl möglicher Europas, wie zu allen Zeiten.«[1] Zu bestimmen, was und wo Europa ist, erweist sich deshalb als schwierig. Die Geographie hilft da nicht weiter: Auf einer Landkarte scheint Europa, wie Paul Valéry sagt, »eine Halbinsel Asiens« zu sein. Im Westen ist die Situation zwar mehr oder weniger eindeutig: Die Säulen des Herakles am Atlantischen Ozean markieren den *Limes*. Ganz anders sieht es hingegen im Osten aus. Dort lässt sich unter rein geophysikalischen Gesichtspunkten keine Trennlinie zwischen Europa und Asien ziehen (was unter anderem durch die territoriale und kulturelle Ambiguität der Türkei belegt wird).

Wir müssen also die Geschichte zurate ziehen, denn »Europa ist hauptsächlich das Werk der Geschichte«, wie der italienische Historiker Federico Chabod schreibt: Europa ist eine politische Idee, eine begriffliche Vorstellung, ein Wertesystem und ein Projekt der sozialen Organisation, das sich seit der klassischen Antike durch streitbare Abgrenzung definiert. »Der Blick auf die Entwicklung des europäischen ›Wir‹-Gefühls von der Schlacht von Salamis bis in die Gegenwart gibt dafür eine ebenso einfache wie bedrückende Erklärung: Europa hat sich immer nur *gegen* etwas, nie *für* etwas zusammenschließen können. Europa erlebt seine Einheit vor allem dann, wenn es um die Abwehr einer gemeinsamen gedachten oder wirklichen Gefahr geht.«[2] So hat »Europa« im antiken Griechenland das Bündnis von Griechen und Makedonen gegen die Bedrohung durch »persische Barbaren« bezeichnet. Zusammenfassend können wir also sagen: »Bei Europa handelt es sich um einen geographisch nur unzulänglich definierten Ort, auf den sich ein historisches Gebilde widersprüchlicher Identität gründet, um einen Begriff also, der sich, wenn man nach seinem Realitätsgehalt fragt, als unscharf erweist.«[3] Daraus erklärt sich auch, warum die Europäer Kriege gegeneinander geführt haben, bei denen sie (manchmal wider besseres Wissen, manchmal ehrlich überzeugt) behaupteten, im Namen europäischer Ideale zu kämpfen und zu sterben:

> *Seit den Tagen der Französischen Revolution*[4] *und Napoleons kennen wir die Selbstzerfleischung Europas im Namen Europas, also den europäischen Bürgerkrieg, jenes ›étrange paradoxe‹, jenen sonderbaren Widerspruch in sich, von dem Raymond Aron im Hinblick auf die jüngere Geschichte unseres Kontinents gesprochen hat: Während der Erdteil in Nationalstaaten zerfiel, während der Nationalismus die Massen ergriff […], blieb Europa als Idee lebendig.*[5]

In den ersten Jahren der Weimarer Republik entwickelte sich der Mythos vom Geisterreich »Mitteleuropa« – er ließ Akademikerherzen höherschlagen und beseelte die politischen Reden. Der Faschismus in Italien (und halb Europa) sollte dann schließlich die politische und kulturelle Doppelbödigkeit entlarven, die den sogenannten »europäischen Werten« innewohnte. So bezeichnete Hitler den Vernichtungskrieg an der Ostfront und den Völkermord an den Juden als »Europas Kreuzzug gegen die bolschewistische Gefahr«. Doch die Hitler-Attentäter vom 20. Juli 1944 entschlossen sich ebenso im Namen humanistischer und christlich-europäischer Werte zu ihrer Tat. So heißt denn auch die wunderbare Ausgabe der Schriften Giaime Pintors, des großen italienischen Germanisten, der als Widerstandskämpfer in der Resistenza starb: *Il sangue d'Europa* – Das Blut Europas. Die Nationalsozialisten benannten eine der blutrünstigsten SS-Divisionen wiederum nach Karl dem Großen.[6]

Die Idee, dass eine europäische Förderation als Gegenmittel wirken und eine Wiederholung der Katastrophen der ersten Hälfte des 20. Jahrhunderts verhindern könnte, wurde in den letzten furchtbaren Kriegsjahren vor allem in Italien und Deutschland populär, bei denen, die den heldenhaften Kampf gegen Mussolini und Hitler wagten. 1944 gelang es Eugenio Colorni, im Untergrund das *Manifest von Ventotene* zu veröffentlichen. Die von Altiero Spinelli und Ernesto Rossi in der Haft mitverfasste Schrift trug den Titel »Für ein freies und geeintes Europa«. Und bereits im Herbst des Vorjahres hatte Carl Goerdeler[7] einen »Zusammenschluß zu einem europäischen Staatenbunde für geboten gehalten, um Europa vor jeder Wiederkehr eines europäischen Krieges vollkommen zu sichern«.

Im Jahr 1944 unterstützte er dann eine von Antifaschisten und Gegnern der Nationalsozialisten in neun Ländern angenommene »Deklaration über die europäische Zusammenarbeit«, die »für die Nachkriegszeit den Aufbau einer europäischen Regierung, eines europäischen Gerichtshofs und einer europäischen Armee« forderte. Es waren also der »europäische Bürgerkrieg« in der ersten Hälfte des 20. Jahrhunderts und die furchtbare Erfahrung des Nationalsozialismus, die die Europäer schließlich dazu veranlassten, von der Theorie zur Praxis überzugehen. Denn die gut gemeinten Appelle von Intellektuellen hatten die Selbstzerstörungskräfte des alten Kontinents nicht bremsen können, folglich waren konkrete politisch-institutionelle Entscheidungen notwendig.

Die Idee eines geeinten Europas, wie etwa das *Paneuropa* von Richard Coudenhove-Kalergi, war mit dem Scheitern des Völkerbunds nach dem Ersten Weltkrieg einen frühen Tod gestorben. Nun sahen sich die Europäer, nach dem verbrecherischen »Griff nach der Weltmacht« durch das nationalsozialistische Deutschland, einer neuen historisch-geopolitischen Realität gegenüber und gelangten zu der Überzeugung, dass es keine Alternative gab: Ihre Zukunft konnte einzig in einer politischen Zusammenarbeit liegen, die die Erbfeindschaften überwand und die Epoche der Nationalismen endgültig zu den Akten legte. Doch nicht nur die mahnende Vergangenheit zwang die Europäer, die Analyse tatsächlich in politisches Handeln umzusetzen. Am weltpolitischen Horizont zeichnete sich auch eine neue Gefahr für die Freiheit Europas ab: die sowjetische Bedrohung. In seiner Rede vom 5. März 1946 in Fulton (Missouri) klärte Winston Churchill die Weltöffentlichkeit darüber auf, was in den von der Roten Armee »befreiten« ost(mittel)europäischen Ländern geschah: »Von Stettin an der Ostsee bis hinunter nach

Triest an der Adria ist ein *Eiserner Vorhang*[8] über den Kontinent gezogen. Hinter jener Linie liegen alle Hauptstädte der alten Staaten Zentral- und Osteuropas, Warschau, Berlin, Prag, Wien, Budapest, Belgrad, Bukarest und Sofia.«

Das Bündnis gegen den Nationalsozialismus, das die angloamerikanischen Mächte und die UdSSR Stalins an einem Strang ziehen ließ, sollte schon bald auseinanderbrechen und zwei feindlichen Blöcken Platz machen, die die Welt in einen demokratischen und »kapitalistischen« Westen und einen kommunistischen Osten sowjetischer und chinesischer Prägung spalteten. Das erklärt auch, warum Churchill nur wenige Monate später, in seiner Rede an der Universität Zürich vom September 1946, die europäische Zukunft vor dem Hintergrund der durch die deutsche Kapitulation und den Kalten Krieg veränderten politischen Bedingungen thematisierte und erörterte. Erstmals forderte ein europäischer Staatsmann nun die Gründung der »Vereinigten Staaten von Europa« (zu denen Großbritannien nicht gehören würde, wie er sich beeilte zu bekräftigen[9]): »für Millionen von Menschen, die sich wünschen, glücklich und frei, zufrieden und sicher und nach den in der Atlantikcharta[10] verankerten Grundsätzen zu leben«. Der kühne Entwurf der »Vereinigten Staaten von Europa«, deren Grundzüge in Churchills Rede allerdings noch sehr vage blieben – sieht man von dem ausdrücklichen Hinweis auf die Notwendigkeit einer französischen moralisch-geistigen Führungsrolle für die »recreation of the European family« ab –, ist also in zweifacher Hinsicht durch Furcht motiviert:[11] durch die unmittelbare Furcht vor der sowjetischen Bedrohung und durch die Furcht vor der Zukunft, vor der möglichen Wiederkehr der »deutschen Gefahr«.

Aus zwei Gründen ermunterte Churchill 1946 denn

auch Frankreich, sich mit den Deutschen zu versöhnen und gemeinsam die »Vereinigten Staaten von Europa« zu gründen: um ein Gegengewicht gegen die sowjetische Bedrohung zu schaffen und um Deutschland in eine größere Gemeinschaft einzubinden. Die Westmächte wollten also der sowjetischen Bedrohung durch den Aufbau eines westlichen Verteidigungssystems (durch die NATO) begegnen und Europa durch die »Zähmung« Deutschlands stabilisieren: »die Russen draußen- und die Deutschen niederhalten«, wie es Lord Ismay, später der erste NATO-Generalsekretär, in seiner berühmt gewordenen Äußerung formulierte. Beide Aspekte sind durch eine komplexe Strategie systemisch verknüpft, die, abgesehen von einigen unvermeidlichen Korrekturen, bis zur »großen Transformation« vom 9. November 1989 Bestand haben sollte.

Versuchen wir zusammenzufassen: Die Ursache für die strukturelle Instabilität des europäischen Staatensystems seit 1871 lag im Wesentlichen (wenn auch nicht allein) in der »deutschen Frage«. Seit Bismarck war Deutschland für Frankreich ein Albtraum und ein Grund zur beständigen Sorge für ganz Europa. Die Folgen der »europäischen Zwietracht« erwiesen sich als katastrophal: zwei Weltkriege (denen der Deutsch-Französische Krieg von 1870/71 vorausging) sowie, nach der Kapitulation des NS-Reichs am 8. März 1945, die Spaltung Europas und die Teilung des deutschen Nationalstaats. Wie vor dreihundert Jahren im Dreißigjährigen Krieg (im Kampf zwischen Katholiken und Protestanten) war Deutschland im Kalten Krieg wieder Schlachtfeld zweier Lager, die sich, von ihrer jeweiligen Weltanschauung geleitet, unversöhnlich gegenüberstanden. Der Eiserne Vorhang trennte zwei »verfeindete« deutsche Staaten, aber auch zwei Blöcke, die um die weltweite Vorherrschaft kämpften: »Die deutsche Teilung ist Dreh- und Angelpunkt der Spaltung Europas, die Nahtstelle des Kalten Krieges«[12], der – nicht zufällig – erst mit dem Fall der Berliner Mauer enden sollte.

Es mag widersprüchlich oder auf zynische Weise *realpolitisch* klingen, doch es ist so: Ausgerechnet der Kalte Krieg und die sowjetische Bedrohung haben die Westeuropäer gezwungen, über die Notwendigkeit einer europäischen Gemeinschaft nachzudenken. Die theoretische Möglichkeit dazu sollte sich erst dann als praktikabel erweisen, als die deutsche Frage durch die Teilung Europas »gelöst« war. Aber auch andere Faktoren spielten eine Rolle – in erster Linie der wirtschaftliche Erfolg im Nachkriegseuropa. Wir meinen hier natürlich zwei »Wirtschaftswunder«: das Wirtschaftswunder unter der Führung von De Gasperi in Italien und das deutsche Wirtschaftswunder unter Adenauer. (Beide waren übrigens glühende Europäer und überzeugte Verfechter des Atlantikbündnisses.) Ermöglicht wurden diese »Wunder« durch die Wirtschaftshilfe, die der amerikanische Marshallplan[13] den Ländern gewährte:

> *Der Kalte Krieg schuf also ein ideales Umfeld, in dem Europa ein regionales System entwickeln konnte. Dass Deutschland geteilt und besetzt war, entspannte und beförderte ganz wesentlich die deutsch-französische Zusammenarbeit; dass große Teile Osteuropas unter sowjetischer Besatzung lebten, beseitigte die traditionellen Konfliktherde zwischen Deutschland und Frankreich. Und dass Europa seine Sicherheit in die Hände der NATO legen konnte, die unter amerikanischer Führung stand, enthob es der bedrohlichen Frage nach der militärischen Vorherrschaft.*[14]

Und vor allem konnte Europa so auf friedlichem Wege das eigentliche historische und geopolitische Problem lösen, das es seit beinahe einem Jahrhundert quälte: die deutsche Frage.

Es sollten allerdings noch einige Jahre vergehen, bis die von Churchill angeregten »Vereinigten Staaten von Europa« konkret gegründet werden konnten: Im Mai 1950 stellte der französische Außenminister Robert Schuman (von de Gaulle freundschaftlich als *boche*, als deutscher Kohlkopf, tituliert, der »mit den Beinen in Paris und mit dem Herzen in Berlin« sei) schließlich den von Jean Monnet erarbeiteten Plan für eine gemeinsame europäische Kohle- und Stahlproduktion vor, für die Produktion derjenigen Rohstoffe also, die die europäischen Feindschaften, vor allem die zwischen Franzosen und Deutschen, besonders eindringlich symbolisierten. Schon ein Jahr später, im April 1951, unterzeichneten Frankreich, Italien, Deutschland, Belgien, die Niederlande und Luxemburg den Pariser Vertrag zur Gründung der Montanunion, der Europäischen Gemeinschaft für Kohle und Stahl, die den Weg für die Römischen Verträge von 1957 und für die Europäische Wirtschaftsgemeinschaft bereiten sollte.

Doch wenn es um die Frage nach dem Sinn und Zweck der Gemeinschaft ging, offenbarte sich in dem Projekt von Beginn an ein tiefer, wenn nicht gar unüberbrückbarer Graben: ein politisch-geistiger Gegensatz zwischen *zwei Europa-Ideen*, die wiederum zwei Weltanschauungen erkennen ließen. Ein theoretisch-philosophischer Gegensatz zwischen *zwei politischen Theologien*, zwischen *Föderalisten* und *Konföderalisten*, die man vielleicht besser *Souveränisten* nennen sollte. Wollte man nämlich die Frage »Welches Europa?« beantworten, musste man sich unweigerlich über die historischen Ursachen der europäischen Krise auseinandersetzen. Wollte man die Notwendigkeit der Europäischen Gemeinschaft begründen, musste man die konkreten sozialen und politischen Umstände beurteilen, und auch hier war man sich alles andere als einig. In der umstrittenen Frage, *wie welches* Europa aufzubauen sei, trat ein strategisch-institutioneller Gegensatz zutage, der, wenn auch unterschiedlich dekliniert, die Europadebatte und die Europapolitik von den fünfziger Jahren bis heute prägen sollte: ein Europa der Bürger oder ein Europa der Staaten? Ein föderales Europa oder doch besser eine Konföderation souveräner Staaten?

Die zentrale These des Föderalismus, ob in christlicher oder laizistisch-radikaler Ausprägung, fordert von Europa, »nach dem Ideal einer wahren Föderation der Völker zu streben, die den Vereinigten Staaten von Amerika oder der Schweizer Eidgenossenschaft ähnelt« (Luigi Einaudi). Unverzichtbare praktische und theoretische Voraussetzung dafür sei es, die nationalstaatliche Unabhängigkeit zu überwinden, die sich als Hauptursache der europäischen Krise (und der beiden Weltkriege) erwiesen habe. Denn genau die Eigenschaft, die moderne Staatstheoretiker (von Jean Bodin bis Max Weber) als konstituierendes Element und Fundament des Staats betrachten, nämlich die Ausübung der Staatsgewalt »in absolutistischer Form«, trage in ihrer DNA bereits den pathogenen Keim der Krankheit des Krieges: »Der Anspruch absoluter Souveränität kann in den Landesgrenzen eines sich für souverän erachtenden Staats nicht verwirklicht werden.« Ein souveräner Staat (ob dies nur für den europäischen oder generell für alle Staaten gilt, bleibt in der Literatur häufig unklar) ist demnach notwendigerweise ein aggressiver Staat mit imperialistischen Gelüsten. Wohingegen

> *der Krieg innerhalb einer Föderation ebenso absurd wird, wie Privatkriege oder Städtefehden schon seit Jahr-*

hunderten absurd sind oder wie Rachefeldzüge, Mord und Diebstahl polizeilich verfolgt werden.[15]

Wer also Europa (und die Welt)[16] befrieden und zwischenstaatliche Beziehungen nach dem Prinzip der Gerechtigkeit und nicht durch den Einsatz von Streitkräften regeln will, wie es im Konzert der europäischen Staaten üblich war (und Hegel zum Vergleich Europas mit einem »Schlachthof« veranlasste), müsse einer europäischen Föderation auf Grundlage eines »Gesellschaftsvertrags zwischen Staaten« zum Leben verhelfen.

Im Grunde genommen geht es also darum, das klassische Naturrecht, das dem im *Naturzustand* herrschenden *Krieg aller gegen alle* durch Gründung des *Zivilzustands* ein Ende setzt, auf die internationalen Beziehungen auszuweiten – die große Utopie von einem Weltstaat also. Das »Ideal für ein vereintes Europa«, wie der Schweizer Philosoph Denis de Rougemont seinen berühmten Essay nannte, kann nach Ansicht der Föderalisten

nur Wirklichkeit werden, wenn die Staaten übereinkommen, das Dogma von der absoluten staatlichen Souveränität aufzugeben […]. In Europa lag das Epizentrum von zwei Weltkriegen, deren Ursache hauptsächlich die Existenz von dreißig souveränen Staaten auf dem Kontinent war. Diese Anarchie muss durch Schaffung einer föderalen europäischen Völkergemeinschaft beendet werden.[17]

Nach dieser Lesart der Krise des modernen Staats »relativiert« sich gewissermaßen, so widersprüchlich das angesichts der damaligen Umstände ihrer Entstehung auch scheinen mag, die konkrete Verantwortung des nationalsozialistischen Deutschlands. Auf der Anklagebank der Föderalisten sitzt nun nicht mehr das Dritte Reich, sondern vielmehr der moderne souveräne europäische Staat: »Unabhängig von ihrer Gesellschaftsform sind die Staaten gezwungen, neuen Lebensraum zu erobern. Die Vorstellung vom Lebensraum ist keine geistige Verwirrung des teutonischen Geistes oder Hitlers, sondern die fatale logische Folge der Idee vom souveränen Staat.«[18]

Das Trauma des Zweiten Weltkrieges, die deutsche Katastrophe (und die darauf folgende deutsche Teilung) sowie die relative Ohnmacht der europäischen Staaten, deren Souveränität im Westen wie im Osten faktisch durch die Präsenz der beiden Großmächte aufgehoben war, verhalfen der föderalistischen Perspektive zu enormer politischer Popularität. Die Gründerväter der Europäischen Gemeinschaft, von De Gaspari bis Schuman und Adenauer, übrigens allesamt Christdemokraten, waren in den unmittelbaren Nachkriegsjahren Anhänger der Idee von einem föderalistischen Europa, das sich als christliches Bollwerk des Westens gegen den Bolschewismus und als Erbe der universalistischen Tradition des Heiligen Römischen Reiches Deutscher Nation verstand – und als dessen letzte Epigonen sich die *Grenzmenschen* begriffen, die aus europäischen Randregionen stammten und untereinander deutsch sprachen. Die große Hoffnung auf ein künftiges föderales Europa klingt deutlich in dem Namen an, den sich die »Vereinigten Staaten von Europa« mit den Römischen Verträgen von 1957 gaben: *Gemeinschaft*.

Die Nationalstaaten waren geschwächt, hatten durch ihre eigenen tragischen Fehler an Legitimation verloren und sicher auch den letzten Anschein theoretischer Unantastbarkeit eingebüßt. Doch sie konnten und wollten nicht untergehen. Im Gegenteil: Sie wurden sich langsam »wieder ihrer selbst bewusst« (Raymond Aron). Die Idee der europäischen Föderation verlor daher an Boden und musste zunehmend der anderen Denk- und Politikrichtung weichen: dem konföderalistischen oder souveränistischen Europagedanken, wie wir ihn genannt haben. Dieser geht von der entgegengesetzten normativen und analytischen Annahme aus: Demnach sind und bleiben die europäischen Nationalstaaten trotz allem als Fundament nationaler Identität die Subjekte der internationalen Beziehungen und der Dreh- und Angelpunkt der demokratischen Legitimation.

Dem großen föderalistischen Traum von einem europäischen Volk, das nur darauf wartet, mit einer Stimme zu sprechen, hält der konföderalistische Ansatz die unleugbare Tatsache entgegen, dass es in Europa unterschiedliche (und in der Vergangenheit feindlich gesinnte) nationale und kulturelle Identitäten gibt. Die Staaten mit ihren historisch bedingten Grenzen, in denen die Völker leben, ließen sich demnach nicht einfach ignorieren oder, schlimmer noch, abschaffen – es sei denn zum Preis furchtbarer Kriege und furchtbaren Leids. (Hier könnte man natürlich einwenden, dass »furchtbare Kriege und furchtbares Leid« eben durch Nationalismus und Völkerhass im Namen von Staat, Nation und Grenzen verursacht wurden.)

Europa kann nach Ansicht der Souveränisten – deren wesentlicher Theoretiker in der monarchistisch- und jakobinisch-zentralistischen Tradition Charles de Gaulle[19] war und als deren wesentlicher Fürsprecher sich Frankreich erwies (und erweist) – einzig und allein als Konföderation von Nationalstaaten verwirklicht werden. Bei der eifersüchtigen Verteidigung der *souveraineté nationale* durch Frankreich (und, nur in anderer Form, durch weitere am europäischen Einigungsprozess beteiligte Länder) waren ein historisch-geopolitischer und ein kultureller Faktor ausschlaggebend: einerseits das Bewusstsein der historischen Rolle des Landes als europäische Hegemonialmacht, die seit 1871 durch den Aufstieg Deutschlands bedroht war und zu der Frankreich nun, wie Churchill erkannte, zurückfinden und damit eine Führungsposition im europäischen Einigungsprozess übernehmen konnte.

Andererseits die Überzeugung, dass Frankreich eine besondere Verantwortung bei der Verteidigung und Verbreitung der universalistischen Werte zukam, von denen Aufklärung und Französische Revolution getragen waren. Bei der Verteidigung der Staatsidee gehe es daher nicht darum, einen banalen Nationalismus zu reproduzieren[20], sondern um die (von Rousseau entwickelte) Vorstellung des »Gemeinwillens«, durch den Souveränität und Demokratie verknüpft seien. Es sei demnach nur in einem festgelegten Raum, in einem durch Grenzen definierten Gebiet möglich, die demokratischen Rechte und die Demokratie selbst zu verwirklichen, da das Volk seine Gewalt als souveränes Staatsvolk nur ausüben könne, wenn es sich seiner eigenen Identität bewusst sei. Eine »Esperanto-Demokratie« wäre also ein Widerspruch in sich. Ein abstraktes Konstrukt, das jeder Legitimität und Grundlage entbehre, weil es seelenlos sei. Zwischen Nation und Demokratie besteht nach dieser Vorstellung eine systemische Verknüpfung, die Rousseau »Bürgerreligion« nannte.

Die beiden Europa-Ideen – Konföderation aus Nationalstaaten oder föderalistisches Europa (oder die »Vereinigten Staaten von Europa«) – standen im Gegensatz zueinander oder lebten einträchtig nebeneinander her, kamen miteinander ins Gespräch oder wurden sich gegenseitig feind, sprachen sich wechselseitig die Berechtigung ab oder näherten sich einander an. Und haben schließlich zu einem Kompromiss, einer Art Modus Vivendi gefunden: im *Europa von Brüssel*, in dem von Jean Monnet ersonnenen und verwirklichten funktionalen Modell der partiellen und graduellen[21] Integration. Dieser Ansatz einer *realistischen Utopie* lässt (wie Monnet) niemals außer Acht, dass Ziele nur durch tagtägliche Kompromisse erreicht werden können, die die Koexistenz der beiden Prinzipien auch unter formalen Gesichtspunkten erlauben: im Hinblick auf die Aufgabenverteilung, auf das instabile machtpolitische Gleichgewicht und auf die hierarchische Ordnung der Entscheidungsgremien (Parlament, Kommission und Ministerrat), über die von Fall zu Fall die jeweilige Situation entschied.

Wenn die Anhänger des föderalistischen und kosmopolitischen Ideals den Pragmatismus der politischen Führer kurzsichtig nennen und bedauern, dass sie nicht aus »ihren nationalstaatlichen Käfigen ausbrechen« (Habermas), oder wenn die Anhänger des intergouvernamentalen Ansatzes und der nationalen Souveränität die realistische Strategie der kleinen Schritte verteidigen, die sehr wohl ein gemeinsames Europa will, allerdings nicht auf Kosten der Nationen, dann verweist dieser Dualismus auf gegensätzliche Vorstellungen von der Politik, von der historischen und systemischen Aufgabe der Nationalstaaten und somit von der künftigen Form des Hauses Europa. Auf einen Gegensatz, der sich eben durch den sogenannten »kommunitären Ansatz« auflösen ließ.

Dieser Ansatz funktionierte ausgezeichnet und konnte bedeutsame Ergebnisse erzielen, weil er Grundsatzfragen außen vor ließ, es sorgfältig vermied, die existenziellen Fragen zu berühren, und somit die politischen, wirtschaftlichen und kulturellen Grundkonflikte konsequent neutralisierte. Gegen diese pragmatische, kluge und vom gesunden Menschenverstand diktierte Strategie lässt sich nichts einwenden, schon weil sie die einzig mögliche war. Zumindest nicht, solange sie genügte. Die Strategie aus »starker Taktik und begrenztem Ziel« (Silvio Fagiolo) versagte jedoch jedes Mal zuverlässig (und stets, weil Frankreich es so wollte), wenn sie sich Herausforderungen gegenübersah, die den Weg zu einem politisch geeinten Europa tatsächlich hätten ebnen können. So lehnte das französische Parlament 1954 die EVG (Europäische Verteidigungsgemeinschaft) ab: »Am 30. August 1954 fiel die EVG im französischen Parlament durch, in einem bühnenreifen Szenario, wie es großer Chancen würdig ist: Ein Teil des Parlaments erhebt sich und stimmt die Marseillaise an. In diesem Moment starb die politische Gemeinschaft.«[22]

Die Gemeinschaft, die 1957 durch die Römischen Verträge beschlossen wurde, war denn auch eine »Wirtschaftsgemeinschaft«. 1990, nach dem Fall der Berliner Mauer, koppelte man schließlich die Möglichkeit einer Wirtschaftsgemeinschaft von der einer politischen Gemeinschaft ab. Und 2005 wurde der europäischen Verfassung durch eine französische (und eine niederländische) Volksabstimmung endgültig der Garaus gemacht.

Das Ende der sowjetischen Bedrohung und die Rückkehr der »deutschen Frage« in die Mitte des alten Kontinents schufen eine völlig neue Situation, in geopolitischer[23], aber auch in theoretischer und kultureller Hinsicht. Damit fehlten plötzlich die beiden historischen Voraussetzungen – der Kalte Krieg mit der Aufteilung der Welt in zwei verfeindete Blöcke und die deutsche Teilung –, die Europa »zwangen«, sich in Richtung Einigung zu bewegen. Der europäische Diskurs benötigt somit ein neues strategisches Narrativ und eine neue politische Semantik, die in der Lage sind, den simplen

Gegensatz zwischen föderalistischem Ideal und konföderalistischer (oder souveränistischer) Perspektive zu überwinden.

Die deutsche Wiedervereinigung hat die föderalistische These widerlegt, laut der »sich der Zerfallsprozess des alten europäischen Systems souveräner Nationalstaaten nunmehr unaufhaltsam und unumkehrbar fortsetzt«[24], und hat gezeigt, dass der europäische Nationalstaat noch nicht endgültig Geschichte ist. Allenfalls konnte die deutsche Wiedervereinigung genau das Gegenteil beweisen: »daß es Nationen gibt, ist historisch das Europäischste an Europa« (Hermann Heimpel), dass »die Vielfalt der Nationen eines der wichtigsten Merkmale Europas ist und es folglich auch nicht das Ziel der Europäischen Union sein kann, die Nationen zu überwinden. Sie kann sie nur überwölben.«[25] Die Nationalstaaten sind nicht überflüssig und ihre Verwaltungsorgane und konstitutionellen Errungenschaften unersetzlich. Der Nationalstaat hat lediglich an Bedeutung eingebüßt. Ein gemeinsames Europa lässt sich nicht gegen, sondern nur mit den Nationen und unter Berücksichtigung ihrer legitimen Besonderheiten errichten.[26]

2.
Vom Frieden zur Macht: das neue Narrativ

Europa war bislang eine Antwort auf die Vergangenheit: Nie wieder Krieg. Heute ist es eine Antwort auf die Zukunft.
Helmut Schmidt

Heute strebt Europa nicht mehr nach Frieden, sondern nach Macht.
Tony Blair

»Der Krieg ist so alt wie Europa. Unser Kontinent trägt die Narben von Speeren und Schwertern, Kanonen und Gewehren, Schützengräben und Panzern. Doch nach zwei schrecklichen Kriegen, die unseren Kontinent und die Welt in den Abgrund gestürzt haben, verwirklichte Europa Frieden.«[1] Mit dem Friedensnobelpreis erhielt Europa 2012 die gebührende (wenn auch verspätete) Anerkennung dafür, dass die europäische »Utopie« ein Meilenstein in der Entwicklung der Menschheit war. Die Schwedische Akademie der Wissenschaften erteilte dem – von Schuman 1950 angekündigten und 1957 mit den Römischen Verträgen formell vollzogenen – kosmopolitischen Pionierprojekt, das nichts weniger als den *ewigen Frieden* für Europa anstrebte, damit die höchsten

Weihen. Ausgerechnet der Region also, die die Staatsräson zur obersten Maxime politischen Handelns erhoben und den Krieg als »Fortsetzung der Politik mit anderen Mitteln« geheiligt hatte. Die europäische Einigung hat somit die Geschichte der internationalen Beziehungen revolutioniert und, wenn auch nur eingeschränkt, die metaphysische Frage bejaht, die Kant gegen Ende des 18. Jahrhunderts aufgeworfen hat: »Ob das menschliche Geschlecht im beständigen Fortschreiten zum Besseren sei?«

Die Entwicklung, die Europa nach dem Zweiten Weltkrieg nahm, darf man deshalb ruhig als Wunder bezeichnen: »In meinem Alter weiß ich, dass Europa ein Wunder ist«, so der französische Philosoph Michel Serres, »ich habe zwei Kriege erlebt, und dass es in Europa keine Grenzen mehr gibt, scheint mir ein echtes Wunder zu sein. An Europa kann man manches kritisieren:[2] Doch vergessen wir nicht, dass Kriege, wie in jedem Geschichtsbuch steht, durch Wirtschaftskrisen verursacht werden und dass wir uns schon seit zwanzig Jahren in einer Wirtschaftskrise befinden und es, soweit mir bekannt ist, bisher keine Kriege gab.«[3] Gleichzeitig wurden einige Länder im Osten und Süden Europas durch blutige Kriege verwüstet, die man im Kampf um Territorien oder aus ethnisch-religiösen Gründen führte.

Es ist hier nicht der Ort für eine ausführliche Analyse der historischen, geopolitischen und kulturellen Ursachen, die »zivilisierte« Beziehungen der europäischen Völker und die Idee eines kosmopolitischen Projekts begünstigten, das dann unter unzähligen Schwierigkeiten und gegen hartnäckige Widerstände auch realisiert wurde. Sicher war der blutige »Bürgerkrieg« zwischen 1914 und 1945 eine eindringliche Mahnung, und das nicht nur für die nach Ende dieses Weltkonflikts geborene Generation. Die unzähligen bis dahin unvorstellbaren Schrecknisse, von den Schützengräben in Verdun bis zu den Krematorien in Auschwitz, zwangen die Europäer geradezu, »den Frieden zu erlernen«. Das Wissen um die Tragödien, die die erste Hälfte des 20. Jahrhunderts »mit Feuer und Schwert« überzogen (Enzo Traverso), bewog die Völker und Politiker in Europa zu einer schmerzlichen Selbstkritik, bekanntlich »eine der großen Tugenden der Aufklärung«[4], und ließ sie die historischen Weltanschauungen, das traditionelle Kollektivverhalten und die Ziele und Grundsätze des politischen Handelns von Grund auf überdenken.

Dieser »metanoetische« Prozess hat, als erstaunlichstes Ergebnis, das grundlegende Paradigma radikal auf den Kopf gestellt, das die politischen Beziehungen der europäischen Nationen bis dahin bestimmte. Die europäische Öffentlichkeit und die politischen Führungen der Nationalstaaten, allen voran die ehemaligen Erbfeinde Frankreich und Deutschland, sind zu reumütigen Einsichten gelangt, die schließlich zur wundersamen Metamorphose des Mottos »Nie wieder Krieg!« führten: Aus dem moralischen Imperativ der pazifistischen Bewegungen wurde die »Grundnorm« eines neuen *ius publicum europaeum*, auf dessen Grundlage Europa die längste Friedenszeit seiner modernen Geschichte herbeigeführt hat.

> *Die europäische Einigungsbewegung, das zweifellos bedeutendste Ereignis der Nachkriegszeit, trug unter dem Gesichtspunkt der Institutionalisierung entscheidend zur Ausbildung von Kooperationsnormen bei, hinter denen immens wichtige Forderungen stehen: etwa die Bewahrung des Friedens.*[5]

Doch darf man auch einen weiteren Faktor nicht vergessen, der die Europäer zum Frieden nötigte: die militärische Übermacht von USA und UdSSR. Beide Großmächte wurden zunächst durch das unverantwortliche und abenteuerliche Handeln der europäischen Mächte, vor allem Deutschlands, in den europäischen Konflikt hineingezogen und waren schließlich »gezwungen«, das in politisch-militärische Einflusszonen aufgeteilte Europa zum Schlachtfeld eines Kalten Krieges zu machen, bei dem es um nichts weniger als die Eroberung der Weltmacht ging. Der frühere französische Außenminister Hubert Védrine[6] bemerkte hierzu zu Recht: »Mehr noch als Schuman und Monnet waren Stalin und Truman die Gründerväter Europas [...]. Es war nicht Europa, das Frieden schloss, sondern der Frieden brachte Europa erst hervor.«

Deshalb entspricht auch die bei manchem Europa-Anhänger so beliebte These, dass sich die »Teufel« nach Jahrhunderten urplötzlich in »Engel«[7] verwandelt hätten, nur teilweise der Wahrheit. Sicher haben die Europäer dank des europäischen Einigungsprojekts erstmals in ihrer modernen Geschichte entdeckt, dass Kriege »unwirtschaftlich« (und nicht nur moralisch verwerflich) sind, und ihre bisherige Konfliktstrategie deshalb endlich zugunsten einer Kooperationsstrategie aufgegeben.[8] Doch ebenso sicher haben der Kalte Krieg und die Aufteilung der Welt (vor allem Europas) in geopolitisch-militärische Einflusssphären die Europäer von der Sinnlosigkeit und vor allem von der Unmöglichkeit überzeugt, auf kriegerische Mittel zurückzugreifen, sich also zu »bekriegen«:

> *Die europäische Integration wird erst möglich, als der alte Kontinent zur Provinz einer außereuropäischen und*

einer euroasiatischen Macht wird. Erst dann findet Europa den Mut, dem Eurozentrismus, der mit den großen Expeditionen und geographischen Entdeckungen seinen Anfang nahm, endgültig den Rücken zu kehren, und sucht, nach der Rückkehr aus dem Exil, nach Alternativen zur verlorenen Macht.[9]

Europa konnte also durch eine paradoxe Neudefinition seiner Ziele seine größte Niederlage in einen unglaublichen Erfolg verwandeln, in eine Erfolgsgeschichte aus wirtschaftlichem Wachstum, kulturellem Reichtum und materieller Sicherheit, sodass man heute überall vom »Modell Europa« oder sogar vom »europäischen Traum« (Jeremy Rifkin) spricht. Die europäische Erfolgsgeschichte wird in der ganzen Welt beneidet, und nicht von ungefähr haben weit entfernte Länder institutionalisierte Wirtschaftsgemeinschaften nach europäischem Vorbild gegründet: etwa NAFTA (North American Free Trade Agreement) in Nordamerika, Mercosur in Lateinamerika oder ASEAN (Association of Southeast Asian Nations) im südöstlichen Asien.

Doch früher oder später muss auch das schönste Märchen enden, und Europa erging es da nicht anders. Auf einmal war die Welt eine völlig andere – und wie man ehrlich sagen muss, ohne dass dies den Akteuren bewusst gewesen wäre, da sie die Folgen dieses Wandels nicht im Entferntesten abzuschätzen vermochten. Ein umwälzendes Ereignis, das ausgerechnet im Herzen des alten Kontinents stattfand, verwandelte die Welt: Die Öffnung der Berliner Mauer führte zu der »großen Transformation«, die Ziel und Zweck des historischen europäischen Projekts nachhaltig verändern sollte.

Es sei nochmals wiederholt: Als die Grundvoraussetzungen (die deutsche Teilung[10] und der Kalte Krieg) des europäischen Projekts nicht mehr vorhanden waren, brach sich die Globalisierung Bahn und zwang Europa, Sinn und Modalitäten seiner Einigung zu überdenken: »Die Globalisierung drohte die Europäisierung obsolet zu machen.«[11] Und genau in dieser historischen Übergangsphase ist die Ursache der »existenziellen« Krise zu suchen, die die Europäische Union heute ernsthaft infrage stellt, sodass »das Scheitern der Europäischen Union zum ersten Mal in der Nachkriegsgeschichte ein realistisches Szenario ist«[12].

Wenn wir also wirklich verstehen wollen, was geschehen ist, und vor allem, was in Zukunft geschehen könnte, müssen wir unbedingt tiefschürfender analysieren. Eine solche Analyse ist allerdings nur unter einer Bedingung möglich: Man muss der gefährlichen (wenn auch tröstlichen) Versuchung widerstehen, sich auf die »alten Grundsätze« und ihre beruhigenden Gewissheiten zurückzuziehen. Man darf folglich die aktuellen Geschehnisse nicht allein damit erklären, dass die europäischen Ideale von ihren Feinden, vor allem den nationalstaatlichen Regierungen, verraten worden seien, die eifersüchtig über ihre in Wahrheit längst überholte Souveränität wachen.

Sicher haben manche Entscheidungen europäischer Politiker, mit ihren oft nur kurzfristigen Zielen, ihrer Politik der kleinen Schritte (obwohl man dies in einer Demokratie keineswegs nur verabscheuen darf) und ihrer Unfähigkeit zu strategischen Entscheidungen, für die aktuelle Dynamik der Krise eine nicht unwesentliche Rolle gespielt.[13] Sie haben die Lage zweifellos verschärft, aber sie nicht verursacht. Der Mangel an echten Führungspersönlichkeiten, auf den Tony Judt mehrfach hingewiesen hat, dürfte die Entwicklung beschleunigt haben, die in der Realität jedoch längst eingetreten war.

Denn die Krise des »Modells Europa« ist, so kann man sagen, strukturell bedingt. Sie verweist also auf objektive Prozesse hinter dem Rücken der Subjekte: »Man verschweigt, dass die Krise in Europa nicht das Ergebnis eines üblen spekulativen Schachzugs ist. Sie hat ihre Ursache in einer Verlagerung der globalen Wirtschaftszentren. Die Regierungen sagen nicht, dass die früheren Wachstumsraten nicht wiederkehren werden.«[14] Die Verlagerung der globalen Wirtschaftszentren bedeutet auch (und das hört niemand gerne), dass die Reichtümer zugunsten der Länder umverteilt werden, die bis eben noch der Dritten oder gar der Vierten Welt angehörten und heute im Wettbewerb mit den westlichen Ländern stehen. Von der vorhergehenden Globalisierungswelle, die mit der Entdeckung Amerikas die Moderne in Gang setzte, hatten hingegen in höchstem Maße die westlichen Länder profitiert, ebenso wie von der industriellen Revolution dreihundert Jahre später.

Und nicht nur das. Nach der Öffnung der Berliner Mauer und der Wiedervereinigung Europas gab es so etwas wie eine neue Belle Époque[15]. Wie Zahlen belegen, nähert sich der Wohlstand der einst »realsozialistischen« mitteleuropäischen Ländern inzwischen dem der Länder Südeuropas an. Nicht mehr lange, dann werden die Menschen in Polen, Ungarn, der Tschechischen Republik, der Slowakei und in Slowenien genauso viel verdienen wie (im Durchschnitt) die Italiener, Spanier und Portugiesen. Mit dem endgültigen, aber »leisen Fall der Berliner Mauer« geht also in weniger als einer Generation sang- und klanglos ein halbes Jahrhundert »großer sozialer und wirtschaftlicher Kälte« zu Ende, mit der die Sowjetherrschaft diese Länder freundlicherweise bedacht hatte. Das europäische Ideal und die offene Gesellschaft haben damit ohne Zweifel einen großen Sieg errungen: Der verbesserte Lebensstandard der Menschen in (Ost-)Mitteleuropa ist ein »Fortschritt des menschlichen Geschlechts« (Kant) und eine wohlverdiente Wiedergutmachung an den »anderen« Bürgern des alten Kontinents. Die westeuropäischen Länder und Völker interessiert dies in ihrem sakrosankten Egoismus allerdings wenig bis gar nicht. Sie wiegen sich lieber in den von diversen ausländerfeindlichen Populisten (der »polnische Fliesenleger«, der uns angeblich die Arbeit wegnimmt) und Europafeinden feilgebotenen Illusionen, die ihnen wirtschaftliche Autarkie und strikte Abschottung als Auswege aus der Globalisierung vorgaukeln.

Es muss also dringend die Notbremse gezogen werden, wenn die Situation nicht aus den Fugen geraten soll. Das kann allerdings nicht bedeuten, wie wir nur immer wieder betonen können, in einen europafeindlichen Populismus oder in die ewigen (und wenig zielführenden) Klagen der europäischen Berufsskeptiker einzustimmen. Wenn wir den rationalen Kern des europäischen Einigungsprojekts retten wollen, brauchen wir das genaue Gegenteil, nämlich eine konkrete Bestandsaufnahme der aktuellen Situation, aus der sich dann die Ontologie der europäischen Krise und somit eine realistische Analyse ableiten lassen. Und wenn möglich, auch wirksame Therapien gegen die europäische *Malaise*, die über bloße Absichtsbekundungen hinausgehen. Es ist allerhöchste Zeit, in der Europadebatte »von der Utopie zur Wissenschaft« zu schreiten – um Engels' berühmte Wendung aufzugreifen.

Das kosmopolitische Projekt der europäischen Einigung bleibt gewiss »eine Frage von Krieg und Frieden«, wie es Helmut Kohl ausdrückte. Nur hat sich die Natur des Krieges (oder der Kriegsbedrohung) gewandelt – und auf diese neu entstandene weltpolitische Situation muss Europa reagieren.

Als der Europagedanke zu Beginn der fünfziger Jahre des vorigen Jahrhunderts formuliert wurde, wollte und sollte Europa sozusagen eine Art Rückversicherung gegenüber der Vergangenheit bilden, was auch gelang: Europa sicherte sich gegenüber sich selbst und vor allem gegenüber seiner eigenen Geschichte ab. Mehr noch: Mit dem über ein halbes Jahrhundert währenden Integrationsprozess gelang es Europa – und dies ist das eigentliche Wunder –, die historische Zwischenphase des Kalten Krieges zu seinem Vorteil zu nutzen.

Europa befand sich im Auge des Orkans: Während die Welt angesichts des atomaren Albtraums den Atem anhielt, erfreute sich (West-)Europa im Schatten von Mauer und atomarer Abschreckung einer außergewöhnlichen Friedenszeit und der längsten Wohlstandsära im 20. Jahrhundert – was der Umverteilungspolitik etwa der Sozialdemokraten ihre größten Erfolge bescherte.[16] Doch auf einmal entpuppte sich die zweifellos kühne Vision der Gründerväter als »gestrig«, wie wir heute klar erkennen müssen, als für eine »Welt von gestern« ersonnen. Denn das alte, robuste Gleichgewicht sollte sich plötzlich dramatisch verändern: Das Ende des Kalten Krieges (»Mit dem Ende des großen Konflikts beginnt die Krise des Europagedankens«, wie Silvio Fagiolo zu Recht bemerkt hat) bedeutete das Ende jenes Europa, das die unmittelbar nach Kriegsende geborene Generation zunächst aus der Ferne kennen – (wer erinnert sich nicht an das beliebte Unterrichtsthema *Europa*?) und später dann schätzen gelernt hatte – als die durch Europa gewährten Vorteile und Freiheiten für all die Glücklichen wuchsen, die auf der richtigen Seite der Geschichte und der Ost-/Westgrenze lebten.

»Nach 1945«, schrieb Peter Sloterdijk, »fielen die Europäer in eine weltpolitische Pause, die sie vom Zwang zur großen Politik befreite.«[17] Als Deutschland endlich wiedervereinigt war und die Länder, die die Logik des Kalten Krieges ein halbes Jahrhundert lang in die Babylonische Gefangenschaft gezwungen hatte, in den Schoß der europäischen Familie zurückkehrten und Europa also endlich hoffen durfte, in »ewigem Frieden« zu leben, da stand Europa den Herausforderungen einer globalen Welt auf einmal vollkommen wehrlos gegenüber: »Am Beginn steht die Globalisierung mit ihren dramatischen Konsequenzen für jeden Einzelnen.«[18]

Die Zeiten, in denen in Europa niemand Verlierer und alle Gewinner waren, sind vorbei: Die außergewöhnliche historische Phase, in der die zwischenstaatlichen Beziehungen, die gewöhnlich ein Nullsummenspiel sind, zum »Plussummenspiel« wurden, kehrt nicht wieder. Wenn wir von heute aus auf den europäischen Einigungsprozess zurückblicken, muss uns dieser – und dies verstärkt noch Frustration und Abneigung angesichts der Krisendynamik – als ein einziger Triumphmarsch erscheinen, der manchmal vielleicht durch kleine Missverständnisse oder Spannungen getrübt, im Großen und Ganzen aber von gemeinsamen Zielen und Werten getragen war. Und weil Europa gemeinsame Absichten verfolgte, brauchten sich die Europäer auch nur bedingt für die Funktionstüchtigkeit der europäischen Institutionen und etwaige künftige Entwicklungen zu interessieren und konnten sich darauf beschränken, die Dividenden – politische Freiheit, soziale Mobilität und materieller Wohlstand – einzustreichen. »Bisher sind alle Krisen der Einigung Europas durch eine Verlagerung der Probleme und ihrer Lösungen in die Brüsseler Institutionen bewältigt worden«, schreibt der SPD-Politiker Klaus Hänsch, von 1994 bis 1997 Präsident des Europäischen Parlaments. »Jetzt verlangen die Erhaltung und Fortentwicklung der Einheit Europas zum ersten Mal Anstrengungen und Opfer von den Bürgern selbst. Wenn sie dazu willens und fähig sind, beglaubigen sie die Zukunftsfähigkeit des geeinten Europa.«[19]

Natürlich blieb auch für das »historische« Europaprojekt noch viel zu tun: So gibt es, um nur einige Punkte zu nennen, bis heute keine gemeinsame europäische Außen- oder Verteidigungspolitik. Im Europäischen Parlament spiegeln sich noch immer die politischen Verhältnisse der einzelnen Staaten wider, und auch seine demokratische Legitimität ist begrenzt. Was die Dinge des täglichen Lebens angeht, haben es die Europäer selbst nach jahrzehntelangen Diskussionen nicht geschafft, sich etwa auf eine einheitliche Steckdose für alle Länder zu einigen (was die Freude über die Reisefreiheit, einen großen Sieg der Europäischen Gemeinschaft, etwas schmälert).

Eine europäische Öffentlichkeit existiert zudem nicht einmal in Ansätzen: Die einzige »europäische« Zeitung kommt aus Amerika. Eurovision überträgt nur nationale Ereignisse, Staatsgrenzen entscheiden über Internet- und Telefonkosten, die Banken unterliegen strengen nationalen Aufsichtskriterien, die Kraftfahrzeuge fahren nicht nur ohne europäisches Kennzeichen, sondern ohne europaweite Kfz-Versicherung. Aber insgesamt überwog dennoch der Optimismus: Gut, es gab noch viel zu tun, aber früher oder später, so der allgemeine Tenor, würde Europa das schon meistern. Der europäische Zug schien unaufhaltsam dem großen Ziel entgegenzusteuern, ebenso wie der langsame, jedoch scheinbar unerschöpfliche Prozess des sogenannten »acquis communautaire«: »Im Schatten der sowjetischen Bedrohung brachte dieses Modell eine seltsame, von liberalen Empirikern wie Monnet ersonnene marxistische Philosophie hervor (Die Wirtschaft bestimmt die Politik, die wiederum die Strategie bedingt), die man auf eine kartesianische Abfolge aus Verträgen, die eine strenge Agenda bestimmte, aufpfropfte.«[20]

Doch dann hat sich die Welt verändert, und der Zug ist entgleist. Und mit ihm das Schicksal Europas. Plötzlich musste sich Europa auf die Suche nach einem »neuen Narrativ« begeben, das der europäischen Einigungsbewegung wieder Sinn und eine Legitimation gab, weil »einen Aufbruch aus der ›zweiten *Eurosklerose*‹ nur vermitteln kann, wer die Kunst der großen Deutung beherrscht«.[21] Das »Gründungs-Narrativ«, das vom Frieden zwischen jahrhundertelang verfeindeten Völkern und gewonnenen Freiheiten auf einem Kontinent ohne Grenzen erzählte, funktionierte auf einmal nicht mehr. Seine Zeit war vorbei – es entpuppte sich als ebenso banal wie trügerisch. Als reine Rhetorik, weil es Errungenschaften versprach, die die Europäer längst genossen (Frieden, Freiheit). Und als Lüge, weil es den Bürgern Europas, anders als bis 1989, keinen wachsenden Wohlstand und keine kontinuierliche Verbesserung der gesellschaftlichen Bedingungen mehr versprechen konnte.

Als vor Jahren einmal eine amerikanische Fabrik nach Umweltprotesten schließen musste, hielten die Arbeiter Schilder mit der Aufschrift hoch: »Saubere Luft können wir nicht essen!« Obwohl sie natürlich wussten, wie wichtig saubere Luft ist, und das vermutlich zu schätzen wussten, wenn sie angeln gingen. Die Europäer würden heute wahrscheinlich auf ihre Schilder schreiben: »Frieden können wir nicht essen!« Obwohl sie natürlich für Frieden oder gegen nationalistische Auswüchse auf die Straße gehen würden.

Die Logik, die Europa antreibt – so lautet Tony Blairs hellsichtige Analyse nach der »großen Transformation« –, ist heute stärker und nicht schwächer als zu Beginn des Projekts vor rund 70 Jahren. Aber anders.

> *Damals zielte alles auf den Frieden. Heute auf die Macht […]. Wir erleben in der globalen Geopolitik heute den größten Wandel der letzten Jahrhunderte. Die Macht verlagert sich von West nach Ost. China ist durch die Öffnung seiner Märkte zur neuen Wirtschaftsmacht aufgestiegen und wird einmal die stärkste Wirtschaft der Welt sein. In China leben drei Mal so viele Menschen wie in der Europäischen Union. Indien hat über eine Milliarde Einwohner. Brasilien ist flächenmäßig doppelt so groß wie das größte europäische Land, Indonesien drei Mal so groß, und Länder wie Russland, die Türkei, Mexiko, Vietnam, die Philippinen und Ägypten sind heute größer als jede europäische Nation. Und weil Technologie und Kapital zunehmend globaler und mobiler werden, wird das BIP im Laufe der Zeit von der Bevölkerung abhängen. Je größer die Bevölkerung, desto größer die Wirtschaft. […] Mir gefällt der Idealismus der europäischen Gründerväter: Doch das hat mit dem Idealismus nichts mehr zu tun. Das ist handfeste* Realpolitik.[22]

Dieser entscheidende Punkt (»die große Transformation«) wird in der aktuellen Diskussion über die europäische Krise allerdings systematisch verdrängt. Als 2008 die Finanzkrise in den USA ausbrach und nach Europa herüberschwappte, wurde der grundlegende Geburtsfehler der Währungsunion offensichtlich: dass man eine geopolitisch motivierte Währungsunion allein mit den Mitteln der Wirtschaft umgesetzt hatte. »Als der mit dem überaus ehrgeizigen Ziel des *Nation Building* eingeführte und mit Gründungsfehlern behaftete Euro von der europäischen Schuldenkrise überrollt wurde, offenbarte er seine Widersprüche und löste eine nie dagewesene Krise aus.«[23]

Die Krise der Eurozone hat also – auf dramatische Weise – gezeigt, dass radikale Reformen nötig sind. Sie hat Reformen dringlicher erscheinen lassen, daraus aber keine Konsequenzen gezogen. Denn »die Krise der Währungsunion ist mehr als eine Staatsschuldenkrise; sie ist eine Strukturkrise«[24]. Ob Arbeitsmarkt, Renten- und Gesundheitssysteme, der Wohlfahrtsstaat insgesamt oder die Modalitäten staatlicher Eingriffe in Europa (»Das europäische Sozialmodell gibt es längst nicht mehr«, sagte Mario Draghi): Die demographische Entwicklung, aber auch der globale Wettbewerb verlangen nach Reformen, die keinen Aufschub dulden. »Der siegreiche globale Kapitalismus veränderte Europas Wohlfahrtsstaaten der Nachkriegszeit.«[25]

Nach dem Zweiten Weltkrieg musste Europa seine Rolle als Protagonist der Weltgeschichte unwiderruflich abgeben. Doch das Schicksal blieb ihm hold (jedenfalls denen, die zufälligerweise westlich der Demarkationslinie des Kalten Krieges lebten): Ein »Wunder« machte Europa zur »besten aller möglichen Welten« – zumindest im Hinblick auf politische Freiheiten, Wohlstand und kulturellen Pluralismus. Mit dem Ende des Kalten Krieges und der deutschen Wiedervereinigung veränderte sich die Situation dann schlagartig, und das Modell Europa steuerte, vom Globalisierungsprozess in Bedrängnis gebracht, in eine Krise:

> *In den letzten zwanzig Jahren* – so Giorgio Napolitanos hellsichtige Analyse – *hat sich der Schwerpunkt der weltweiten Wirtschaftsentwicklung radikal von Europa wegbewegt; der Globalisierungsprozess gewann ungeheuer an Dynamik […]. Europa verlor unter demographischen und ökonomischen Gesichtspunkten unleugbar an Gewicht. Und es wird weiter an Gewicht verlieren,*

solange wir Europäer uns nicht entschließen, unsere Kräfte zu bündeln und den Einigungsweg weiter zu beschreiten, und solange einzelne Mitgliedsstaaten sich der Illusion ihrer Unabhängigkeit hingeben.[26]

Diese Passage wollen wir etwas näher betrachten und versuchen, die Gründe der aktuellen Krise zu beleuchten: Der europäische Einigungsprozess muss also Fortschritte machen, sonst droht Europas Niedergang. (»Unsere alten europäischen Nationen« – sagte André Glucksmann einmal – »müssen sich entscheiden, ob sie gemeinsam überleben oder jeder für sich untergehen wollen.«) Doch der europäische Einigungsprozess hat an »Selbstverständlichkeit« verloren, weil er beträchtliche soziale Kosten mit sich bringt und kein Nullsummenspiel mehr ist: Die Kosten verteilen sich nun ungleich auf die Mitgliedsstaaten. Was also vom alten Europagedanken bleibt, ist der Imperativ der europäischen Einigung: »Wir haben keine Wahl: entweder Europa oder der Untergang«, so hat es Jacques Delors, der bekannteste europäische Kommissionspräsident, formuliert. Doch Modalitäten, Zeitabläufe und vor allem die Logik, die Europa antreibt, verändern sich. Wenn wir zumindest die zentralen Errungenschaften retten wollen, auf die das Gesellschaftsmodell Europa zu Recht stolz ist, brauchen wir dringend Reformen, die allerdings auch schmerzhaft sein werden: »Man muss sich fragen, ob in den Herzrhythmusstörungen der Politik und der politischen Systeme nicht der wachsende Verdacht zum Ausdruck kommt, dass die Politik und die wirtschaftlich-sozialen Verhältnisse, die lange Zeit den Wohlstand in Europa garantierten, nicht länger zu halten sind.«[27]

Daten sind bekanntlich hartnäckig. Und die Daten sagen, dass Europa schwere, wenn nicht gar dramatische Zeiten bevorstehen. Die europäische Bevölkerung (und wie Tony Blair zu Recht bemerkte, ist die Demographie heute ein entscheidender wirtschaftsdynamischer Faktor und keine unabhängige Variable, wie Karl Marx einst gegen Thomas Malthus behauptete) repräsentiert nur noch sieben Prozent der Weltbevölkerung (Mitte des 21. Jahrhunderts werden neun Milliarden Menschen auf der Erde leben), während es bis 1950, gut zwei Jahrhunderte lang, noch zwanzig Prozent waren. (Als der europäische Einigungsprozess seine ersten Schritte unternahm, bevölkerten 2,5 Milliarden Menschen die Erde, von denen 500 Millionen Europäer waren.) Das europäische Bruttoinlandsprodukt (BIP) wird 2050 nur noch zehn Prozent des weltweiten Bruttoinlandsprodukts betragen, 1950 waren es noch dreißig Prozent. Heute produziert Europa mit rund sieben Prozent der Weltbevölkerung noch ungefähr ein Viertel des weltweiten Bruttoinlandsprodukts, seine Sozialausgaben belaufen sich jedoch auf fünfzig Prozent der weltweiten Sozialausgaben. Gegen Mitte dieses Jahrhunderts wird kein europäisches Land, nicht einmal mehr das »starke Deutschland«, zum Kreis der acht größten Industrienationen (G8) gehören.

Die Zukunft des alten Kontinents hängt also ganz entscheidend davon ab, ob es Europa gelingt, strategisch sein Überleben zu sichern und sich einen Platz in der Welt zu erhalten, der ihm erlaubt, seine Interessen zu wahren: »Im Konzert der unzweifelhaften Weltmächte USA, China, Russland, Brasilien und Indien wird das Europa der Kleinstaaten an den Rand der Weltgeschichte gedrängt, wo ihm keinerlei Interventionsmöglichkeiten mehr bleiben.«[28] Wenn Europas Einigung nicht gelingt, laufen die europäischen Staaten Gefahr, in der Bedeutungslosigkeit zu versinken. Dann werden die Nationen des alten Kontinents (die im planetarischen

Maßstab nur mehr »Natiönchen« sind) bei grundsätzlichen Themen wie Bioethik oder Welthandel nicht mehr mitreden können.

Bedenkt man, dass im Jahr 2050 in jedem europäischen Staat nur noch jeweils weniger als ein Prozent der Weltbevölkerung lebt, dann fehlt es den europäischen Ländern »an kritischer Masse, um auf Augenhöhe mit den Supermächten und multinationalen Konzernen zu verhandeln«[29]. Es gibt also keine Alternative: Wenn wir als Europäer in der Welt noch eine Rolle spielen wollen, kann uns das nur gemeinsam gelingen. Als Einzelstaaten, ob Frankreich, Italien, Polen, die Niederlande, Deutschland, Dänemark oder Griechenland, bringen wir nur noch ein Gewicht auf die Waage, das sich in Weltmaßstab nicht mehr im Prozent-, sondern im Promillebereich bewegt.

So sieht die Welt heute aus, das sind die neuen Herausforderungen, auf die Europa eine zeitgemäße Antwort geben muss. Und es empfiehlt sich allein aus Gründen der »geistigen Hygiene«, die Dinge klar beim Namen zu nennen. (Das ist das »neue Narrativ«.) Europas Politiker versuchen, sich zu drücken, und verstricken sich lieber in gegenseitigen Schuldzuweisungen, wobei sie auch vor bissigen Anschuldigungen, unschönen Vorurteilen und beleidigenden Stereotypen nicht zurückschrecken. Doch die europäische Einigung ist heute wichtiger denn je.

Auch wenn es um neue, andere Ziele geht – nicht mehr um Frieden, den wir glücklicherweise haben (und den wir stets mit großer Sorgfalt und Liebe verteidigen müssen), sondern um Macht, weil uns diese zu entgleiten droht. Denn anders als in der Vergangenheit kommt es heute weniger auf die Historie als auf die Geographie beziehungsweise die Geo-Ökonomie an. Nur wissen wir noch nicht, wie uns die Einigung gelingen kann. Bertolt Brecht sagte einmal über den Sozialismus, »es ist das Einfache, das schwer zu machen ist.« Das können wir heute ebenso über die europäische Einigung im Zeitalter der Globalisierung sagen.

> *Die Frage ist die gleiche wie vor sechzig Jahren, in den frühen Debatten über die europäische Integration, aber der Kontext ist völlig anders. Die Frage lautet: Wie viel Souveränität wollen die Nationalstaaten zugunsten eines starken, geeinten Europa preisgeben? Damals stand der Wunsch im Vordergrund, ein friedliches Europa aufzubauen. Heute geht es um die Rolle Europas in einer Welt, die in wachsendem Maße von Volkswirtschaften dominiert wird, die erheblich größer sind als selbst die größte europäische Volkswirtschaft. Dass Amerika und Japan solche mächtigen Staaten sind, war schon lange klar. Doch nun kommen China und Russland hinzu, womöglich auch Indien und Brasilien. Insofern haben europäische Politiker einen bemerkenswerten Augenblick gewählt, sich von der wachsenden Integration abzuwenden, die Europa die Chance gibt, sich in diesem globalen System zu behaupten – eine Integration, die bislang so gut vorangekommen ist.*[30]

Leider liegen die Dinge nicht ganz so, wie es der britische Wissenschaftler beschreibt. Es wäre zu einfach, den politischen Führungskräften des alten Kontinents vorzuwerfen, sie hätten, als sie der Integration den Rücken kehrten, *absichtlich* zur falschen Zeit das Falsche getan. In Wirklichkeit sahen sie sich plötzlich und unerwartet (wie im Übrigen die Bevölkerung in den entsprechenden Ländern) epochalen Veränderungen ausgesetzt, die die strukturellen Unterschiede zwischen den nationalen Ökonomien und Sozialsystemen der Europäischen Währungsunion (einige Länder waren bei ihrem Beitritt vielleicht zu optimistisch oder fälschten sogar ihre Finanz- und Wirtschaftsdaten) auf dramatische Weise ans Tageslicht brachten. Und daraus mussten sie Schlüsse ziehen.

Dass der Euro unter ökonomischen Gesichtspunkten, rein technisch betrachtet, »ein Fehler« war, hatten die Finanz- und Währungsexperten von Anfang an nicht verheimlicht. Vielmehr hatten sie betont, dass es ein Unding sei zu glauben, man könne auf unterschiedlichen Gesellschaftssystemen basierende Ökonomien in eine Gemeinschaftswährung zwingen.

Wenn wir allerdings die Ursachen der aktuellen Situation verstehen wollen, dürfen wir nicht vergessen, dass das Projekt der Europäischen Union unter geopolitischen und historisch-universellen Gesichtspunkten zu wichtig war, um es allein der Erbsenzählerei der Ökonomen zu überlassen. Die Geschehnisse der Vergangenheit und die zukünftigen Perspektiven verlangten danach, den großen Schritt zu wagen. Zwei Gründe waren es denn auch, die Helmut Kohl bewogen, den Abschied von der Deutschen Mark (gegen den Willen der meisten Deutschen und der mächtigen Bundesbank) durchzusetzen und durch Unterzeichnung der Maastrichter Verträge die Gemeinschaftswährung mit dem symbolträchtigen Namen »Euro« auf den Weg zu bringen: Nach Ansicht des Kanzlers der deutschen Einheit bewies das vereinte Deutschland mit der Einführung des Euro Europa und den westlichen Alliierten, sich unwiderruflich für den Europagedanken und für den Westen entschieden zu haben – eine Absicherung gegen die eigene Vergangenheit also.

Doch dem Euro sollte auch die geo-strategische Aufgabe zukommen, Europa gegenüber den anderen Weltmächten wie den USA und China wettbewerbsfähig zu machen. Die Einführung des Euro mag also aus währungstechnischer Sicht ein »Fehler« gewesen sein, aber es war ein »unvermeidlicher Fehler« (in dem wir vielleicht morgen schon, wer weiß, eine glückliche Fügung erkennen). Ein Fehler, den die Europäer (vor allem Deutsche und Franzosen, in friedlicher Eintracht mit den Italienern) unter dem Druck der geopolitischen Transformation, deren Dynamik sie nicht bestimmen und noch weniger steuern konnten, schlichtweg begehen mussten. Die eigentlichen Herrscher über das Geschehen waren andere: die USA, die die Macht dazu hatten, und die Sowjetunion unter Gorbatschow, die jedoch bereits ohnmächtig und in Auflösung begriffen war. Dies waren die historisch-systemischen Voraussetzungen der aktuellen Krise.

Anfänglich allerdings schien sich, wie in der Vergangenheit, alles zum Guten zu wenden. Die Einführung des Euro stieß trotz alarmierender Kassandrarufe seitens der Ökonomen auf Begeisterung und wurde allgemein begrüßt. Gab es denn überhaupt eine Alternative? Nach anfänglicher trügerischer Ruhe – »der Euro [hielt sich] im Aufbruch der Globalisierung anfangs so gut […], dass niemandem auffiel, dass er eine politische Waise war […] und der Einheitswährung die Einheit der Europäer fehlte«[31] – brach dann der Sturm los, der das europäische Haus bis in die Grundfesten erschüttern sollte. Und er spülte nicht nur tiefgreifende kulturelle Unterschiede und schwerwiegende politische Meinungsverschiedenheiten an die Oberfläche, sondern auch historisch bedingte Differenzen zwischen den Wirtschaftsregionen, vor allem zwischen Nord- und Südeuropa. »So liegt eine bösartige Ironie darin, daß sich gerade dort, wo die Union ihre ureigenste Aufgabe sah, die gefährlichsten Risse zeigten, nämlich auf dem Gebiet der Ökonomie.«[32]

Mehr als ein halbes Jahrhundert lang galt die europäische Einigung, allen Widrigkeiten zum Trotz, als ein Instrument des kulturell-sozialen Fortschritts, als Chance. Auf einmal jedoch wurde Europa zum Problem, das man nun, in der Krise, als das Programm einer rigorosen Finanzpolitik und der sozialen Einschnitte wahrnahm (auch wenn manche daran verdienten). Die Krise rückte zudem das historische Demokratiedefizit stärker ins Blickfeld, das die europäischen Institutionen trotz zweifelloser Fortschritte (beispielsweise die Stärkung des Europäischen Parlaments im Lissabon-Vertrag) stets charakterisierte.

Um die Legitimationsdefizite zu verstehen, an denen das europäische Projekt heute leidet, muss man sich Folgendes vergegenwärtigen: Beim Europagedanken hat es sich von Anfang an um ein elitäres, nur begrenzt demokratisches Projekt gehandelt. Die Demokratievorstellungen des Gründervaters Jean Monnet, der meinte, »Europas Länder sollten in einen Superstaat überführt werden, ohne dass die Bevölkerung versteht, was geschieht«[33], muss man als funktionalistisch und dezisionistisch bezeichnen. Volksbefragungen und Volksentscheide erachtete er als vollkommen wertlos, ebenso den Begriff der Volkssouveränität. Das Ergebnis sehen wir jetzt: In Europa blüht der Populismus gleich welcher Coleur, gleichzeitig ist Europa tief gespalten – in »tugendhafte« Länder, die dem deutschen Vorbild folgen, und in »Verschwenderländer« im Süden, für die dieses Modell der schlimmste Albtraum ist.

Die europäische Einigung ist unter geoökonomischen Gesichtspunkten unabdingbar – und das nicht mehr (nur) aus historischen Gründen, sondern auch aus Gründen der Zukunftsfähigkeit. »Ohne Europa« – hat Angela Merkel zu Recht bemerkt – »können wir unsere Werte, unsere Vorstellungen, unsere Ideale überhaupt nicht mehr in der Welt vertreten.«[34] Die europäischen Staaten sind auf sich allein gestellt unwiderruflich zum Niedergang verdammt, weil es ihnen an »kritischer Masse« fehlt. Das gilt selbst für Deutschland: Über sein Schicksal wird der demographische Wandel entscheiden, der sich nur teilweise durch eine aktive Einwanderungspolitik kompensieren lässt. Doch wie entwickelt man eine »Gemeinschaft«, die im Wettbewerb mit anderen globalen Regionen bestehen kann, ohne dass man die sozialen, kulturellen und rechtlichen Errungenschaften aufgibt, auf die das europäische Modell zu Recht stolz ist und die seine Daseinsberechtigung ausmachen? Europa hat also nur dann eine Zukunft, wenn ihm einerseits eine Strukturreform gelingt und es sich andererseits auch künftig als Alternative zum »Manchester-Kapitalismus« (zum angloamerikanischen Liberalismus) und zu einem mit *Asian Values* bewehrten konfuzianischen Kapitalismusmodell profilieren kann.

Nach 1945 war die Botschaft relativ einfach. Angesichts der furchtbaren Kriege konnte Europa glaubhaft versprechen, Frieden und Freiheit zu sichern. Heute können die europäischen Völker nur dann Frieden und Wohlstand garantieren, wenn sie als Gemeinschaft auftreten und den Einigungsprozess so weit vorantreiben, dass sie eine Antwort auf die Herausforderungen der globalen Welt geben können. Andernfalls ist Europa geopolitisch dazu verurteilt, von neuen Playern und Schwellenländern, die wie China schon heute mächtiger sind als Europa als Ganzes, machtpolitisch an den Rand gedrängt zu werden. Wenn Europa im globalen Machtspiel mitreden und seine Interessen und Wertvorstellungen aussichtsreich verteidigen will, muss es mit einer Stimme sprechen. Dann muss es eine »Schicksalsgemeinschaft« bilden (auch wenn Altkanzler Helmut Schmidt dieser Ausdruck nicht gefällt)[35] und noch vor einer politischen Union die Entwicklung zu einer sozial und wirtschaftlich homogenen, wettbewerbsfähigen Region anstreben:

> *Meiner Ansicht nach ist die Entwicklung zu einer Haushalts-, Finanz- und Politikgemeinschaft, die auch die Schaffung neuer überstaatlicher Institutionen beinhaltet, unvermeidlich. Die dadurch bedingte Übertragung von Souveränitätsrechten – oder wie ich lieber sage, eine gemeinsam verantwortete Souveränität – steht in manchen Ländern mehr und in anderen weniger im Fokus der Aufmerksamkeit. Doch gerade die gemeinsam verantwortete Souveränität gibt den Ländern in den heutigen Zeiten der Globalisierung am ehesten die Möglichkeit, ihre Souveränität zu wahren. Langfristig muss der Euro auf einer stärkeren europäischen Integration beruhen.*[36]

Doch genau das ist die Krux am europäischen Einigungsprozess: Einerseits hängt er von der entscheidenden Frage, sozusagen der Überlebensfrage, ab, ob die strukturelle Einheit gelingt. Andererseits entpuppen sich gerade die kulturellen, historischen und sozioökonomischen Unterschiede, die diesen Einigungsprozess erst erforderlich machen, als Hindernisse, die die Einheit verkomplizieren und nach Meinung einiger sogar verhindern. Die nationalen Unterschiede in Fiskalpolitik und Wettbewerbsfähigkeit waren schon zu Beginn der Europäischen Währungsunion allgemein bekannt, nur wurden ihre Folgen weithin unterschätzt.

Völlig verkannt wurde hingegen, dass es sich dabei nicht nur um ökonomische Faktoren, sondern auch um gesellschaftlich fest verankerte kulturelle Traditionen und Lebensstile handelte. Dass die Wirtschaftsmodelle ebenso auf kulturelle *Pattern* und Paradigmen verwiesen, die wiederum auf historischen Gegebenheiten bei der ökonomischen Entwicklung der verschiedenen Gesellschaften gründeten. Die Inseln des Archipels Europa sind durch das Meer der Geschichte verbunden, doch sie grenzen sich durch ihre Kultur ebenso voneinander ab wie durch ihre sozioökonomischen Strukturen. Der europäische Einigungsprozess trifft also nicht nur auf kulturelle Hindernisse, wie sie Herder sah, sondern auch auf die von Karl Marx beleuchteten historisch-materiellen Unterschiede in den Produktionsverhältnissen.

In seinen *Weltgeschichtlichen Betrachtungen* bemerkte Jacob Burckhardt: »Wenn zwei Krisen sich kreuzen, so frißt die momentan stärkere sich durch die schwächere hindurch.« In der aktuellen europäischen Krise stellt die »schwächere« Euro- und Schuldenkrise die »stärkere« in den Schatten: die »Sinnkrise« des europäischen Projekts, den »Funktionswandel«, der nach einem »neuen Narrativ« verlangt.

3.
Die Vernunft[1] des Sparens

Die Geschichte hat ›Nein‹ zum deutschen Staat gesagt, aber die Ökonomie erlaubt ihm, sich zu behaupten.
Michel Foucault

Nicht Stabilität contra Wachstum, sondern Wachstum durch Stabilität ist das Ziel.
Alfred Müller-Armack

Ist das alles allein Deutschlands Schuld? Jedenfalls glauben das die meisten Menschen in Europa, denen Politiker und Wissenschaftler, von wenigen Ausnahmen[2] abgesehen, täglich dieselbe These vorsetzen: Deutschland hat Schuld an der Krise, die den alten Kontinent nun in die Knie zwingt und droht, die Europäische Union scheitern zu lassen. Schuld trägt insbesondere die Sparpolitik von Angela Merkel, die wie die böse Hexe in Grimms Märchen nicht will, dass der Traum vom *föderalen Europa* wahr wird.

Und weil die »ideologische Schuldenbremse« der Totengräber des »schönen Europagedankens« ist, wie jemand gesagt hat, sei es höchste Zeit »zu erkennen, dass die Austeritätspolitik ein Desaster ist«[3] und die rigide Sparpolitik dringend »zugunsten einer Wachstumspolitik« gelockert werden muss. Dann würde die Wirtschaft der europäischen Länder wieder in Schwung kommen und sich die Krise in Luft auflösen, als wäre sie nichts weiter als nur ein böser Traum. Glaubt man dem Mainstream, der von vielen Regierungschefs und fast allen europäischen und amerikanischen Medien befeuert wird, könnten der Euro und die verschuldeten Länder in Südeuropa von ihrer Krankheit genesen, wenn man nur so rasch wie möglich das »deutsche Dogma« überwände, hinter dem viele gar den beunruhigenden Schatten Luthers erkennen wollen. (»In Zeiten, in denen Luthers Thesen scheinbar wieder in Mode kommen, lassen die Deutschen unseren Kontinent in Richtung Spaltung und Abgrund marschieren.«[4]) Oder sie sehen darin die luziferische These von Max Weber, derzufolge aber der Kapitalismus aus der calvinistischen Ethik entstanden und aus radikalen protestantischen Gruppierungen hervorgegangen sein soll.

Folglich müsse man, entgegen Merkels Überzeugung, noch einmal »bei Keynes in die Schule gehen«[5], wie Amartya Sen angeregt hat. Denn Keynes habe »die wechselseitige Abhängigkeit von Staat und Markt sehr gut erkannt«, die nach dem Zweiten Weltkrieg Europas Wiederauferstehung, den modernen Wohlfahrtsstaat und die nationalen Gesundheitssysteme ermöglicht habe, die weniger die Förderung der Marktwirtschaft als das Wohlergehen der Bürger im Blick hatten. Kurz und gut, wären da nicht die »teutonische« Rigidität einer Angela Merkel und der Egoismus von Deutschland, das »diese Tatsachen endlich anerkennen und den Sparzwang zumindest proportional zu den asymmetrischen, durch die Gemeinschaftswährung gewonnenen ›unverdienten‹ Vorteilen lockern muss«[6], gäbe es keinen Grund zur Besorgnis, was die Zukunft Europas angeht: Die Autobahn des *Deficit Spending* a là Keynes, gegebenenfalls gepaart mit einer Vergemeinschaftung der Schulden, ist breit und bequem und führt geradewegs zur gewünschten europäischen Einigung.

Leider sieht die Realität anders und vor allem wesentlich komplexer aus. Sicher hat die Berliner Republik – im Gegensatz zur gemütlichen Bonner – keine »romantische Vorstellung von ihrer Rolle in Europa« mehr. Und die »protestantisch« geprägte Europa-Idee von Angela Merkel – »einer Physikerin, für die Europa keine Herzensangelegenheit, sondern nur eine Sache der Vernunft ist«[7] – ist zugegebenermaßen nicht mehr von der Zuversicht getragen, die einst die Gründerväter einte. »Die Einheit Europas war ein Traum weniger. Sie wurde eine Hoffnung für viele. Sie ist heute eine Notwendigkeit für alle«, sagte Adenauer, und wie er dachten De Gasperi und Schuman. Auch der fordernde Optimismus eines Helmut Kohl ist ihr fremd: »Wir brauchen – gerade jetzt – mehr und nicht weniger Europa. Europa ist unsere Zukunft. Es gibt keine Alternative zu Europa.«

Aber eines sollte man verstehen, und das wollen viele einfach nicht wahrhaben: Die Natur dieser Krise, ihre ökonomischen Ursachen und strukturellen Gründe belegen zweifelsfrei, wie illusorisch die Hoffnung ist, diese Krise durch wirtschaftspolitische Rezepte von gestern zu überwinden. Denn dies sind die eigentlichen Ursachen für die Krise der hochverschuldeten Länder im Mittelmeerraum, deren Rückständigkeit, verglichen mit dem umtriebigen europäischen Norden, der wahre Grund für die Spannungen ist, die heute die (monetären) europäischen Bande zu zerreißen drohen. Die Situation in Europa und der ganzen Welt sieht – aus historischen und geopolitischen Gründen – heute völlig anders aus als bei der Ouvertüre des Projekts Europa. Und genau das ist der Punkt, von dem alle Überlegungen – ohne vorgefasste Meinungen und ohne Denkverbote – ausgehen müssen.

Mitten in der Krise wird deutlich, dass nicht nur in Europa ein Mentalitätswandel fällig ist, sondern im gesamten Westen. Auch die Vereinigten Staaten, jenes bewundernswerte Land genuiner Freiheitsliebe, haben über ihre Verhältnisse gelebt […]. Die Staaten Europas nennen ehrbares Verhalten […] »good governance« und meinen ein kluges, verlässliches, auf funktionierende Institutionen gestütztes Regieren. Wir nennen so etwas in Deutschland den sozialen Rechtsstaat, den Verfassungsstaat, der in den normativen Grundlagen seiner Staatsverfassung einschließlich der Schuldenbremse nicht zuerst Ballast sieht, sondern die aus tiefer humanistischer Erfahrung gewonnene Codierung der Freiheit.[8]

»Die deutsche Stabilitätskultur ist also kein Monster«, wie Barbara Spinelli richtig festgestellt hat, »kein Wirtschaftssadismus«, ist also weder moderner Sozialdarwinismus noch deutscher Neo-Imperialismus. Noch lässt sich der programmatische Anti-Keynesianismus von Angela Merkel[9] genealogisch aus einer angeblich in der deutschen Mentalität angelegten moralischen Verpflichtung ableiten, die mancher aus der Doppelbedeutung des deutschen Wortes »Schuld«[10] abenteuerlich konstruiert. Auf die semantische Koinzidenz von Geld-Schulden und moralischer Schuld wies im Übrigen schon Nietzsche hin, als er in seiner Schrift *Zur Genealogie der Moral* fragte: »Haben sich diese bisherigen Genealogen der Moral auch nur von Ferne Etwas davon träumen lassen, dass zum Beispiel jener moralische Hauptbegriff ›Schuld‹ seine Herkunft aus dem sehr materiellen Begriff ›Schulden‹ genommen hat?«[11] Hinter der Europapolitik von Angela Merkel verbirgt sich im Gegenteil die Analyse eines realen Problems (der Wirtschaftskrise), und zwar auf der Grundlage des kategorialen und politischen Erbes von Sozialer Marktwirtschaft und Ordoliberalismus[12] – und das Ziel, den europäischen Einigungsprozess strategisch umzusetzen:

> *Wie aber kann sich Europa mit seinem Gesellschaftsmodell in einer Welt des Wandels, in einer Welt der Andersartigkeit behaupten? [...] Nun hat sich Europa in einer schwierigen Krise zu bewähren. Ich glaube, diese Krise können wir nur überwinden, wenn wir zu ihren Ursachen vordringen. Wenn wir zu den Ursachen vordringen, dann wird uns auch sehr schnell klar: Diese Krise können wir nicht über Nacht überwinden, denn sie hat etwas mit strukturellen Ursachen zu tun. Es gibt eine übermäßige Staatsverschuldung einiger Euro-Staaten, es gibt eine teils sehr unterschiedliche Wettbewerbsfähigkeit innerhalb der Europäischen Union und auch des Euro-Raums, und es gibt grundlegende Mängel in der Konstruktion der Wirtschafts- und Währungsunion – drei Dinge, die bewältigt werden müssen, mit denen wir uns auseinandersetzen müssen, um diese Krise zu überwinden. Das heißt, es wäre viel zu einfach gedacht, wenn wir sagten, wir hätten es nur mit den Folgen der internationalen Finanzmarktkrise von 2008 zu tun. Diese Krise hat vielmehr die strukturellen Schwächen der Euro-Zone und Europas mit aller Macht offengelegt.*[13]

Und stellen wir noch eine weitere Überlegung an:

> *Die robuste Deutsche Mark, zufriedenstellende Wachstumsraten, die steigende Kaufkraft und die günstige Zahlungsbilanz in Deutschland sind sicherlich das Ergebnis einer guten Regierung, aber, wenn man es*

unter einem bestimmten Gesichtspunkt betrachtet, manifestieren und stärken sie vor allem dauerhaft den Gründungskonsens eines Staates, den die Geschichte, die Niederlage oder, wenn Sie wollen, die Entscheidung der Sieger, außerhalb des Rechts gestellt hat. Doch nun findet der Staat sein Recht – sein juristisches Recht – und sein reales Fundament in der Existenz und Praxis der ökonomischen Freiheit. Die Geschichte hat »Nein« zum deutschen Staat gesagt, aber die Ökonomie erlaubt ihm, sich zu behaupten.

Soweit eine der entscheidenden Passagen aus der ersten Vorlesung zum deutschen Neoliberalismus[14], die Michel Foucault am 31. Januar 1979 am Collège de France hielt und auf die noch zwei weitere folgen sollten. Foucaults analytische Klarsicht und umfassende Kenntnis der Materie machen die Vorlesungsmitschrift zu einem außergewöhnlichen Dokument: Vor dem Hintergrund des deutschen und europäischen Geisteslebens der dreißiger und vierziger Jahre bietet es, bereichert durch eine Fülle an Bezügen und überraschenden *Aperçus*, eine hochaktuelle Darstellung der neoliberalen theoretischen und politischen Strömung. Foucault unterstreicht darin

die einzigartige Nähe, beinahe Parallelität der sogenannten Freiburger Schule oder der Ordoliberalen mit ihren, wenn man so will, Nachbarn aus der Frankfurter Schule. Die Parallelität findet sich in den Daten, aber auch in ihrem gemeinsamen Schicksal. […] Die politische Erfahrung ist dieselbe, ebenso der Ausgangspunkt […]: Beide sind […] von einer Frage ausgegangen, die wir vielleicht als die politisch-universitäre Dominante in Deutschland zu Beginn des 20. Jahrhunderts definieren und die wir in einem bestimmten Sinne als »Weberismus« bezeichnen können [...]. Max Weber hat sich in seinen Überlegungen, die die Soziologie ebenso bereichert haben wie die deutsche Ökonomie und Politik, weniger mit der widersprüchlichen Logik des Kapitals [die Karl Marx analysiert hat, Anm.d.V.], sondern vielmehr mit der irrationalen Vernunft der kapitalistischen Gesellschaft beschäftigt. Vom Kapital zum Kapitalismus, von der Logik des Widerspruchs zur Unterscheidung zwischen Vernunft und Unvernunft: Ich denke, diese Frage [...] kann die Forschungen von Max Weber am besten charakterisieren. [...] Die Frankfurter Schule, die Freiburger Schule, Horkheimer und Eucken haben diese Frage aufgegriffen, dann allerdings [...] eine andere Richtung eingeschlagen. Die Frankfurter Schule beschäftigt sich mit der Frage, wie eine neue soziale Vernunft aussehen könnte [...], die die ökonomische Unvernunft beendet. [...] Die Freiburger Schule will hingegen die ökonomische Vernunft definieren oder neu definieren oder wiederfinden, die es ermöglicht, die soziale Unvernunft des Kapitalismus zu beenden.[15]

Eine Forschungshypothese, die von einem der Hauptakteure gestützt wird. In einer persönlichen Rückschau erinnert dieser daran, dass sich die Soziale Marktwirtschaft vor allem auf die philosophische Anthropologie – auf Troeltsch, Dilthey, Uexküll, Max Scheler und Plessner – berief, die von der Geschichtlichkeit des Menschen ausgingen und damit die Anthropologie des 19. Jahrhunderts überwanden, sowie »auf die mit Max Weber einsetzende geistesgeschichtliche Soziologie, die mich besonders zur Religions- und Kultursoziologie führte«[16].

Doch wenden wir uns nun zwei entscheidenden Aspekten in der Theorie des »deutschen Neoliberalismus« zu, die mit der aktuellen Diskussion unmittelbar in Zusammenhang stehen und deren Einfluss auf die deutsche Wirtschaftspolitik, mit Hinsicht auf Deutschland und Europa, offensichtlich ist. Nämlich dem Element, das nicht nur den deutschen Liberalismus vom traditionellen *Laissez-faire*-Liberalismus, sondern ebenso den *Ordoliberalismus* vom angelsächsischen Neoliberalismus unterscheidet. Für die Neoliberalen allgemein, hält Foucault fest,

> *bestehe das Wesentliche des Marktes nicht im Tausch, in jener primitiven, vermeintlichen Situation, die sich die Wirtschaftsliberalen im 18. Jahrhundert vorstellten. Sondern in etwas anderem: Das Wesentliche des Marktes ist für sie der Wettbewerb. Damit [...] machen die Neoliberalen nichts anderes, als das Denken, die Doktrin und die liberale Theorie des 19. Jahrhunderts [...] einfach zu übernehmen. Weniger das Problem von Wert und Äquivalenz als das von Wettbewerb und Monopol ist nun das wichtigste Rüstzeug einer Theorie des Marktes.*[17]

Bis hierin unterscheiden sich die Überlegungen des deutschen Ordoliberalismus also nicht von der Grundannahme aller liberalen Denker: dass nämlich der Wettbewerb und nur er wirtschaftliche Vernunft garantieren kann. Doch die folgende entscheidende Passage lohnt eine nähere Betrachtung:

> *Liberalismus und Neoliberalismus [...] meinen, dass der Markt nur durch einen freien, vollständigen Wettbewerb funktionieren kann und der Staat folglich nicht in beste-*

> *hende Wettbewerbsbedingungen eingreifen oder Elemente wie Monopole, Kontrollen und Ähnliches, die die Wettbewerbssituation verändern, einführen dürfe [...]. Man solle hingegen aus dem Prinzip der Marktwirtschaft dieselben Schlüsse ziehen wie das 18. Jahrhundert [...]. Die einen mögen vom Tausch ausgehen, die anderen vom Wettbewerb, als Schlussfolgerung und politische Konsequenz aus der Marktwirtschaft ergibt sich für beide der* Laissez-faire-*Liberalismus. Der* Ordoliberalismus *hält dem entgegen, dass das liberale Konzept in einem »naiven Naturgedanken« gefangen sei, da es den Markt (ob er nun auf der Basis von Tausch oder Wettbewerb definiert wird) als eine naturgegebene Tatsache annehme, die »naturgegeben« dazu neige, sich als Ergebnis/Ausdruck natürlicher Vorgänge wie Lust, Instinkt und menschlichem Verhalten zu reproduzieren, und die der Staat einfach nur respektieren müsse.*

Genau an diesem Punkt, sagt Foucault, »brechen die Ordoliberalen also mit der liberalen Tradition des 18. und 19. Jahrhunderts, denn sie sind der Meinung, dass man aus dem Prinzip des Wettbewerbs als Organisationsform des Marktes keinen *Laissez-faire*-Liberalismus ableiten kann und darf«, und zwar, weil der Wettbewerb keine ursprüngliche »naturgegebene« Tatsache sei, sondern nur durch langfristige Anstrengungen, als Ergebnis absichtsvollen, und das heißt politischen Handelns erreicht werden könne: »Der reine Wettbewerb muss und kann nichts anderes sein als ein anzustrebendes Ziel, das wiederum eine aktive Politik verlangt. *Der Wettbewerb ist also das historische Ziel der Regierungskunst und keine naturgegebene Tatsache, die es zu respektieren gilt.*«[18]

Wir haben es demnach nicht mehr mit zwei getrennten Sphären zu tun: dem freien Markt und einem Bereich staatlicher Eingriffe. Der freie Wettbewerb gilt nun selbst als Ergebnis, als Produkt »aktiver Gouvernementalität«. Es handelt sich also um einen »liberalen Interventionismus«, wie ihn Alexander Rüstow in seinem 1945 erschienenen Werk *Das Versagen des Wirtschaftsliberalismus* als »ordoliberale« Kritik am liberalen Kapitalismus entwickelte. Liest man Rüstows Thesen und vergleicht sie mit dem beinahe zeitgleich erschienenen *Der Weg zur Knechtschaft* von Friedrich Hayek, tritt der grundlegende Unterschied zwischen angelsächsischem Neoliberalismus und deutschem Ordoliberalismus offen zutage, denn laut Letzterem müsse ein Liberalismus, der sich gesellschaftlich aufgeklärt nennt, einsehen, dass »die Funktionstüchtigkeit des Marktes von seiner Anbindung an konkrete institutionelle und gesellschaftliche Bedingungen abhängt«[19]. Gegen Ende der dreißiger und Anfang der vierziger Jahren widmen sich die Theoretiker von Ordoliberalismus und Sozialer Marktwirtschaft also dem Unterfangen, einen gangbaren »dritten Weg« neben liberalem Kapitalismus und Kollektivismus[20] aufzuzeigen.

Zur gleichen Zeit unternahmen die marxistischen Theoretiker des demokratischen Sozialismus einen ganz ähnlichen Versuch, darunter der berühmte Richard Löwenthal, der in seinem Werk mit dem programmatischen Titel *Jenseits des Kapitalismus*[21] einen »dritten Weg« zwischen sowjetkommunistischer Planwirtschaft und liberalem Kapitalismus entwarf. Und damit die theoretischen Grundlagen für die politische Strategie der Sozialdemokratie legte, die sich nach der doppelten Katastrophe, die die europäische Arbeiterbewegung in den dreißiger Jahren durch Stalinismus und Nationalsozialismus erlitten hatte, neu ausrichten musste.

Dennoch unterscheiden sich bis heute die beiden Versionen eines »dritten Weges« unter theoretischen wie praktisch-politischen Gesichtspunkten: Denn zwischen dem liberalen Interventionismus der Sozialen Marktwirtschaft (dem Leitgedanken der CDU) und dem Konzept des Wohlfahrtsstaats, das Sozialdemokratie und SPD vertreten, bestand und besteht ein fundamentaler Unterschied philosophischer und politischer Natur – selbst nach der Wende der deutschen Sozialdemokratie, die mit dem Godesberger Programm[22] 1959 von ihrem revolutionär-marxistischen Ziel abrückte, »das System zu überwinden«. Was beide fundamental unterscheidet, sind die Rolle und Bedeutung, die sie dem Markt zuschreiben, sei dieser nun »gelenkt« oder »organisiert«. Die Vertreter der Sozialen Marktwirtschaft wurden denn auch nicht müde, auf die Überzeugung der »demokratischen Sozialisten« zu verweisen, nach der »die Marktwirtschaft in sich unsozial sei« und sich »alle Sozialpolitik *gegen* den Markt verwirklichen müsse«[23]. Und eben darum, so bekräftigten die Vertreter des »Ordoliberalismus«, »stehen wir [...] vor der Aufgabe, den Vertretern des Demokratischen Sozialismus [...] klarzumachen, dass die antimarktwirtschaftliche Grundhaltung [...] dieses System zum permanenten Scheitern verurteilt.«[24]

Der Ordoliberalismus steht dem klassischen Liberalismus und dem angloamerikanischen Neoliberalismus kritisch gegenüber, da beide einer »naiv naturalistischen« Marktvorstellung verhaftet seien, der funktionierende Markt aber der Korrektur und Lenkung bedürfe. Der Markt brauche deshalb einen robusten rechtlich-institutionellen Rahmen, wie ihn ein starker Staat bietet, und ein ethisches Umfeld, an dem die Marktakteure ihr Verhalten ausrichten können:

Anders als die Vertreter des klassischen Liberalismus wissen wir, dass die Wettbewerbsmechanismen fehlerhaft sind, denn die Märkte sind nicht perfekt, es gibt Oligarchien und Monopole. Die Wettbewerbsordnung benötigt deshalb rechtliche Garantien, damit sie nicht von Marktakteuren zerstört werden kann, die versuchen, den Wettbewerb auszuschalten.[25]

Der Staat muss also »marktkonform« handeln, der Markt jedoch durch legislative Maßnahmen geordnet werden, die dafür sorgen, dass die staatlichen Eingriffe »sozialkonform« sind. Manche haben sogar berechtigterweise die Hypothese in den Raum gestellt, dass »die Grundsätze der Sozialen Marktwirtschaft [...], wie sie von Eucken, Erhard, Müller-Armack oder Röpke formuliert wurden, [...] nicht nur perfekt mit denen des Liberalen Sozialismus übereinstimmen, sondern auch die ethisch-politische These von Carlo Rosselli, Guido Calogero und anderen Liberalen Sozialisten unterfüttern, die einen Sozialismus als ›logische Weiterentwicklung des Freiheitsprinzips‹, als ›tätigen Liberalismus für die Armen‹ skizzierten«[26]. Und dennoch bleibt zwischen den beiden Ansätzen, zwischen der vom Ordoliberalismus geforderten Sozialen Marktwirtschaft, die von Angela Merkel heute vehement verteidigt wird, und dem sozialdemokratischen Ansatz, selbst dem »liberaleren« von *New Labour*, ein unüberwindbarer *theologischer* Gegensatz bestehen: ein unauflöslicher Gegensatz zwischen zwei Weltanschauungen mit unterschiedlichen »Werturteilen« und inkompatiblen anthropologischen Ansätzen. Foucault hat diesen Gegensatz vollkommen richtig erfasst. Nach einer umfassenden Betrachtung des deutschen Neoliberalismus stellt er in den Schlusspassagen seiner dritten Vorlesung fest:

> *Für die Theoretiker des Ordoliberalismus ist eine Einkommensumverteilung, also eine möglichst generelle Kapitalisierung für alle sozialen Klassen, kein Instrument der Sozialpolitik, ihr Instrument ist die individuelle und kollektive Absicherung, letztendlich also das Privateigentum. […] Es handelt sich also um eine Individualisierung der Sozialpolitik, eigentlich um eine Individualisierung, die durch die Sozialpolitik realisiert wird, und nicht um eine Vergemeinschaftung und Sozialisierung durch und im Rahmen der Sozialpolitik. Es geht also nicht darum, dem Einzelnen eine soziale Risikoabdeckung zu garantieren, sondern jedem einen ökonomischen Raum zu gewähren, innerhalb dessen er Risiken übernehmen und sich ihnen stellen kann.*[27]

Und weiter:

> *Die auf Grundlage des Marktes geordnete Gesellschaft, an die die Neoliberalen denken, ist eine Gesellschaft, in der das Ordnungsprinzip nicht der Warenaustausch, sondern die Wettbewerbsmechanismen sind […]. Sie streben nicht nach einer Gesellschaft, die sich den Gesetzen des Warenaustauschs, sondern der Dynamik des Wettbewerbs unterwirft. Keine Warenhaus-Gesellschaft, sondern eine Unternehmer-Gesellschaft. Der* homo oeconomicus, *den man wiederbeleben will, ist nicht der Waren austauschende Mensch, der konsumierende Mensch, sondern der unternehmerisch denkende und produzierende Mensch.*[28]

Es geht, wie wir sehen, um die Verteidigung des Primats des Individuums und der individuellen Freiheit, wozu auch die

Freiheit zur wirtschaftlichen Initiative (wenn auch im Rahmen von Regeln und Institutionen) gehört, gegenüber dem Primat der Allgemeinheit und des Wohlfahrtsstaats. Hinter der Freiheit des Einzelnen scheint außerdem die christliche Vorstellung der *persona* durch. Sie steht dem ideologischen Dogma von der sozialen und kollektiven Gleichheit entgegen, die das materielle Wohl des Einzelnen vom gesellschaftlichen Fortschritt abhängig macht.

Anfang der neunziger Jahre sah sich das »deutsche Modell des organisierten Kapitalismus« also gleichzeitig mit drei Herausforderungen konfrontiert: der Wiedervereinigung, der Einheit Europas und der Globalisierung.[29] Zehn Jahre nach dem Mauerfall wurde Deutschland zum »kranken Mann Europas« (»Economist«). Aufgrund seiner ökonomischen Bedeutung und seiner geopolitischen Zentrumslage sollte das Land eigentlich Katalysator im europäischen Einigungsprozess sein. Deutschland aber drohte nun den ganzen Kontinent in eine Negativspirale zu reißen. Seine Krise war nicht nur ökonomischer oder »struktureller« Natur, sondern in erster Linie eine politische Führungskrise, wie der erschütternde Abgang Helmut Kohls von der politischen Bühne offenbarte. Am Ende seiner langen Karriere – er war von 1982 bis 1998 Bundeskanzler – zeigte sich der geniale Architekt der deutschen Einheit unfähig, die notwendigen Reformen des Modells Deutschland einzuleiten.

Anders als heute löste bei Europäern und auch Amerikanern damals nicht die Stärke Deutschlands, das »erwachsen geworden« war, Misstrauen und Unzufriedenheit aus, auch nicht sein »Machtwille«, sondern seine Führungsschwäche. Auf beiden Seiten des Atlantiks herrschte allgemein die Überzeugung, dass im Westen Reagan und Thatcher den Ton angaben und dass die Ursache der sogenannten »Eurosklerose«[30] in der Ineffizienz des Modells Deutschland lag, das ein unflexibler Arbeitsmarkt und die hohen Kosten eines großzügigen Wohlfahrtssystems lähmten. Als Therapie empfahl man die klassischen Maßnahmen des angelsächsischen Neokonservatismus, also die Abkehr von den Prinzipien des rheinischen Kapitalismus und die Hinwendung zu *Deregulation* und *Laissez-faire* wie in England und den USA:

> *Viele Beobachter meinten, dass sich der spezifisch deutsche organisierte Kapitalismus in Richtung* Laissez-faire *bewegen müsse und dass die Institutionen, die das deutsche Modell prägten, nicht mehr effizient seien [...]. Die Kritiker empfahlen, die eigentlichen Probleme, die die Bundesrepublik strangulierten (Bürokratie, oligarchische Industrie, hohe Löhne für gewerkschaftlich organisierte Mitarbeiter, großzügige Sozialausgaben), durch eine marktorientiertere und weniger gewerkschaftsfreundliche Politik zu lösen, durch Privatisierung und Deregulierung wie in den USA und Großbritannien.*[31]

Die Kritik der angelsächsisch geprägten Neokonservativen am deutschen Modell, das Wirtschaftsminister Ludwig Erhard, der Architekt des deutschen Wirtschaftswunders, nach dem Zweiten Weltkrieg auf der theoretischen Grundlage des konservativen Ordoliberalismus und der Sozialen Marktwirtschaft entworfen hatte, bringt den grundlegenden Gegensatz zwischen rheinischem Kapitalismus und angloamerikanischem Manchester-Liberalismus auf den Punkt. Es geht um weit mehr als den klassischen Gegensatz zwischen fortschrittlich und konservativ. Oder zwischen rechts und links.

Und der Gegensatz lässt sich ebenso wenig in das Muster pressen, das die Debatte in Amerika (und teilweise auch in

Europa) nach der Wende Mitte der siebziger Jahre prägte – und bis heute prägt: Damals behielt die antikeynesianische »Angebotstheorie« der konservativen Kräfte die Oberhand gegenüber der »Nachfragetheorie«, die sich Labour-Partei und demokratische Linke in Amerika seit dem New Deal auf die Fahnen geschrieben haben. Die Situation ist also sicherlich um einiges komplexer, als es die Angriffe der (vor allem) amerikanischen Fürsprecher einer öffentlichen Ausgabenpolitik (beziehungsweise eines hemmungslosen Wachstums) nahelegen. Diese verstricken sich in rückwärtsgewandte Schlachten gegen die von ihnen diffamierte Sparpolitik und die von Deutschland »aufgezwungenen« Ausgabenkürzungen. Fast scheint es, als wollten sie von Angela Merkel eine Wiedergutmachung für die politische und theoretische Niederlage, die sie vier Jahrzehnte zuvor auf heimischem Boden erlitten haben. Diese Debatte ist in der europäischen Linken noch völlig offen, und beispielsweise ist die SPD (wie die sozialdemokratischen und Arbeiterparteien in Italien, Frankreich und auch Großbritannien) in diesem Punkt gespalten.

Auf der einen Seite stehen die Anhänger der klassischen Positionen von Keynes, wie Altkanzler Helmut Schmidt: »Wer da glaubt, Europa könne durch Haushaltseinsparungen allein gesund werden, der möge gefälligst die schicksalshafte Wirkung von Heinrich Brünings Deflationspolitik 1930/32 studieren. Sie hat eine Depression und ein unerträgliches Ausmaß an Arbeitslosigkeit ausgelöst und damit den Untergang der ersten deutschen Demokratie eingeleitet.«[32] Und auf der anderen Seite finden sich Positionen, wie sie Olaf Scholz – und das ist nur ein Beispiel –, der derzeitige Hamburger Bürgermeister und frühere Minister im Kabinett Schröder, vertritt: »Niemand hat bisher wirklich verstanden, welch einen dramatischen Paradigmenwechsel die Einführung der Schuldenbremse bedeutet. Der von vielen beschworene schlanke Staat wird von ganz alleine kommen.«[33]

Es drängt sich außerdem der starke Verdacht auf, dass die aktuellen Angriffe von einigen amerikanischen neo-keynesianischen Ökonomen auf die deutsche Europapolitik ein Scheingefecht sind. In Wirklichkeit geht es darum, die eigene kulturelle Hegemonie und »Deutungshoheit« durchzusetzen:[34] »Die aktuelle Debatte ist offenbar weniger eine wissenschaftliche Diskussion als eine politisch motivierte Auseinandersetzung über Sanierungsstrategien.«[35] Doch wenn die wirtschaftspolitischen Positionen der Konservativen in Großbritannien oder Amerika gegen die deutschen Konservativen in Stellung gebracht werden, offenbart sich darin auch ein echtes Missverständnis und zeugt das von einem *anti-deutschen Affekt*. Der Sozialstaat entstand (mit Bismarck und Lassalle) in Deutschland früher als in anderen Staaten und entwickelte sich dort, wo er wie in der Weimarer Republik zum »Sozialen Rechtsstaat« wurde, unabhängig von den Theorien Keynes' und Beveridges. (Das gilt im Übrigen auch für die Schweiz.) Seine Rahmenbedingungen sind ganz andere als die des angelsächsischen Modells und so weit davon entfernt wie rheinischer Kapitalismus und *Laissez-faire*-Liberalismus.

Der wesentliche Unterschied zwischen den beiden Kapitalismusmodellen liegt im Solidaransatz der christlich-konservativen Parteien. Anders als die Sozialtheorie der angelsächsischen Parteien (Margaret Thatcher stellte die Existenz einer Gesellschaft überhaupt in Abrede, diese sei eine »metaphysische Abstraktion«, in Wahrheit gäbe es nur Individuen) nimmt die Sozialtheorie der deutschen Christdemokraten zwar den Einzelnen gegenüber staatlichen Ansprüchen, die im Namen des sozialen Fortschritts an ihn herangetragen werden, in Schutz, befürwortet aber institutionelle Maßnahmen, die politisch korrigierend eingreifen, wenn der Markt, seiner natürlichen Neigung entsprechend, soziale Ungleichheiten und Marktmonopole erzeugt. Adenauer und De Gasperi, Kohl und Merkel mögen in Opposition zur linken Sozialdemokratie stehen, aber mit einer Thatcher, einem Reagan oder einem Bush jun. sind sie überhaupt nicht zu vergleichen.

Braucht es noch weitere Beweise? Der Wirtschaftsnobelpreisträger Paul Krugman, heute der führende unter den erbitterten Kritikern von Merkels Sparpolitik, warf dem »kranken Mann Europas« damals vor, die Eurosklerose zu verursachen: »Deutschland steckt in Schwierigkeiten und mit ihm das europäische Einigungsprojekt. Deutschland sollte eigentlich die Lok sein, die die Wirtschaft des neuen Europa mitzieht. Nun nimmt der ganze Zug die falsche Richtung, weil das Land zu einer Last geworden ist.«[36]

Und weshalb? Weil Deutschland nicht verstanden habe, dass »die Welt eine andere geworden ist und heute Flexibilität statt Disziplin gefragt ist«. Aber als ideologisch überzeugter Keynes-Anhänger konnte Krugman sich schlecht die Kritik der amerikanischen Neokonservativen zu eigen machen, die die Ursache der deutschen Krise in erster Linie im überbordenden Wohlfahrtsstaat sahen (»Überreglementierung und ein verschwenderischer Wohlfahrtsstaat gefährden nicht nur die deutsche Effizienz, sondern auch Arbeitsplätze«). Streng ökonomisch konnte er die Krise nicht überzeugend erklären. Also schrieb er die Krise des deutschen Modells und ganz Europas – die die Regierung Schröder nicht verursacht, sondern nur verstärkt hat (»Er hat eine schlimme Situation nur noch etwas schlimmer gemacht«) – keinem Geringeren als Immanuel Kant zu. Die Ursache der Krise läge in der preußisch-pietistischen Strenge des kategorischen Imperativs:

Zwischen den heute erfolgreichen Ökonomien wie den USA und den angeschlagenen Ökonomien wie Deutschland verläuft keine politische, sondern eine philosophische Trennlinie. Dabei geht es nicht um Karl Marx contra Adam Smith, sondern um den Kategorischen Imperativ eines Immanuel Kant contra den Pragmatismus eines William James. Was die Deutschen eigentlich wollen, sind klare Prinzipien: Normen, die ihnen sagen, wie die Wahrheit aussieht, die Moral, wann die Geschäfte geöffnet haben und welchen Wert die Deutsche Mark hat. Die Amerikaner sind in ihrem Charakter philosophischer und weniger strukturiert. Sie passen sich dem an, was offenbar funktioniert. Wenn die Leute um 23 Uhr einkaufen wollen, warum nicht? Wenn der Dollar heute 80 und ein andermal 150 Yen wert ist, was soll's?[37]

Die Deutschen haben also eine andere Mentalität als die Amerikaner. Ja und?

Eine letzte Überlegung. Wie wir gesehen haben, richtet sich die Kritik an der deutschen Europapolitik – das *German-bashing* ist auf dem alten Kontinent ein beliebter Sport – vor allem gegen Merkels klare Absage an jegliche von Keynes inspirierte Politik und gegen die von Merkel forcierte Sparpolitik, mit der sie angeblich »Europa stranguliert«[38]. Allerdings haben bisher nur die wenigsten nach den Gründen ihrer Abneigung gegen Keynes gefragt, die eher kulturell und »philosophisch« als wirtschaftspolitisch bedingt ist, denn »im Gegensatz zu anderen europäischen Ländern und den USA gibt es in Deutschland kaum einflussreiche Keynesianer«[39]. Die Gründe dafür liegen in der deutschen Geschichte des 20. Jahrhunderts und in der traumatischen Erfahrung zweier Diktaturen: des Nationalsozialismus und des Sowjetkommunismus preußischer Spielart. Hier kann uns noch einmal Foucault helfen: In seinen Vorlesungen über den deutschen Neoliberalismus betont er nachdrücklich, die Begründer des Ordoliberalismus hätten sich bereits Anfang der dreißiger Jahre dagegen verwehrt, »zur Lösung der Krise in Deutschland die Methoden von Keynes anzuwenden«, und sich damit gegen andere Ökonomen gestellt – unter anderem gegen Hjalmar Schacht, den damaligen Reichswirtschaftsminister des NS-Regimes von 1935 bis 1937. Ähnlich wie die deutschen Philosophen und Soziologen im Umfeld des westlichen Marxismus und der »Zeitschrift für Sozialforschung«[40] wollten sich die Ordoliberalen von jener antiliberalen Konstante abgrenzen, die sie als spezifische Eigenheit des Nationalsozialismus betrachteten und die durch das »unbegrenzte Anwachsen der Staatsmacht« in den dreißiger Jahren schließlich die postliberalen Gesellschaften prägte.

Diese antiliberale Konstante verband »völlig unterschiedliche Länder wie das nationalsozialistische Deutschland und das parlamentarische Großbritannien des Beveridge-Plans, die Sowjetunion und das Amerika des New Deal«. Die Ordoliberalen kamen daher zu dem Schluss, dass »der grundlegende Unterschied nicht zwischen Sozialismus und Kapitalismus«, sondern »zwischen liberaler Politik und wirtschaftlichem Interventionismus bestehe – ob in einer eher abgeschwächten Form nach Keynes oder in drastischer Ausprägung wie in Hitler-Deutschland«[41].

Und noch ein zweites Trauma hat Angela Merkels Biographie entscheidend geprägt und sie in ihrer Ablehnung von Keynes bestärkt: Das Scheitern des deutschen sozialistischen Experiments, das mit dem Zusammenbruch der DDR und des ganzen »Realsozialismus« endete. Man könnte dieses System als »überdrehten Keynesianismus« bezeichnen. Denn zu der systematischen Unterdrückung der Freiheit des Einzelnen, die, wie der Film *Das Leben der Anderen* eindrucksvoll zeigt, mit ebenso bürokratischen wie dumpfen und korrupten Methoden zu Werke geht, gesellt sich die ökonomische Ineffizienz einer zentralistischen Planwirtschaft, die nichts anderes als Bürokratie und Warenknappheit produziert.

Seltsamerweise erinnert sich von den zahlreichen italienischen Keynes-Anhängern und unermüdlichen Kritikern der deutschen Sparpolitik[42] niemand mehr daran, dass Enrico Berlinguer, der letzte große Parteivorsitzende der PCI (Kommunistische Partei Italiens), 1977 in zwei bedeutenden Reden die Austeritätspolitik als kulturell-politisches Schlüsselelement bezeichnet hat, das geeignet sei, ein neues, auf Mäßigung basierendes Wachstumsmodell zu entwickeln, die Ungleichheit zu überwinden und ein neues Gleichgewicht zwischen Nord- und Südhalbkugel zu schaffen, das Konsumismus und ungerechten Produktionsverhältnissen entgegenwirke. Angesichts von Ressourcenknappheit und Globalisierung, die uns die »Grenzen des Wachstums« mehr denn je vor Augen führen, wirken Berlinguers Überlegungen hochaktuell und geradezu prophetisch. Sie mahnen einen Mentalitätswandel an, ein neues Verhältnis von Wirtschaftswachstum und gesellschaftlich-ökologischer Nachhaltigkeit, und anders, als von Berlinguer gedacht – von Globalisierung war damals noch nicht im Entferntesten die Rede, und der »Globus« war in Einflusssphären aufgeteilt –, nicht nur für den Westen, sondern weltweit.

Man muss nicht in den ideologischen Fundamentalismus der Wachstumsgegner verfallen, um zu erkennen, dass das Modell vom unbegrenzten Wachstum, das sich an einer quantitativen Steigerung des Bruttosozialprodukts als einzigem Qualitätsmerkmal orientiert (und etwas anderes ist als gesellschaftlicher Fortschritt), ein Relikt der »ersten Moderne« ist. Ein Relikt wie die Wirtschaftspolitik nach Keynes, die sich Europa nicht nur aus ethischen Gründen, sondern in Anbetracht der demographischen Entwicklung und der drohenden Ressourcenknappheit auch aus strukturellen Gründen nicht mehr leisten kann: »Deshalb begann bereits vor vierzig Jahren[43] ein Umdenken«, denn wie schon Keynes mahnte, »muss auf lange Sicht jede Theorie sterben«. Keynes' Theorie des *Deficit Spending* leitete zweifellos eine epochale Wende in der Geschichte des modernen Wirtschaftsdenkens ein und beflügelte eine wichtige Phase, in der soziale Fortschritte für Arbeitnehmer engagiert vorangetrieben wurden.

Doch die amerikanischen Theoretiker wie Krugman, Stiglitz oder Roubini und vielfach auch die südeuropäischen Linken, allen voran die italienischen, denen ihre politisch-kulturelle Tradition augenscheinlich abhandengekommen ist, übersehen, dass die von ihnen diffamierte Sparpolitik Angela Merkels[44] von historischen und theoretischen Voraussetzungen (und von gesellschaftlichen und ökonomischen Überlegungen) ausgeht, die es verbieten, sie mit der Austeritätspolitik von britischen Konservativen oder amerikanischen Republikanern oder auch mit Maßnahmen des Internationalen Währungsfonds in den Krisenländern gleichzusetzen.

4.
Europas Zukunft und deutsche Hegemonie

Es scheint uns heute so, das große Spiel
sei ausgespielt, das in der Neuzeit Europa in Atem
gehalten hat und schließlich die Welt.
Ludwig Dehio

Deshalb wird aus Europa auch niemals
ein föderalistischer Staat werden.
Helmut Schmidt

Ich fürchte mich weniger vor Deutschlands Macht,
sondern beginne mich mehr vor Deutschlands
Untätigkeit zu fürchten.
Radosław Sikorski

Das berühmte Aquarell *Angelus Novus* von Paul Klee hat Walter Benjamin in seinem Werk *Über den Begriff der Geschichte* zu seiner berühmten These IX inspiriert: Dort verwendet der Philosoph, dessen intellektuelles Erbe zum Streit zwischen Adorno und Hannah Arendt führte, die Metapher des Engels für seine radikale »Zeit- und Kulturkritik«: »Der Engel der Geschichte […] hat das Antlitz der Vergangenheit zugewendet.« Nach der Öffnung der Mauer und dem Wiederaufleben der deutschen Frage verhielten sich die Europäer jedoch wie der *Angelus Novus*: Sie haben sich darauf beschränkt, der Zukunft den Rücken zuzuwenden und wie gebannt auf die Trümmer der deutschen Vergangenheit zu blicken.

Die emanzipatorische und kosmopolitische Tragweite der historisch-universalen Wende, die die Revolution der DDR-Bevölkerung im Herbst 1989 auslöste, unterschätzten viele Europäer systematisch und bestritten sie mitunter sogar. Von der schmerzlichen Erinnerung an die Traumata der europäischen Geschichte im 20. Jahrhundert wie auch der ideologisch-feindseligen Haltung mancher deutscher Intellektueller, die der deutschen Wiedervereinigung voller Vorurteile gegenüberstanden, ließen sie sich fehlleiten.

> *Die ostdeutsche Bewegung […] wird immer als eine der großen historischen Bewegungen erinnert werden, zusammen mit der Bewegung Gandhis vor 1947, mit der amerikanischen Bürgerrechtsbewegung der sechziger Jahre, gemeinsam auch mit der polnischen Solidarność der frühen Achtziger und mit dem Protest gegen die Apartheid – sie alle brachten die Machthaber dazu, ohne den Rückgriff auf Gewalt über einen tiefgreifenden Wandel zu verhandeln. Für einen kurzen, aber ausschlaggebenden Moment konnten diejenigen Geschichte machen, die ihr normalerweise unterworfen sind. Sie konnten so zu Bürgern werden. Sie trugen dazu bei, dass Deutschland, das in die Tiefen der nationalsozialistischen Jahre abgesunken war, zu einem Eckpfeiler der Europäischen Union und zu einer bedeutenden Kraft der internationalen Gesellschaft werden konnte.*[1]

Deshalb konnten sie die Ereignisse vom 9. November 1989 mit all ihren Folgen, die sie für die Zukunft Europas und Deutschlands haben sollten, auch nicht wirklich einschätzen.[2] Der Fall der Berliner Mauer war, als Fortsetzung der erfolgreichen *Metanoia* der Bonner Republik nach dem Zweiten Weltkrieg, nicht nur die Geburtsstunde des »postdeutschen« Deutschlands, »eines der friedlichsten, demokratischsten, stabilsten und unnationalistischsten Länder der Welt«[3], sondern damit betrat auch die »Generation 1989« die Bühne, die erste Generation in Deutschland, die durch eine friedliche, demokratische Revolution politisch und kulturell sozialisiert worden war. Diese Generation bestätigt einmal mehr, dass die »republikanische« Tradition der Bonner Republik in der »revolutionären« Tradition der Berliner Republik zu ihrer Vollendung fand:

> *Die Epochenscheide von 1989 würde diese Neuabmischung historischer Stränge ermöglichen. […] Noch verschwindet 1989 immer mehr hinter dem ständig wachsenden Schatten von 1945. Die Berliner Republik ist jedoch die Summe aus beiden Daten. Jene Gründungsrevolution der Berliner Republik ins Licht zu stellen, wäre hilfreich als ein Akt der Selbstanerkennung, ohne den das Land seine Gegenwart und Zukunft weder besteht noch versteht.*[4]

Wir haben mehrfach darauf hingewiesen: Mit den Ereignissen von 1989 begann auch die epochale Umwälzung, die »große Transformation«, die, durch die »Totalmobilmachung der Technologie« beflügelt, die Weltordnung erschütterte und dazu führte, das geopolitische und geoökonomische Gleichgewicht neu definieren zu müssen: die Globalisierung also. Zu ihren augenfälligsten Folgen gehörte, dass sie Sinn und Zweck (»vom Frieden zur Macht«) des im fernen Jahr 1950 begonnenen kosmopolitischen Projekts der europäischen Einigung veränderte. In den Zeiten des Kalten Krieges als Friedens- und Wohlstandsprojekt für (West-)Europa ersonnen, sollte sich seine Aufgabe nach dem großen Bruch von 1989 wandeln, denn »die Globalisierung ist eine Herausforderung für EU-Europa [...]. Ob die ›european response‹ zur ›global challenge‹ weiter wirksam ist und überzeugend ausfällt, ist nicht sicher.«[5]

Wenn Europa seine Zivilisation und seine Werte und vor allem die historischen Errungenschaften seines gesellschaftlich-kulturellen Modells wirksam verteidigen und bewahren will, muss es seine politischen Strukturen und seine ökonomisch-produktiven Funktionsabläufe radikal transformieren: »Europa«, sagte der ehemalige Außenminister Guido Westerwelle, »ist unsere Lebensversicherung im Zeitalter der Globalisierung.« Nur so kann es noch im internationalen Wettbewerb mit alten und neuen »Kontinentalmächten« bestehen. Und im geistigen Wettstreit mit anderen religiösen und kulturellen Identitäten: »Der Zopf eines Chinesen hinter dem Ural oder Erschütterungen durch das gewaltige islamische Magma«, bemerkte Ortega y Gasset im Jahr 1930 weitsichtig zur Zukunft Europas, »könnten den Prozess überraschend beenden.«

Der tiefgreifende, weltumspannende Wandel hat nicht nur das Gleichgewicht zwischen den europäischen Nationen und die Dynamik der Einigung verändert: »Diese ökonomische Entwicklung und die gleichzeitige Krise der Handlungsfähigkeit der Organe der Europäischen Union haben Deutschland«, so Helmut Schmidt in einer hellsichtigen Analyse, »abermals in eine zentrale Rolle gedrängt«, in eine objektiv hegemoniale Position. Deutschland wurde somit nicht nur eine bis dato unbekannte und wohl unerwartete, sondern ebenso unerwünschte Verantwortung aufgebürdet, was in den anderen europäischen Ländern für Ärger und Skepsis sorgte – und im Übrigen zeigt: Die anderen Europäer haben noch nicht entschieden, ob sie sich nun vor der deutschen Hegemonie oder doch eher vor der deutschen Untätigkeit fürchten sollen. Darum musste das vereinte Deutschland in den über zehn Jahren seit der Euro-Einführung so viel Kritik an seinen politischen wie wirtschaftspolitischen Entscheidungen einstecken. Eine Kritik, manchmal gerechtfertigt, meistens jedoch vorgeschoben, die sich häufig als unfundiert oder vollkommen widersinnig erwies.

Doch auch die widersinnigste Kritik geriet nicht in Vergessenheit, sondern fand, penibel aufgerechnet, Eingang in die öffentliche Meinung des alten Kontinents, wo sie durch einen Fehlschluss mit den Erinnerungen an die deutsche Vergangenheit verschmolz.[6] Letztere diente als endgültige Bestätigung der Kritik, die sich so zur allgemeinen Haltung verfestigen konnte und das heute weitverbreitete Misstrauen gegenüber dem neuen Deutschland erklärt. Als Deutschland beispielsweise die schwere Krise in den neunziger Jahren durch harte Reformschritte überwand und sich wieder als erste europäische Wirtschaftsmacht etablierte, wechselten die Kritiker plötzlich radikal die Stoßrichtung. Galt ihre Sorge bisher der deutschen Wirtschaftsschwäche und der deutschen Abneigung, eine politische Führungsrolle in Europa zu übernehmen, so diagnostizierten sie nun – wenige Jahre später – eine bedrohliche europafeindliche Skepsis in Deutschland und fürchteten, Europa könne zerbrechen – Europa, das Deutschland nach dem Zweiten Weltkrieg zu seiner »raison d'état« gemacht habe, weil »deutsche Interessen und europäisches Wohl das Gleiche, Deutschland und Europa in Symbiose waren!«[7]

Besonders augenfällig ist, dass man Deutschland ausgerechnet die veränderten historischen Bedingungen, die sich in der europäischen Einigung und der deutschen Politik selbstverständlich niederschlugen, vorhielt und sie nicht als das nahm, was sie waren: ein objektiver, realer Prozess. »Doch diese Symbiose war bedingt durch den Kalten Krieg. Mit anderen Worten: Europas damalige ›Normalität‹ beruhte zu großen Teilen auf der staatlichen ›Anormalität‹ Westdeutschlands. Jetzt, da das wiedervereinigte Deutschland zu einem ›Normalzustand‹ übergeht, erodiert gleichsam konsequenterweise die europäische Normalität, und die symbiotische Beziehung zwischen Deutschland und Europa ist seit 1989 immer weiter erodiert.«[8] Die Beziehungen zwischen Deutschland und Europa veränderten sich nach dem Kalten Krieg also nicht deshalb, weil Deutschland sich einseitig dazu entschlossen hätte, sondern weil die historisch-objektiven Bedingungen nicht mehr dieselben waren und die deutsche (und europäische) »Anormalität« nicht mehr bestand.

Manch ein politischer Analyst befürchtete, das wiedererstarkte Deutschland könne nun seine bisherigen geostrategischen Prioritäten aufgeben und sich in einer radikalen Kehrtwende einem gut getarnten Neo-Wilhelminismus zuwenden: »Deutschland steht nun vor seiner größten Prüfung seit 1989/90. Nach den Maastrichter Verträgen und der Euro-Einführung […] geraten Deutschtum und Europäertum überraschend in Konflikt.«[9] Es tauchte sogar der Verdacht auf, Deutschland könne, wie in seiner unseligen Vergangenheit, wieder die gefährliche Strategie eines »Sonderwegs« einschlagen: »Könnte Deutschland jetzt, wo sich der Fokus der deutschen Wirtschaft großteils nicht mehr auf Europa richtet, versucht sein, den Alleingang zu wagen und Europa hinter sich zu lassen?« Schließlich habe das Land inzwischen zur Normalität zurückgefunden: »Europa als Ersatzseele hat für Deutschland, das nur auf die Wiedervereinigung und die Rückkehr zur Normalität wartet, ausgedient.«[10]

Vielen Europäern stockte also der Atem, als sie daran dachten, dass die Europafreundlichkeit der Deutschen abkühlen könnte: »Deutschland empfindet Europa als Bremse und wird global vermehrt den Alleingang wagen, damit es schneller, weiter und besser vorwärtskommt. Bald wird Deutschland Europa nicht mehr führen wollen.« Denn ein Deutschland, das die ehemalige »romantische Sicht« seiner Rolle in Europa hinter sich lässt, »muss sich entscheiden, ob es im Alleingang aus der europäischen Integration herauswachsen möchte, oder – als Hauptdarsteller und Hauptgewinner zugleich – ganz Europa in eine neue globale Rolle im 21. Jahrhundert führen möchte«[11].

Jemand stellte sogar die provozierende These auf, Deutschland wolle die westliche Allianz verlassen und die Westbindung aufgeben, die nicht nur das Herzstück von Adenauers Politik (und seiner Nachfolger im Kanzleramt der Bonner Republik), sondern auch die Voraussetzung für die »Entdeutschung« war, die das deutsche Kultur- und Geistesleben nach der nationalsozialistischen Katastrophe durchlebte: »Unter einigen Mitgliedsstaaten der EU gibt es inzwischen eine wachsende Angst vor einer deutschen ›Entfesselung‹, gerade so als ob sich Deutschland aus Europa und dem atlantischen Bündnis herauswindet.«[12] Heute können wir glücklicherweise sagen: Das Misstrauen der Kritiker gegenüber dem wiedererstarkten Deutschland hat sich fast immer als ebenso unbegründet erwiesen wie die Furcht vor einer Wiederkehr der »deutschen Vergangenheit, die nicht vergehen will«.

Ein Problem bleibt jedoch bestehen, weil es in der Natur der Sache liegt. Zwischen Deutschland und den anderen europäischen Ländern besteht eine Asymmetrie der Macht. Eine wirtschaftliche und strategische Asymmetrie, die zu bedrohlichen Meinungsverschiedenheiten zwischen den europäischen Gründungspartnern führt, vor allem zwischen Frankreich oder Italien auf der einen und Deutschland auf der anderen Seite. Gleichzeitig sind »die Erwartungen vieler Länder an eine stärkere Rolle Deutschlands in Europa, aber auch weltweit, immens«[13] und würden neue Mächte wie Indien und China, die am Konzept der nationalstaatlichen Souveränität festhalten, mit Blick auf Europa am liebsten allein bilaterale Beziehungen zu Deutschland pflegen.

Versuchen wir an dieser Stelle aufzuzeigen, warum die »Asymmetrie der Macht« zwischen Deutschland und den anderen europäischen Staaten heute die eigentliche Krux der politischen europäischen Einigung ist und warum Deutschland dieses Problem zu lösen obliegt, indem es die Führung annimmt, die ihm aufgrund seiner Geschichte, seiner Geographie und seiner Wirtschaftsmacht zukommt.

Genau genommen hat diese »Asymmetrie der Macht« schon immer bestanden: Eben daraus erwuchs historisch die deutsche Frage. Deutschland war zu stark, um in Europa Gleicher unter Gleichen zu sein, doch gleichzeitig zu schwach, um den anderen Staaten seine Herrschaft aufzuzwingen und sie zu seinem »Hinterhof« zu machen, wie es die Monroe-Doktrin der USA mit Lateinamerika betreibt. Hier liegt denn auch der wahre Grund für die europäischen Tragödien zwischen 1870 und 1945. Und darum war die deutsche Teilung bis 1989 eine Vorbedingung für die europäische Einigung und Garant für das europäische Gleichgewicht.[14] Doch mit der »großen Transformation« hat sich die Lage radikal verändert: Deutschland, das einst Europa zu destabilisieren drohte, ist vor dem Hintergrund der Globalisierung – einem geopolitischen Umfeld, das so ganz anders ist als der Eurozentrismus, in dem die deutsche Frage entstand – zu einer wichtigen Ressource geworden, die es zu nutzen lohnt: Denn in der Globalisierung liegt heute die »neue Bedrohung« Europas.

Darum ist es »in unserem Interesse«, wie der polnische Außenminister Radosław Sikorski im Dezember 2011 in seiner aufschlussreichen »Europarede« vor dem Brandenburger Tor sagte, »und im Interesse von Deutschland, dass es dabei hilft, das Überleben und Prosperieren der Euro-Zone zu sichern. Sie wissen selbst am besten, dass es niemand anders tun kann. [...] Ich fürchte mich weniger vor Deutschlands Macht, sondern beginne mich mehr vor Deutschlands Untätigkeit zu fürchten. Sie sind Europas unverzichtbare Nation geworden. Sie dürfen bei der Führung nicht versagen. Nicht dominieren – sondern führen bei den Reformen.« War die europäische Einigung vom (geteilten) Deutschland und vom (geteilten) Europa historisch unter anderem als Lösung der deutschen Frage ersonnen worden, so muss sich das wiedervereinigte Deutschland heute seiner neuen Verantwortung stellen. Es muss bei der politischen Einigung eine Führungsrolle übernehmen, damit Europa in der globalen Welt historisch-politische Bedeutung erlangen kann:

> *Daher lautet meine erste Begründung für die Notwendigkeit einer weiter fortschreitenden europäischen Einigung, dass ebendiese den mit Abstand am weitesten entwickelten Ansatz für neue Elemente von Regierungs- und Ordnungsstrukturen bildet, also eine Form von*

Governance, die auch die globalisierte Welt als Ganzes entwickeln muss. Diese neuen Elemente von Regierungs- und Ordnungsstrukturen in Europa sind zugleich ein Beitrag zu unserer globalen Verantwortung, die wir Europäer im Hinblick auf unsere weltgeschichtliche Rolle in den zurückliegenden Jahrhunderten nicht geringschätzen sollten.[15]

Hier ist nicht der geeignete Ort, um umfassend zu erörtern, welche konkrete Form ein institutionelles Subjekt sui generis wie die Europäische Union, das sich weder als Superstaat noch als internationale Organisation versteht, annehmen sollte. (Sogar der Vergleich mit einem mittelalterlichen Reich wurde gezogen.) Eines darf allerdings als sicher gelten: Diese halbstaatliche europäische Institution kann nicht die scheinbar verheißungsvolle Föderation sein, die den Anhängern der Vereinigten Staaten von Europa vorschwebt.

Dafür gibt es mindestens zwei Gründe. Zunächst einen rein theoretischen, denn der »föderative Staat bietet«, wie Giuliano Amato hellsichtig erkannt hat, »keinen Weg in die Zukunft Europas. Der Föderalismus ist eine großartige, wunderbare und wichtige Utopie, damit Europa sich weiterentwickeln kann […], aber kein Zukunftsmodell, weil der Souveränitätsgedanke Grundlage dieses Modells bleibt.«[16] Steht nicht gerade die Idee der Überwindung der souveränen Nationalstaaten hinter dem Einigungsprozess? Die Vereinigten Staaten von Amerika sind außerdem, auch wenn sie föderal organisiert sind (wie im Übrigen die Schweiz und Deutschland), ein Nationalstaat, der nur flächenmäßig größer und bevölkerungsreicher ist als die europäischen Länder. Es gibt also mehrere Gründe, warum das »föderale Rezept«, das oft als Allheilmittel gegen den kränkelnden Euro und als Bollwerk gegen die (angebliche) deutsche Bedrohung für Europa herangezogen wird, kaum zu verwirklichen sein dürfte.

Im Übrigen braucht »ein föderalistischer Staat auch eine gemeinsame Sprache«, wie Giovanni Sartori zu Recht bemerkte, womit er auf ein für Europa beinahe unüberwindbares Hindernis hinwies. Doch es gibt noch einen weiteren wichtigen Grund, einen Grund, der auf den US-Münzen aufgeprägt ist: *E pluribus unum – Aus Vielen Eines.* Genau dies darf in Europa nämlich niemals geschehen, weil damit das ureigene europäische Erbe zunichte gemacht würde: die kulturelle und sprachliche Pluralität, die Europa zu einem wahren Archipel mit vielfältigen Zivilisationen und Geschichten, Völkern und Regionen macht. (Die einzige europäische Sprache sei die Übersetzung, hat einmal Umberto Eco – wie ich meine zu Recht – gesagt.) In seiner Vielfalt liegt Europas wahrer Reichtum, und für diesen gilt es einzutreten, ebenso wie für »das Recht auf Unterschiede, auf Differenz«, bis hin zu »erheblichen kulturellen und Mentalitätsunterschieden«[17].

Europa muss seine Pluralität bewahren und sich jeder Homogenisierung seiner Identitäten verweigern: *E pluribus plures – Aus Vielen Vieles* –, das muss sich Europa auf die Fahnen schreiben. Bei der europäischen Einigung entpuppt sich Europas Stärke als Schwäche, weil »das kulturelle Erbe eher zu gegensätzlichen Schlussfolgerungen führt«: Hinter den Schwierigkeiten (und der Faszination) des kosmopolitischen Projekts der europäischen Einigung verbergen sich nämlich nicht nur, wie es momentan scheint, Unterschiede in den nationalen Ökonomien, sondern vor allem in den Politik- und Wertvorstellungen, in den Lebensentwürfen und Weltanschauungen. Hier bestehen große Unterschiede, wenn nicht gar Gegensätze zwischen den europäischen Nationen, die sich durch einen »verfassungsmäßigen Geniestreich« nicht einfach auf einen gemeinsamen Nenner bringen lassen.[18]

Es gibt (noch?) keine europäische öffentliche Meinung – noch ist das historische Gedächtnis zu disparat, noch sind die Gründungsmythen zu abweichend und die Erinnerungen an die kollektiven Erfahrungen und Leiden in den einzelnen Ländern zu gegensätzlich. Doch wer Realitätssinn besitzt, muss noch lange kein Pessimist sein. Denn wie uns Georg Simmel mit seinen virtuosen Reflexionen lehrt, ist auch der Konflikt eine Form der Beziehung: Selbst ein Streit verbindet. Deshalb kann man, ohne zu übertreiben, sagen, dass der gewaltige europäische Konflikt, der den europäischen Einigungsprozess aktuell bedroht, sich am Ende als wahrer Neuanfang, als Gründungsakt einer gemeinsamen europäischen Identität und einer europäischen Öffentlichkeit erweisen könnte, die sich erstmals vereint einer epochalen Krise stellt:

> *Auch die mit dem Einigungsprozess sicher nicht unvereinbaren Konflikte tragen zur Ausformung einer gemeinsamen europäischen Identität bei […]. Eine der künftigen Herausforderungen wird allerdings darin liegen, das europäische Bewusstsein vor dem Hintergrund der Globalisierung weiterzuentwickeln.*[19]

Also: »Aus Europa wird also kein föderalistischer Staat« (Helmut Schmidt). Es müssen allerdings neue Paradigmen entwickelt und umgesetzt werden, die dazu beitragen, dass nicht nur die Ökonomien der verschiedenen Länder auf europäischer Ebene koordiniert, sondern auch neue Formen des sozialen Zusammenhalts sowie der Steuerung der öffentlichen Angelegenheiten gefunden werden.[20] Vermutlich in Form einer »Föderation von Nationalstaaten, die etwas ganz anderes wären als die Vereinigten Staaten von Amerika, nämlich eine Föderation […], wo die Nationen nicht überwunden, aber überwölbt werden durch eine gemeinsame Idee und durch gemeinsame Institutionen«[21].

Versuchen wir, unsere Betrachtungen zu einem Abschluss zu bringen. Im Verlauf unserer Überlegungen zum »deutschen Herz« Europas haben wir Deutschlands Rolle in der aktuellen Krise neu definiert und konnten wiederholt zeigen, dass die Ursachen der Krise in einem epochalen, weltumspannenden Wandel liegen, für den der alte Europagedanke keine befriedigende Antwort bereithält und manchmal auch nicht bereithalten will.

Nur ein vereintes Europa darf (vielleicht) hoffen, wie wir alle wissen, den Herausforderungen der Globalisierung erfolgreich die Stirn zu bieten. Nur so können wir nicht nur die materiellen Privilegien eines weltweit einzigartigen Sozialstaatsmodells schützen, was schon an sich kein verachtenswertes Ziel wäre, sondern auch die rechtlichen und kulturellen Errungenschaften unserer Geschichte verteidigen und als konstituierendes Element eines kosmopolitischen, universell bedeutsamen Projekts geltend machen, das wir im Übrigen ohne jeden Herrschaftsanspruch, der heute ja unmöglich wäre, aber auch ohne falsch verstandene *political correctness* in den Dialog mit den anderen Kulturen einbringen. Aber wie?

»Wenn der Euro scheitert, scheitert Europa. Er darf nicht scheitern, und er wird nicht scheitern.« Das sagte Angela Merkel. Und ich denke, sie hat recht: Das Projekt Europa, das von der öffentlichen Meinung des alten Kontinents noch nie so stark infrage gestellt wurde wie heute, kann seine Legitimität nur dann zurückgewinnen, wenn ein ökonomisch nachhaltiger und sozial gerechter Wirtschaftsaufschwung das solide Fundament dafür bildet. Ein Wirtschaftsaufschwung, der der momentan »verlorenen« Generation die gleichen Perspektiven bietet wie das Europa der Römischen Verträge meiner nach dem Zweiten Weltkrieg geborenen Generation: »Der Weg in eine weitere Neuverschuldung ist versperrt, weil diese zulasten künftiger Generationen erfolgt. Ein ständig wachsender Schuldenberg kann nicht das Fundament für soziale Gerechtigkeit sein.«[22]

Daraus werden sich Reformen auf institutioneller Ebene ergeben, die den bisher nur eingeschränkten Demokratisierungs- und Repräsentativitätsgrad der europäischen Institutionen schrittweise erhöhen müssen. Die Debatte darüber braucht allerdings Zeit. Schneller erforderlich ist hingegen eine neue materielle Verfassung für Europa[23], die sich das einzige Modell zum Vorbild nimmt, das unter Gesichtspunkten der sozialen Gerechtigkeit und der Wirtschaftlichkeit nachweislich überzeugen kann: das deutsche Wirtschafts- und Sozialmodell. Eine Wirtschaftsform also, die, wie im Lissabonner Vertrag vorgesehen, »eine nachhaltige Entwicklung in Europa ermöglicht, weil sie auf ausgewogenem Wirtschaftswachstum, Preisstabilität und einer wettbewerbsfähigen Sozialen Marktwirtschaft basiert, die nicht nur Vollbeschäftigung und sozialen Fortschritt, sondern auch einen stärkeren Umweltschutz und bessere Umweltbedingungen anstrebt«[24]. Die Alternative? Jeder für sich und die Krise gegen alle.

Deutschland fällt daher die Führungsrolle zu – eine Aufgabe, die Klugheit und Weitsicht verlangt, denn »Hegemonie ist etwas anderes als Herrschaft: Sie nimmt ihre Führungsrolle nicht dadurch wahr, dass sie anordnet oder kommandiert, sondern sie lebt davon, dass sie den Konsens der anderen organisiert«[25].

In seinem grundlegenden und heute wieder hochaktuellen Werk *Gleichgewicht oder Hegemonie* stellt Ludwig Dehio zunächst fest, dass die europäischen Staaten in der Neuzeit zuverlässig zwischen einem Gleichgewicht im »Konzert der Nationen« und Hegemonieversuchen schwankten, die stets – von Karl V. bis Hitler – an der Bildung gegnerischer und am Ende siegreicher Koalitionen scheiterten. Um dann zum Schluss zu kommen, dass diese europäische Geschichte definitiv an ihrem Endpunkt angelangt sei: »Diesen Triumph bezahlte sie mit dem Leben, wie der Angreifer Deutschland für seine Niederlage zahlte.« Er sollte recht behalten: Die Geschichte, die auf dem europäischen System der Nationalstaaten gründete, ist heute Vergangenheit. Und vor dem Hintergrund der neuen geopolitischen und geistigen Konstellationen unserer globalisierten Welt wurde der Begriff »Hegemonie« positiv umgedeutet.[26]

Denn Europa ist nicht mehr der Nabel der Welt. Zum ersten Mal in seiner Geschichte muss es sich nicht *gegen*, sondern muss es sich *für* etwas zusammenschließen – mit dem Ziel einer gemeinsamen Zukunft. Jedoch wird dies nur schwer möglich sein, »wenn Deutschland es an Engagement und politischem Willen, also an Hegemoniefähigkeit, fehlen lässt. Man kann doch nicht so tun, als würde man dieses eigentliche Problem nicht sehen. Es geht hier nicht um eine Option, es geht hier um ein Muss«[27]. Und darum hat es auch keinen Sinn, die Gefahr eines »deutschen Europa«[28] heraufzubeschwören.

Als Thomas Mann die berühmte und dramatische Alternative zwischen *europäischem Deutschland* oder *deutschem Europa* formulierte, hatte er die tragische Geschichte des alten Kontinents vor Augen. Heute können wir mit Fug und Recht sagen, dass Europa in gleichem Maße *deutsch* wird, wie

Deutschland vollständig und überzeugt *europäisch*[29] geworden ist. Die Lösung der deutschen Frage macht endlich den Weg für die europäische Einigung frei. Und diesen Weg auch zu gehen liegt nicht nur in Deutschlands Macht und Interesse, sondern ist auch seine historische und moralische Verpflichtung.

ANMERKUNGEN

Einführung

1 Angelo Bolaffi, *Die schrecklichen Deutschen. Eine merkwürdige Liebeserklärung*, Berlin 1995.
2 René Girard, *Achever Clausewitz*, Paris 2007: »Die Franzosen müssen«, heißt es hier, »an Europa glauben, und um das tun zu können, müssen sie ein für alle Mal mit Napoleon abschließen.«

Erster Teil
1. Der große Wandel

1 »Das tritt nach meiner Kenntnis – ist das sofort, unverzüglich.« Diese Worte über die Modalitäten der Vergabe von Reisevisa an die Bürger der DDR und Ost-Berlins, die Günter Schabowski am Ende der Pressekonferenz am späten Nachmittag des 9. November 1989 sprach, glichen – welthistorisch – in ihrer Bedeutung der »Kanonade von Valmy«. Vgl. Florian Huber, *Schabowskis Irrtum. Das Drama des 9. November*, Berlin 2009, S. 117, sowie *Goofy History, Fehler machen Geschichte*, hrsg. von Butis Butis (M. Herz, A. Klose, I. Kranz, J. P. Müller), Köln 2009.
2 Jacob Burckhardt, *Über das Studium der Geschichte*. Der Text der »Weltgeschichtlichen Betrachtungen« aufgrund der Vorarbeiten von Ernst Ziegler nach den Handschriften hrsg. v. Peter Ganz, München 1982, S. 348f.
3 Die Entstehung einer Weltöffentlichkeit durch das Medium Fernsehen war, wie sich von selbst versteht, ein Vorgang in mehreren Schritten. Er begann in den sechziger Jahren während des Vietnamkriegs. Ein Meilenstein war die Direktübertragung der Landung des ersten Menschen auf dem Mond am 20. Juli 1969, der jedoch nur ein Teil der Welt – nämlich die westliche – beiwohnen konnte. Einen weiteren Quantensprung machte die Globalisierung durch das Fernsehen am 11. September 2001. Hierzu insbesondere das letzte Kapitel des grundlegenden Buchs von Volker Gerhardt, *Öffentlichkeit. Die politische Form des Bewusstseins*, München 2012 (»Der Weltbürger als *homo publicus*«).

4 Im Jahr 1648 beendete der Westfälische Friede den Dreißigjährigen Krieg. Aus Gründen der Staatsraison wurde das Prinzip *cuius regio eius religio* eingeführt.

5 »Eine scheinbar wesentliche Vorbedingung: ein sehr ausgebildeter Verkehr und eine bereits ähnliche Denkweise in allen anderen Dingen, über große Strecken verbreitet« (Burckhardt, *Über das Studium*, S. 350).

6 Johann Wolfgang von Goethe, *Faust, Der Tragödie erster Teil*, »Vor dem Tor«.

7 Karl Marx, *Das Kapital*, Erster Abschnitt, 1. Kapitel, »Die Ware«.

8 Heinrich August Winkler, *Der lange Weg nach Westen. Deutsche Geschichte*, 2 Bde., München 2000. Wie Anselm Doering-Manteuffel (in: »Geschichte und Gesellschaft«, 2001, 27, S. 446–462) richtig bemerkte, bildet dieses Werk eine »sinnstiftende Meistererzählung« für die Berliner Republik.

9 René Girard, *Achever Clausewitz*, Paris 2007, S. 25.

10 Drei schicksalhafte Ereignisse im Deutschland des 20. Jahrhunderts fielen auf den 9. November: 1918 wurde an diesem Tag die Republik ausgerufen; am gleichen Kalendertag unternahm Hitler 1923 in München einen Putschversuch, der scheiterte; und 1938 initiierten die Nationalsozialisten das Novemberpogrom gegen die Juden, oft verharmlosend als »Reichskristallnacht« bezeichnet.

11 Burckhardt, *Über das Studium*, S. 366.

12 Andreas Hillgruber, *Die Zerstörung Europas. Beiträge zur Weltkriegsepoche 1914 bis 1945*, Berlin 1988, S. 78.

13 Alain Minc, *Europa addio*, Venedig 1986, S. 121.

14 Selbstverständlich handelt es sich nicht um die erste Globalisierung in der Menschheitsgeschichte. Jene aber, die nach 1989 folgte, war die erste wirklich weltumspannende Globalisierung: »neu ist also nicht die Tatsache an sich, sondern eher ihr Ausmaß, die Dynamik, die Interaktionen, die Mischung, die kritische Masse, die mentalen und materiellen Folgen, die sich daraus ergeben«. Vgl. Carlo Fumian, *Verso una società planetaria. Alle origini della globalizzazione planetaria (1870–1914)*, Rom 2003, S. 10.

15 Charles S. Maier, »Die ostdeutsche Revolution«, in: *Revolution und Vereinigung 1989/90. Als in Deutschland die Realität die Phantasie überholte*, hrsg. v. Klaus-Dieter Henke, München 2009, S. 575.

16 Charles S. Maier, »Die ostdeutsche Revolution«, S. 575. – »Deutschland, Europa und die Welt haben sich seither kräftig verändert, nicht zuletzt wegen der europäischen Revolution von 1989/90.« Ilko-Sascha Kowalczuk, *Endspiel. Die Revolution von 1989 in der DDR*. München 2009, S. 536.

17 Ludwig Dehio, *Gleichgewicht oder Hegemonie. Betrachtungen über ein Grundproblem der neueren Staatengeschichte*, Zürich 1996, S. 350.
18 Angelo Bolaffi, Giacomo Marramao, *Frammento e sistema. Il conflitto-mondo da Sarajevo a Manhattan*, Rom 2001.
19 Ludwig Dehio, *Gleichgewicht oder Hegemonie*, S. 370.
20 Giacomo Marramao, *Passaggio a Occidente. Filosofia e globalizzazione*, Turin 2003, S. 24.
21 Roberto Mainardi, *L'Europa germanica. Una prospettiva geopolitica*, Rom 1992, S. 14.
22 Timothy Garton Ash, *The Crisis of Europe. How the Union Came Together and Why It's Falling Apart*, in »Foreign Affairs«, 91, September–Oktober 2012, 5, S. 6.
23 So Giorgio Napolitano in seiner Rede anlässlich der feierlichen Eröffnung des akademischen Jahres im Europa-Kolleg Brügge am 26. Oktober 2011.
24 David P. Calleo, *Rethinking Europe's Future*, Princeton 2001, S. 6.

2. Der europäische Zwiespalt

1 Gian Enrico Rusconi, *Deutschland – Italien, Italien – Deutschland. Geschichte einer schwierigen Beziehung von Bismarck bis zu Berlusconi*, Paderborn 2006, S. 264.
2 Philip Zelikow, Condoleezza Rice, *Sternstunden der Diplomatie. Die deutsche Einheit und das Ende der Spaltung Europas*, Berlin 1997, S. 499.
3 Bereits 1984, also einige Jahre zuvor, hatte sich Andreotti, damals noch als Außenminister Italiens, im Zusammenhang mit der Bundesrepublik Deutschland einen aufsehenerregenden diplomatischen Fauxpas geleistet, als er während einer Debatte anlässlich des Tages der Deutschen Einheit mit Blick auf die mögliche Gefahr eines neuen »Pangermanismus« verkündete: »Es gibt zwei deutsche Staaten, und zwei sollen es bleiben.« (*Lieber zweimal Deutschland als einmal?* In: *Die ZEIT*, Nr. 39 vom 21. Sept. 1984), wobei er fast wörtlich eine berühmte Formulierung – »Ich liebe Deutschland so sehr, dass ich am liebsten zwei davon hätte« – des französischen Schriftstellers François Mauriac aufgriff. Daraufhin ging eine offizielle Protestnote des deutschen Außenministers Hans-Dietrich Genscher beim damaligen italienischen Botschafter in Bonn, Luigi Vittorio Ferraris, ein.
4 Der Begriff »Germanisierung« wurde erstmals 1977 von den Theoretikern der Arbeiterautonomie in polemischer Absicht benutzt.
5 Altiero Spinelli, *La crisi degli Stati nazionali*, hrsg. von L. Levi, Bologna 1991, S. 226. Spinellis Text geht ursprünglich auf das Jahr 1969 zurück.

6 Zelikow, Rice, *Sternstunden der Diplomatie*, S. 501.
7 So Jacques Blot, der damalige Direktor der Europa-Abteilung im französischen Außenministerium einige Tage nach dem 9. November 1989. Vgl. *La diplomatie française face à l'unification allemande*, hrsg. von M. Vaïsse und C. Wenkel, Paris 2011. Allerdings fehlen in dieser Sammlung die Protokolle der Begegnung zwischen Mitterrand und Thatcher vom Januar 1990 ebenso wie die Dokumente zur Reise Mitterrands in die DDR Ende 1989.
8 Daniel Cohn-Bendit hält den Élysée-Vertrag für das Ergebnis eines gewaltigen Missverständnisses: »Für Adenauer ist durch die Aussöhnung eine Reintegration Deutschlands in den Raum der westlichen Demokratie, also die Rückkehr in den Westen, möglich geworden. De Gaulle hingegen sah darin ein Gegengewicht zur amerikanischen Hegemonie.« Interview mit P. Valentino, in: *Corriere della Sera* vom 21. Januar 2013.
9 Diese Behauptung stammt von Emmanuel Todd, einem französischen Historiker aus dem sozialistischen Umfeld, der bei anderer Gelegenheit von der »deutschen Neurose« und, mit Blick auf die aktuellen deutsch-französischen Beziehungen, von einem »1940 ohne Wehrmacht« gesprochen hat. Für den sozialistischen Abgeordneten der französischen Parti Socialiste, Arnaud Montebourg, hingegen lebt »die Frage des deutschen Nationalismus in der bismarckschen Politik von Frau Merkel wieder auf«.
10 Silvio Fagiolo, *L'idea dell'Europa nelle relazioni internazionali*, Mailand 2009, S. 156. Der Essay von Silvio Fagiolo, einem feinsinnigen Diplomaten und aufmerksamen Analytiker europäischer Fragen, gehört mit Sicherheit zum Besten, was je zu diesem Thema geschrieben wurde.
11 »Auf dem geteilten Kontinent war Paris das Epizentrum des Westens. Auf dem Kontinent, auf dem es keine ideologischen, wirtschaftlichen und militärischen Zäune mehr zwischen Kapitalismus und Kommunismus gibt, ist Berlin das neue Gravitationszentrum« (Fagiolo, S. 242).
12 So äußerte sich Nicholas Ridley, der Minister für Handel und Industrie unter Margaret Thatcher, in einem Interview mit der Zeitschrift »Spectator«, das am 14. Juli 1990 erschien. Wegen dieser polemischen Zuspitzung musste er später zurücktreten.
13 Das von Charles Powell, dem Privatsekretär von Margaret Thatcher, redigierte Sitzungsprotokoll löste bei seiner Veröffentlichung am 14. Juli 1990 im »Independent on Sunday« einen diplomatischen Skandal aus. Vgl. in diesem Zusammenhang auch den wichtigen, von Fritz Stern als einem Teilnehmer des *Deutschland-Seminars* verfassten Artikel *Die zweite Chance. Die Wege der Deutschen*, in: *FAZ* vom 26. Juli 1990. Für

eine weiterführende Rekonstruktion der deutschen Wiedervereinigung im Zusammenhang mit den internationalen Beziehungen vgl. Gian Enrico Rusconi, *Deutschland – Italien, Italien – Deutschland*, S. 258 ff., sowie Heinrich August Winkler, *Der lange Weg nach Westen*, Bd. II, Kap. 5.

14 Helmut Schmidt, *Basta tatticismi, Berlino sia solidale*, in: »Il Sole 24 ore« vom 5. Juni 2012.

15 Silvio Fagiolo, *L'idea dell'Europa nelle relazioni internazionali*, S. 218. Daher hat Bernard-Henry Lévy recht, wenn er behauptet, Europa habe, »als es sich abwandte und das kleine Bosnien sterben ließ, zugelassen, dass sein eigenes Idealbild, sein eigenes Ich-Ideal ermordet wurde«. Vgl. *Reformen reichen nicht aus, um Europa zu retten*, in *FAZ* vom 22. November 2012.

16 In diesem Sinne äußerte sich Hannelore Kraft, Ministerpräsidentin des bevölkerungsreichsten deutschen Bundeslandes Nordrhein-Westfalen, der viele Beobachter eine große politische Zukunft prophezeien. Nicht von ungefähr wird sie auch als »die rote Merkel« bezeichnet.

17 Philip Zelikow, Condoleezza Rice, *Sternstunden der Diplomatie*, S. 501.

18 Die Frage mit Blick auf die »bewaffnete Ohnmacht« der Regimes des Ostblocks und der UdSSR in dieser Krise lautet einem unlängst erschienenen Sammelband nach: Warum haben sie nicht mit Waffengewalt reagiert, sondern nahmen die Niederlage hin, anstatt, wie in China, zu den Waffen zu greifen? Vgl. *1989 und die Rolle der Gewalt*, hrsg. von Martin Sabrow, Göttingen 2012.

19 Zu den fatalen Konsequenzen, die der Mythos des Reichs im Zusammenhang mit und im Gegensatz zu dem Begriff der Nation hatte, siehe Heinrich August Winkler, *Der lange Weg nach Westen*, Bd. I, Kap. 1.

20 Günter Grass auf dem Berliner Programm-Parteitag der SPD 1989. Protokoll. Berlin, 18.–20.12. 1989, Bonn 1990, S. 151. Eine weiterführende Kritik zu diesen Positionen findet sich in Heinrich August Winkler, *Patriottismo costituzionale e storia tedesca*, in: *Un passato che passa? Germania e Italia tra memoria e prospettiva*, Rom 2000, S. 39–47.

21 Michael Stürmer, *Das ruhelose Reich. Deutschland 1866–1918, Berlin 1983* (= -Die Deutschen und ihre Nation. Neuere Deutsche Geschichte in sechs Bänden, Bd. 4), S. 17.

22 Am 27. Juli 1900 hielt Wilhelm II. in Bremen seine *Hunnenrede* vor Soldaten des deutschen Expeditionskorps, das gerade nach China aufbrach, um dort den Boxeraufstand niederzuschlagen. In dieser Rede fielen einige fatale Sätze, deren berühmteste wie gefährlichste wohl sind: »Pardon wird nicht gegeben.« Und: »Gefangene werden nicht gemacht.«

23 Vgl. David Calleo, *Legende und Wirklichkeit der deutschen Gefahr. Neue Aspekte zur Rolle Deutschlands in der Weltgeschichte von Bismarck bis heute*, Bonn 1980.
24 Angelo Bolaffi, *Die schrecklichen Deutschen*, S. 7 ff.
25 Ernst von Salomon, *Die Geächteten*, Berlin 1930, S. 359 f.
26 Jürgen Habermas, *Eine Art Schadensabwicklung. Die apologetischen Tendenzen in der deutschen Zeitgeschichtsschreibung*, in: *Die ZEIT*, Nr. 29 vom 11. Juli 1986.
27 Peter Sloterdijk, *Theorie der Nachkriegszeiten. Bemerkungen zu den deutsch-französischen Beziehungen seit 1945*, Frankfurt a.M. 2008, S. 18.
28 Michael Stürmer, *Die Grenzen der Macht. Begegnungen der Deutschen mit der Geschichte*, Berlin 1990, S. 201.
29 Max Weber, »Der Nationalstaat und die Volkswirtschaftspolitik«. In: Ders., *Gesammelte politische Schriften*, hrsg. von Johannes Winckelmann. Tübingen ^{5}1988, S. 26 f.
30 Michael Stürmer, *Das ruhelose Reich*, S. 404.
31 Roberto Mainardi, *L'Europa germanica. Una prospettiva geopolitica*, Rom 1992, S. 14.
32 Heinrich August Winkler, *Patriottismo costituzionale e storia tedesca*, S. 46.
33 Nach einer jüngeren Publikation des Atlantic Council mit dem Titel *U.S. Strategy for a Post-Western World* hatte das Ereignis von 1989 eine ähnliche Bedeutung wie andere Daten, die die Weltgeschichte grundlegend verändert haben, etwa 1914/15, 1919 oder 1949.

3. Der Gründungsfehler

1 *FAZ*, Nr. 70 vom 24. März 2010, S. 8.
2 Giovanni Moro, Lucia Mazzuca und Roberto Ranucci, *La moneta della discordia. L'euro e i cittadini dieci anni dopo*. Rom 2011.
3 Zit. n. Angelo Bolaffi, *La crisi di senso del progetto europeo*, in: »Italianieuropei«, 2012, 8, S. 13.
4 Mit dem Vertrag von Maastricht aus dem Jahr 1992 wurde die *Europäische Union (EU)* ins Leben gerufen und löste die *Europäische Gemeinschaft (EG) ab*, die einst aus den Römischen Verträgen von 1957 hervorgegangen war.
5 Mario Draghi, Discorso di inaugurazione dell'anno accademico 2012–2013, Università Bocconi di Milano, 15. November 2012, in: *Corriere della Sera* vom 16. November 2012 unter der Überschrift: »Il futuro dell'Europa. Non abbiamo un tempo infinito. I governi dissolvano l'incertezza.«

6 Die Einführung des Euro wurde in einigen Ländern durch ein Referendum abgelehnt (etwa in Dänemark) und erhielt in Frankreich eine äußerst knappe Mehrheit von 51,05 Prozent.

7 Lucio Caracciolo, *Gli usi geopolitici della germanofobia: fra Europa ed euro*, in: *Italia e Germania, 1945–2000. La costruzione dell'Europa*, hrsg. v. Gian Enrico Rusconi und Hans Woller, Bologna 2006, S. 471.

8 Silvio Fagiolo, *L'idea dell'Europa nelle relazioni internazionali*, S. 166.

9 »Wir müssen die Gründungsfehler des Euro beseitigen«, so formulierte es Bundeskanzlerin Angela Merkel in ihrer Rede auf dem CDU-Parteitag in Hannover vom 1.–2. Dezember 2012.

10 Im schwierigsten Moment der Krise, als das »Ende des Euro« unabwendbar schien, trat mit der aufsehenerregenden Äußerung des EZB-Präsidenten Mario Draghi zu den internationalen Finanzspekulationen im Juli 2012 eine Wende ein: »Die europäische Zentralbank ist zu allem bereit, um ihr Ziel, die Rettung des Euro, zu erreichen. Und glauben Sie mir, unsere Maßnahmen werden ausreichen.«

11 »Der Vertrag von Maastricht war von Anfang an fehlerhaft. Sein Hauptschwachpunkt war den Machern übrigens durchaus bekannt, wurde doch eine Währungsunion geschaffen, ohne dass es eine politische Union gegeben hätte. [...] Als dann 2008 der Absturz kam, entwickelten sich Verhältnisse, die überhaupt nicht im Vertrag von Maastricht vorgesehen waren.« Vgl. George Soros, *Pagano solo i deboli con l'austerità*, in: *La Repubblic*, 4. Juni 2012. Freilich erinnert Soros nicht daran, dass Italien (und Großbritannien) 1992 durch seine Finanzspekulationen in die Knie gezwungen wurden, wofür er persönlich verantwortlich war.

12 Dieser Vergleich ist nur zum Teil richtig. Zum einen, weil eine Gleichstellung der Ost-Mark mit der D-Mark innerhalb *derselben* Nation erfolgte und »im Fall der Wiedervereinigung [...] eine starke, aus der Geschichte resultierende Verpflichtung [bestand], die neuen Bundesländer an das Wohlstandsniveau der alten heranzuführen.« Georg Vobruba, *Die Zeit kann den Griechen nicht helfen*, in: *FAZ* vom 28. Dezember 2012. Und zum anderen, weil die Bundesbank trotz aller Vorbehalte als letzter Garant für die Währungsstabilität herhielt.

13 Othmar Issing, *Großer Beifall von allen Seiten*, in: *FAZ* vom 4. September 2012.

14 Tony Blair, *Perché conviene restare in Europa (anche agli euroscettici inglesi)*, in: *Corriere della Sera*, 1. Dezember 2012.

15 Ähnlich äußerte sich Joschka Fischer: »Der Euro ist ein politisches Projekt. Nicht, dass wir zu Beginn der neunziger Jahre eine gemeinsame Währung gebraucht hätten. Sie sollte der Vektor der politischen Integration sein: Das war die Grundidee.« In: *La Germania non affondi*

l'Europa. Sarebbe la terza volta in cent'anni, Interview von P. Valentino in: *Corriere della Sera*, 25. Mai 2012.

16 Timothy Garton Ash, *The Crisis of Europe. How the Union Came Together and why It's Falling apart*, in: »Foreign Afffairs«, 91, September–Oktober 2012, S. 5.

17 Ebenda, S. 6 (kursiv im Original).

18 Andrew Moravcsik, *The Choice for Europe: Social Purpose and State Power from Messina to Maastricht*, Ithaca 1998, S. 128.

19 Siehe weiter oben die Überlegungen zum »italienischen Abweg«.

20 Heinrich August Winkler, *Europa an der Krisenkreuzung*, in: *FAZ* vom 25. August 2010.

21 Zelikow/Rice, *Sternstunden der Diplomatie*, S. 148.

22 Ebenda.

23 »Weil die Koordinierung der Wirtschaftspolitik nicht sofort umzusetzen war, warb Delors in seinem Bericht für eine Wirtschafts- und Währungsunion in drei Etappen [...]. Hinsichtlich der drei aufeinanderfolgenden Etappen legte er keinen genauen Zeitplan für den Übergang von einer Etappe zur nächsten fest.« Vgl. Antonio Rizzuto, *L'Europa monetaria: dall'età dell'oro all'età dell'euro*, Rom 2003, S. 141.

24 Fagiolo, *L'idea dell'Europa nelle relazioni internazionali*, S. 152.

25 Mario Monti, *Le conseguenze sociali della globalizzazione e il modello europeo*, in: »Vigonianae«, 2010, 1, S. 35.

26 Die UdSSR wurde vier Tage vor Abschluss der Verhandlungen zum Vertrag von Maastricht (9.–10. Dezember 1991) für beendet erklärt und am 26. Dezember 1991 offiziell aufgelöst.

27 Fagiolo, *L'idea dell'Europa nelle relazioni internazionali*, S. 156.

28 C. Fred Bergsten, *Why the Euro Will Survive (Completing the Continent's Half-Built House)*, in: »Foreign Affairs«, September–Oktober 2012, S. 18.

29 Heinrich August Winkler, *Europa an der Krisenkreuzung*, in: *FAZ* vom 25. August 2010.

30 Fagiolo, *L'idea dell'Europa nelle relazioni internazionali*, S. 150.

31 Gian Enrico Rusconi, *Deutschland – Italien, Italien – Deutschland*, S. 261f.

32 Roberto Mainardi, *L'Europa germanica*, S. 14.

33 Horst Teltschik, *Traum und Wirklichkeit*, in: *FAZ* vom 1. Oktober 2010. Es handelt sich um ein Zeugnis von besonderer Bedeutung, da Horst Teltschik als persönlicher Berater Kohls die gesamte Phase der Wiedervereinigung mitgestaltet hat. In diesem Sinn äußerte sich auch Giulio Andreotti. Anderer Auffassung war hingegen der damalige italienische Außenminister Gianni Di Michelis, der meinte, Europa habe den Verzicht Deutschlands auf die D-Mark zur Voraussetzung für die Wie-

dervereinigung gemacht. Vgl. Gian Enrico Rusconi, *Deutschland – Italien, Italien – Deutschland*, S. 264. Tatsächlich aber konnten nur jene Mächte den Weg für die Wiedervereinigung freimachen, die wirklich in der Lage dazu waren: die USA und die UdSSR.

34 Andreas Wirsching, *Der große Preis*, in: *FAZ* vom 12. September 2012. »Die deutschen Konditionen der Währungsunion sind – dies muss eingestanden werden – von den europäischen Partnern nicht dauerhaft akzeptiert worden.« Ebenda.

35 M. Rainer Lepsius, *Le radici storiche dell'Unione europea*, in: Geminello Preterossi (Hrsg.), *Un passato che passa?*, Rom 2000, S. 90.

4. Italien – Deutschland: das Ende einer Allianz

1 Guido Crainz, *Il paese reale. Dall'assassinio di Moro ai giorni nostri*, Rom 2012, S. 225.

2 Angelo Bolaffi, *Il santo e il giocatore*, in: »Micromega«, 1986, S. 3.

3 Diese Krise, ausgelöst durch die Finanzspekulationen von George Soros, machte klar, dass die Entscheidung Italiens für den Euro nicht nur notwendig, sondern auch unausweichlich war. Dass diese Entscheidung dann nicht einherging mit einer konsequenten politischen Haltung und entsprechenden Taten, ist ebenso wenig von der Hand zu weisen. Hierauf wird noch einzugehen sein.

4 Gian Enrico Rusconi, *Adenauer und De Gasperi: Übereinstimmungen und Abweichungen*, in: *Deutschland – Italien, Italien – Deutschland*, S. 209–226. Ernesto Galli della Loggia vertritt den Standpunkt, dass zu Beginn des Europaprojekts eine »halsbrecherische geopolitische Blindheit« geherrscht habe (vgl. *Un'antica diversità*, in: *Corriere della Sera*, 25. Juli 2012). Diese Blindheit habe »einerseits die Existenz eines europäischen Mittelmeerraums« verhindert und andererseits ein »deutsches Europa mit Zentrum in Deutschland« geschaffen. Dabei sei vergessen worden, dass es »zwei Europas mit einer jeweils anderen Geschichte und unterschiedlichen Gesellschaftsmodellen und Traditionen« gebe. Ohne Zweifel haben wir es mit einer polemisch zugespitzten Formulierung zu tun, die sich weder historisch noch politisch untermauern lässt. Das einzige sinnvolle Argument für eine Unterscheidung zwischen zwei Europas, einem deutschen und einem mediterranen, könnte darin bestehen, dass man in einer gewissermaßen vorkonziliaren Haltung ein katholisch und ein protestantisch geprägtes Europa einander gegenüberstellt. Aber auch in diesem Sinn ist es kein wirklicher Gegensatz: Das (westliche) Deutschland, das Europa mit aufgebaut hat, war größtenteils katholisch und befindet sich teilweise diesseits des *Limes*. Und wo sollte man den

Staufer Friedrich II. verorten – in Deutschland oder in Italien? Und was tun mit dem Heiligen Römischen Reich Deutscher Nation?

5 Man denke an den vom italienischen Außenminister Emilio Colombo und dem bundesdeutschen Außenminister Hans-Dietrich Genscher in den achtziger Jahren gemeinsam erarbeiteten Plan, der 1985 zur europaweiten Anerkennung der sogenannten Einheitlichen Europäischen Akte führte. Vgl. Rusconi, *Deutschland – Italien, Italien – Deutschland*, S. 254.

6 Vgl. Angelo Bolaffi, *Vecchi pregiudizi e affinità elettive*, in: »Zeitschrift für Kulturaustausch«, 2000, S. 2.

7 Vgl. Gian Enrico Rusconi, *Cavour und Bismarck. Der Weg zur deutschen und italienischen Einigung im Spannungsfeld von Liberalismus und Cäsarismus. München 2013.*

8 Die Angelegenheit wurde kürzlich in einem Interview, das der ehemalige sozialdemokratische Bundeskanzler mit Paolo Valentino führte, wiederaufgegriffen – mit bislang unbekannten Details: *Un golpe per l'Europa*, in: *Corriere della Sera. La Lettura* vom 17. Februar 2013, S. 2f.

9 »Mit dem Sieg der von Silvio Berlusconi geführten *Casa delle Libertà* bei den Wahlen vom 13. Mai 2001 kam es zu einem Bruch [...]. Von diesem Tag an bahnte sich – ebenso unvermutet wie ungeniert – ein Richtungs- und Stilwechsel in der Behandlung der institutionellen Angelegenheiten, insbesondere der europäischen, an. Es war eine überraschende Polemik gegenüber dem Europaengagement, die sich die neuen politischen Eliten leisteten [...], die der Europäischen Union und ihrem Gedeihen taub oder gar offen feindselig gegenüberstehen.« Antonio Puri Purini, *Dal Colle più alto. Al Quirinale, con Ciampi negli anni in cui tutto cambiò*, Mailand 2012, S. 56. Der Autor, zunächst außenpolitischer Berater von Staatspräsident Ciampi und später, von 2005 bis 2009, italienischer Botschafter in Berlin, bietet uns eine Darstellung der Entfremdung zwischen Italien und Deutschland aus einem ganz besonderen Blickwinkel: »Ich war, neben Ciampi, mehrere Jahre lang Zeuge des Niedergangs der Beziehungen zwischen beiden Ländern.« Ebenda, S. 283.

10 Gian Enrico Rusconi, *Le radici dell'estraneazione strisciante tra Italia e Germania*, in: *Estraneazione strisciante tra Italia e Germania?*, hrsg. von Gian Enrico Rusconi, Thomas Schlemmer, Hans Woller, Bologna 2007, S. 11–17.

11 In diesen Jahren fanden bedeutende deutsch-italienische Tagungen statt, auf denen Politologen, Philosophen, Historiker und Politiker miteinander diskutierten. Hier seien nur die wichtigsten genannt: *Un passato che passa? Germania e Italia tra memoria e prospettiva*, Tagung der Stadt Rom, der Fondazione Basso und des Goethe-Instituts, Rom, November 1996; *Italia-Germania. Una relazione particolare*, Tagung der Zeitschrift »Micromega«, der Goethe-Institute in Italien und der Italie-

nischen Kulturinstitute in Deutschland, Rom, 10.–11. Februar 2000; *Sfera pubblica e Costituzione europea*, internationale Tagung der Fondazione Basso, Rom, 15.–16. Dezember 2000. Hinzu kommen die jährlich stattfindenden Treffen zu den deutsch-italienischen Beziehungen, die von der Villa Vigoni organisiert werden.

12 Puri Purini, *Dal Colle più alto*, S. 70.

13 Die Entscheidung, um jeden Preis »mit als Erste« in die Euro-Zone zu gelangen, trafen Spanien und Italien während des Gipfeltreffens in Valencia im September 1996: »Nach diesem Gipfeltreffen legte die italienische Regierung einen anderen Gang ein und verdoppelte ihre finanziellen Sparmaßnahmen (von 32.500 auf 62.500 Milliarden Lire). Für wenige andere Dinge sollten die Italiener einer Regierung der Zweiten Republik dankbarer sein als dafür.« A. Polito, *L'illusione di rinegoziare il Fiscal compact*, in: *Corriere della Sera*, 17. November 2012.

14 Bereits zum Zeitpunkt des Eintritts in die Eurozone kristallisierte sich eine strukturelle Kluft zwischen den »tugendhaften« Ländern Nordeuropas und den Ländern heraus, die hinsichtlich des Projekts der gemeinsamen Währung weit hinterherhingen. Eine Kluft, die Anlass gab, die Möglichkeit eines »Kern-Europa« ins Auge zu fassen, und die auf dramatische Weise zehn Jahre später zur Staatsschuldenkrise führte. Vgl. Thomas Speckmann, *Der Sinn-Kern Europas*, in: *FAZ* vom 28. November 2012.

15 Angelo Bolaffi, *Un nuovo capitolo di una storia infinita?*, in: *Estraneazione strisciante tra Italia e Germania?*, S. 45–54.

16 Gian Enrico Rusconi, *Deutschland – Italien, Italien – Deutschland*, S. 258 ff.

17 Silvio Fagiolo, *Le relazioni italo-tedesche di fronte alla sfida europea*, in: *Italia e Germania assieme per l'Europa*, Villa Vigoni 2011.

18 »The quite real challenges posed by the triple shocks to Modell Deutschland of unification, europeanization and globalization«. C. S. Allen, *Ideas, Institution and the Exhaustion of Modell Deutschland*, New Orleans 2003, S. 3.

19 Reinhard Müller, *Integration durch Solidarität*, in: *FAZ* vom 16. Mai 2012.

20 »Europa dient in Wirklichkeit dazu, Italien kommissarisch zu regieren. Es ist ein notwendiges äußeres Band, das uns zur Modernisierung zwingt, denn ohne diese Hilfe von außen schaffen es unsere führenden Klassen nicht.« Federico Rampini, *Germanizzazione. Come cambierà l'Italia*, Rom, Bari 1996, S. 2.

21 Das Zitat stammt aus der bereits erwähnten Rede, die Giorgio Napolitano am 26. Oktober 2011 zur Eröffnung des Akademischen Jahres am Europa-Kolleg in Brügge gehalten hat.

22 Vgl. *Notizie Radicali*, 6. September 1992.

23 Artikel 23 des Grundgesetzes, in dem der Beitritt der DDR zur Bundesrepublik definiert ist, wurde einer Revision unterzogen und in einen europarelevanten Artikel umgewandelt: »Zur Verwirklichung eines vereinten Europas wirkt die Bundesrepublik Deutschland bei der Entwicklung der Europäischen Union mit, die demokratischen, rechtsstaatlichen, sozialen und föderativen Grundsätzen und dem Grundsatz der Subsidiarität verpflichtet ist und einen diesem Grundgesetz im wesentlichen vergleichbaren Grundrechtsschutz gewährleistet.«

24 Artikel 88–1: »Die Republik wirkt an der Europäischen Union mit, die aus Staaten besteht, die sich in freier Entscheidung dazu entschlossen haben, einige ihrer Kompetenzen nach Maßgabe des Vertrages über die Europäische Union und des Vertrages über die Arbeitsweise der Europäischen Union, wie diese sich aus dem am 13. Dezember 2007 in Lissabon unterzeichneten Vertrag ergeben, gemeinsam wahrzunehmen.«

25 Puri Purini, *Dal Colle più alto*, S. 57.

26 »Zwischen 1995 und 1996 bildete sich in Italien ein Bündnis der Euro-Gegner, das vom Kommunisten Fausto Bertinotti und den Gewerkschaften bis zur Alleanza Nazionale reichte, einzelne Teile der Finanzwelt und der Großindustrie inbegriffen.« Jens Petersen, *Italianizzazione della Germania? Germanizzazione dell'Italia? L'immagine dell'altro nella reciproca percezione di sé*, in: *Italia e Germania, 1945–2000*, S. 50.

27 Mario Monti, *Le parole e i fatti*, hrsg. von F. Fubini, Mailand 2012, S. 25; Sylvie Goulard, Mario Monti, *La democrazia in Europa. Guardare lontano*, Mailand 2012.

28 Zu einer ähnlich kritischen Schlussfolgerung gelangt auch Carlo De Benedetti, der meint, das Jahr 1992 sei »eine versäumte Gelegenheit gewesen. Es hätte [...] ein politischer und moralischer Wendepunkt sein können. Das war es nicht, weil der Staat Berlusconis daraus hervorging. Schlau und beherzt entwarf er ein Modell, ein neuartiges Konzept, das sich als Illusion erwies und Italien zwanzig Jahre lang wie in Beton festhielt, während es dem Mitte-Links-Bündnis an Mut fehlte. 20 verlorene Jahre.« Vgl. *La Repubblica*, 6. Oktober 2012.

29 *Annuario della politica estera dell'Italia 2012*, hrsg. vom Istituto affari internazionali (IAI) und dem Istituto per gli studi di politica internazionale (ISPI).

Zweiter Teil
1. Post-deutsches Deutschland

1 Fritz Stern: *Der Traum vom Frieden und die Versuchung der Macht. Deutsche Geschichte im 20. Jahrhundert*, erw. Neuaufl., Berlin 1999.

2 Keinem indischen oder chinesischen Politiker käme es je in den Sinn, sich an Brüssel zu wenden. Die richtige Telefonnummer Europas ist das Kanzleramt in Berlin, um auf die berühmte Frage Henry Kissingers zu antworten: »Wen rufe ich denn an, wenn ich Europa anrufen will?«

3 »Die Germanophobie ersteht wieder auf, und der Dämon Deutschland wird zu neuem Leben erweckt [...]. Gleichzeitig tauchen sämtliche Stereotypen der Germanophobie erneut auf.« Vgl. Pierluigi Battista, *I fantasmi dell'egemonia tedesca*, in: *Corriere della Sera* vom 3. Januar 2011.

4 Gian Enrico Rusconi, *Berlino. La reinvenzione della Germania*, Rom/Bari 2009.

5 Friedrich Nietzsche: *Menschliches, Allzumenschliches*, Bd. II, S. 147, in: Kritische Gesamtausgabe, hrsg. von Giorgio Colli und Mazzino Montinari, Berlin 1967.

6 Kurt Sontheimer, *So war Deutschland nie. Anmerkungen zur politischen Kultur der Bundesrepublik*, München 1999.

7 Hans Magnus Enzensberger, *Mittelmaß und Wahn*, Frankfurt a.M. 1988, S. 259f.

8 Hannah Arendt: *Besuch in Deutschland*. Aus dem Amerikanischen von Eike Geisel, mit einem Vorwort von Henryk M. Broder und einem Portrait von Ingeborg Nordmann, Berlin 1993, S. 24f. Hannah Arendt besuchte Deutschland von August 1949 bis März 1950 im Auftrag der Commission on European Jewish Cultural Reconstruction.

9 A. Dirk Moses, *German Intellectuals and the Nazi Past*, Cambridge 2007, S. 1. Es handelt sich hier um eine grundlegende Forschungsarbeit über ein komplexes, schwieriges Thema. Von besonderer Bedeutung ist die vom Autor vorgeschlagene Zuordnung der deutschen Nachkriegsintellektuellen zu »non-German German as redemptive republicans« und »German German as integrative republicans«.

10 Bruno Kreisky, der angesehenste österreichische Bundeskanzler nach dem Zweiten Weltkrieg (der aus einer jüdischen Familie stammte), bemerkte mit bitterer Ironie, es sei seinen Mitbürgern gelungen, der Frage nach ihrer beträchtlichen Mitverantwortung für die nationalsozialistischen Verbrechen aus dem Weg zu gehen, indem sie die Welt glauben machten, Hitler sei Deutscher und Beethoven Österreicher gewesen. Natürlich war es genau umgekehrt.

11 »Die Entdeutschung ist die andere Seite von Deutschlands Reinte-

gration in den Westen«: Gian Enrico Rusconi, *Berlino La reinvenzione della Germania*, Rom/Bari 2009, S. 91.

12 Eine grundlegende Darstellung dieser Entwicklung enthält das Kapitel »Von Lessing bis Hitler« in: Angelo Bolaffi, *Die schrecklichen Deutschen*, S. 85–136. Siehe auch ders., *Da Reich a nazione. La Germania a vent'anni dalla sua riunificazione*, Carrara 2011.

13 Unnötig, daran zu erinnern, dass auch Thomas Mann um die Mitte der zwanziger Jahre seine *Metanoia* erlebte und die von ihm zuvor als »undeutsch« abgelehnten Werte nun zum geistig-künstlerischen Programm erhob.

14 M. Rainer Lepsius, *Das Legat zweier Diktaturen für die demokratische Kultur im vereinigten Deutschland*, in: Everhard Holtmann, Heinz Sahner (Hrsg.): *Aufhebung der Bipolarität – Veränderungen im Osten, Rückwirkungen im Westen, Opladen 1995, S. 25–39.* Vermutlich hätte Italien ebenso eine »entscheidende Rolle in den beiden großen Gegenbewegungen zur Demokratie im 20. Jahrhundert gespielt«, wäre es nicht durch die in Jalta beschlossene Weltaufteilung davor bewahrt geblieben, wie der kommunistische Parteiführer Enrico Berlinguer in einem berühmten Interview einräumte – eine der unzähligen Bestätigungen für die Parallelität der modernen Geschichte Deutschlands und Italiens.

15 Heinrich August Winkler, *Auf ewig in Hitlers Schatten? Anmerkungen zur deutschen Geschichte*, München 2007, S. 194.

16 Peter Sloterdijk, *Theorie der Nachkriegszeiten*, S. 18.

17 Jürgen Habermas, *Eine Art Schadensabwicklung, Die apologetischen Tendenzen in der deutschen Zeitgeschichtsschreibung*, in: *Die ZEIT*, Nr. 29 vom 11. Juli 1986.

18 Daniel Jonah Goldhagen, Dankesrede Modell Bundesrepublik. Nationalgeschichte, Demokratie und Internationalisierung, in: »Blätter für deutsche und internationale Politik«, Heft 4/1997, S. 424–442.

19 Die Vorboten des italienischen Faschismus lassen sich in der Rhetorik der »vittoria mutilata« (des verstümmelten Sieges) ausmachen: ein weiteres Zeugnis ausgebliebener *Metanoia* – ebenso wie in Frankreich hinsichtlich des Pétain-Regimes. Sloterdijk (*Theorie der Nachkriegszeiten*, S. 27) spricht von »pseudo-metanoetischer« Arbeit und der »Vergleichbarkeit der französischen Position nach 1945 mit der italienischen von 1918«.

20 »Der Jude als kosmopolitischer *Bildungsbürger* wurde zum Symbol des Glaubens an Bildung und Aufklärung und habe, so behauptete man, die Niederlage Deutschlands gegenüber Frankreich [während der Napoleonischen Kriege] verursacht.« Vgl. George L. Mosse, *Il dialogo ebraico-tedesco. Da Goethe a Hitler*, Florenz 1988, S. 21. (Dt.: *Gedanken zum deutsch-jüdischen Dialog*, 1985).

21 Ebenda, S. 36. Und über das tragische »Paradox« von Weimar: »die Verfassung der Weimarer Republik […] bedeutete das Ende der Diskriminierung der Juden und ihre vollständige Emanzipation […]. Es schien, als hätten sie die vollständige Staatsbürgerschaft und gleiche Rechte erhalten, […] doch in Wahrheit war dies ein entscheidender Schritt auf dem Weg der zunehmenden Isolierung der Juden in Deutschland« (ebenda, S. 35).

22 Peter Gay, *Freud, Juden und andere Deutsche*, Hamburg 1986, S. 9.

2. Von Weimar nach Berlin (über New York)

1 Der Ausdruck »innere Emigration« erscheint erstmals als Eintrag vom 7. November 1933 im *Tagebuch* von Thomas Mann und wird 1936 von Frank Thiess (*Tsushima. Der Roman eines Seekrieges*, Reinbek 1963) aufgegriffen. Er bezeichnet damit die Entscheidung von Künstlern und Intellektuellen, trotz Ablehnung des NS-Regimes in Deutschland zu bleiben. Nach dem Krieg führte diese Haltung zu heftigen Debatten.

2 Peter Graf von Kielmansegg, *Nach der Katastrophe. Eine Geschichte des geteilten Deutschlands*, Berlin 2000, S. 647.

3 Martin Heidegger, *Einführung in die Metaphysik*, S. 41f., in: Martin Heidegger, Gesamtausgabe, Band 40, Frankfurt a.M. 1983.

4 Heinrich August Winkler, *Kurt Schumacher und die nationale Frage*, in: *FAZ* vom 31. Oktober 1995.

5 Angelo Bolaffi, *Die schrecklichen Deutschen*, S. 58f.

6 Heinrich August Winkler, *Der lange Weg nach Westen*, II, S. 142. Einen weiteren Rollentausch konnte man unter anderem 1990 beobachten, als Teile der SPD unter Führung Oskar Lafontaines die von Helmut Kohl gewollte und von den ehemaligen SPD-Kanzlern Brandt und Schmidt ausdrücklich befürwortete Wiedervereinigung ablehnten.

7 Gian Enrico Rusconi, *Cosa resta dell'Occidente*, Rom/Bari 2012, S. 55.

8 Christian Meier, *Das Gebot zu vergessen und die Unabweisbarkeit des Erinnerns. Vom öffentlichen Umgang mit schlimmer Vergangenheit*, München 2010, S. 50. Dort findet man eine genaue und äußerst spannende Darstellung der beiden deutschen Nachkriegsphasen. Selbstverständlich beziehen wir uns hier auf die bundesrepublikanische Debatte, weil die DDR jede öffentliche Diskussion über die deutsche Verantwortung für die Judenvernichtung systematisch umging.

9 Joseph Wulf (1912–1974), jüdischer Historiker aus Chemnitz, wurde nach Auschwitz deportiert und überlebte. 1974 nahm er sich durch einen Sturz vom Balkon seiner Wohnung das Leben. Der Autor mehrerer Pionierarbeiten über die Vernichtung der Juden aus Sicht der Op-

fer, etwa *Das Dritte Reich und die Juden* von 1955, versuchte vergeblich, das Schweigen zu brechen, das den Völkermord in diesen Jahren umgab: »Die Massenmörder gehen frei herum, haben ihre Häuschen und züchten Blumen«, pflegte er mit schmerzlicher Ironie zu sagen. Die Villa am Wannsee wurde 1992 als »Haus der Wannsee-Konferenz« in eine Gedenk- und Bildungsstätte umgewandelt. Aus Anlass seines 100. Geburtstags war Joseph Wulf dort 2012 eine große Ausstellung gewidmet.

10 Klaus Schütz (1926–2012) war zehn Jahre lang (1967–1977) Regierender Bürgermeister von Berlin. Während seiner Amtszeit war er in verschiedene Politik- und Finanzskandale verwickelt. Als Vertreter des rechten Flügels in der Berliner SPD wurde er wiederholt zur Zielscheibe der Studentenbewegung: »Brecht dem Schütz die Gräten, alle Macht den Räten«.

11 Christian Meier, *Das Gebot zu vergessen und die Unabweisbarkeit des Erinnerns. Vom öffentlichen Umgang mit schlimmer Vergangenheit*, München 2010, S. 49. Wie unendlich schwer man sich nicht nur in Deutschland, sondern auch in Italien damit tat, den Völkermord an den Juden bewusst zur Kenntnis zu nehmen, bestätigen auch Einaudis Weigerung im Jahr 1947, das Buch *Ist das ein Mensch?* von Primo Levi zu verlegen (Levis Werk wurde erst ab 1958 veröffentlicht), sowie die Gleichsetzung der Verbrechen von Auschwitz und Hiroshima durch Hans Magnus Enzensberger in *Politik und Verbrechen* von 1964, als er Hannah Arendt scharf widersprach. Ähnlich auch Adornos Position in *Erziehung nach Auschwitz* von 1966 (ursprünglich ein Rundfunkmanuskript).

12 In Wahrheit hatte die Bewegung in Deutschland – wie auch in Italien – bereits 1966 ihren Anfang genommen.

13 Aus der Antrittsrede von Bundespräsident Joachim Gauck vom 23. März 2012, in: *FAZ* vom 24. März 2012.

14 Erst jetzt beginnt man, die Verantwortung des Linksterrorismus für die Attentate jener Jahre zu beleuchten – dank der Forschungsarbeit von Wolfgang Kraushaar: *Wann endlich beginnt bei Euch der Kampf gegen die heilige Kuh Israel?*, München 1970. *Über die antisemitischen Wurzeln des deutschen Terrorismus*, Hamburg 2013.

15 Christian Meier, *40 Jahre nach Auschwitz*, München 1987, S. 24ff.

16 Fritz K. Ringer, *The Decline of the German Mandarins. The German Academic Community, 1890–1933*, Cambridge (Mass.) 1969 (dt.: *Die Gelehrten. Der Niedergang der deutschen Mandarine 1890–1933*. Stuttgart, Klett-Cotta 1983, München, dtv 1987).

17 Jürgen Habermas, »Großherzige Remigranten. Über jüdische Philosophen in der frühen Bundesrepublik. Eine persönliche Erinnerung.« Es handelt sich um einen Vortrag, der in der »Neuen Zürcher Zeitung« erneut unter dem Titel: »Jüdische Philosophen und Soziologen als Rück-

kehrer in der frühen Bundesrepublik. Eine Erinnerung«, in: Jürgen Habermas, *Im Sog der Technokratie*, Frankfurt a.M. 2013, S. 13–26 vom 2. Juli 2011 publiziert wurde.

18 Alfons Söllner, *Fluchtpunkte. Studien zur politischen Ideengeschichte des 20. Jahrhunderts*, Baden-Baden 2006.

19 270 000 von ihnen waren Juden, 30 000 im engeren Sinne politisch Verfolgte und 10 000 nichtjüdische Intellektuelle, Künstler und Wissenschaftler.

20 Wolf Lepenies, *Folgen einer unerhörten Begebenheit: die Deutschen nach der Vereinigung*, Berlin 1992, S. 72f.

21 Alfons Söllner, *Fluchtpunkte*, S. 16. Zur Rolle des von jüdischen Emigranten importierten deutschen Gedankenguts für die amerikanische New Left siehe: Claus-Dieter Krohn, *Die westdeutsche Studentenbewegung und das andere Deutschland*, in: Axel Schildt, Detlev Siegfried, Karl Christian Lammers, *Dynamische Zeiten. Die 60er Jahre in den beiden deutschen Gesellschaften*, Hamburg 2000.

22 Wolf Lepenies, *Folgen einer unerhörten Begebenheit*, S. 78.

23 Ilja Srubar (Hrsg.), *Exil – Wissenschaft – Identität. Die Emigration deutscher Sozialwissenschaftler 1933–1945*, Frankfurt a.M. 1988; oder H. Stuart Hughes, *The sea change: The migration of social thought, 1930–1965*, New York 1975.

24 Theodor W. Adorno: *Negative Dialektik*. Frankfurt a.M. 1973, S. 355. Einigen Überlebenden wie Primo Levi, Paul Celan oder Peter Szondi erschien ein Weiterleben unerträglich.

25 Alfons Söllner, *Deutsche Politikwissenschaftler in der Emigration*, Opladen 1996, S. 247.

26 Wie Hilberg erzählt, legte er sein Buch seinem Doktorvater Franz L. Neumann vor. Als dieser zu dem Kapitel über die »Endlösung« kam, rief er aus: »Das ist unerträglich, das müssen Sie streichen.« Vgl. Raul Hilberg, Alfons Söllner, *Das Schweigen zum Sprechen bringen. Ein Gespräch über F. L. Neumann und die Entwicklung der Holocaust-Forschung*, in: Dan Diner (Hrsg.), *Zivilisationsbruch. Denken nach Auschwitz*, Frankfurt a.M. 1988, S. 178.

27 Wilhelm Bleek, *Geschichte der Politikwissenschaft in Deutschland*, München 2001, S. 275ff.

28 Anfänglich hielt Fraenkel eine Rückkehr nach Deutschland für »völlig unmöglich«. Er ging deshalb im Auftrag der USA nach Korea und erarbeitete die dortige Verfassung. Auf Einladung Franz L. Neumanns wirkte er schließlich am Aufbau des Instituts für Politische Wissenschaften in Berlin mit. Der Autor eines Standardwerks zum »amerikanischen Regierungssystem« gründete außerdem 1964, ebenfalls an der Freien Universität Berlin, das John-F.-Kennedy-Institut für Amerikastudien.

29 Franz L. Neumann, *Behemoth. Struktur und Praxis des Nationalsozialismus 1933–1944*, Frankfurt a. M. 1984 (Originalausgabe 1942).
30 Am 21. Oktober 1949 kritisiert ein Positionspapier des Akademischen Senats von (West-)Berlin die politikwissenschaftliche Fakultät mit der Begründung, eine pure Nachahmung der amerikanischen Verhältnisse habe an deutschen Universitäten keinen Platz. Noch 1959 formuliert der Historiker Gerhard Ritter Vorbehalte gegenüber der neuen, »aus Amerika importierten« Politikwissenschaft.
31 Ernst Fraenkel, *Strukturdefekte der Demokratie und deren Überwindung*, in: *Deutschland und die westlichen Demokratien*, Stuttgart 1964, S. 48.
32 Frank Schirrmacher, *Den Schmerz verdoppeln*, in: *FAZ* vom 22. September 2012.
33 Peter Sloterdijk, *Theorie der Nachkriegszeiten*, S. 36.
34 Peter Graf Kielmansegg, *Nach der Katastrophe*, S. 647.
35 Clemens Albrecht, Günther C. Behrmann, Michael Bock, Harald Homann, Friedrich T. Tenbruck, *Die intellektuelle Gründung der Bundesrepublik. Eine Wirkungsgeschichte der Frankfurter Schule*, Frankfurt a. M./New York 1999, S. 571.
36 Detlev Claussen, *Die amerikanische Erfahrung der Kritischen Theoretiker*, in: *Keine Kritische Theorie ohne Amerika*, hrsg. von Detlev Claussen, Oskar Negt, Michael Werz, Frankfurt a. M. 1999, S. 27, 31.
37 Vgl. Christian Albrecht, Friedrich Wilhelm Graf, Volker Drehsen, Gangolf Hübinger, Trutz Rendtorff (Hrsg.): *Kritische Gesamtausgabe Ernst Troeltsch*, Berlin 1998/2010. Hier finden sich der Vortrag »Naturrecht und Humanität in der Weltpolitik« (1922, Bd. 3) und auch die »Spektator-Briefe« (1924, Bd. 14).
38 Vgl. Ernst Cassirer, »Die Idee der republikanischen Verfassung« (Universitätsrede), Hamburg 1929.
39 Man denke hier etwa an die Studien des Historikers Karl Dietrich Bracher oder des Politologen Juan Linz.
40 Bezeichnend ist hier der Titel des Aufsatzes von Heinrich August Winkler, *Das Paradox als Paradigma: von der Weimarer Republik zu den Lehren aus Weimar*, in: *Europäische Sozialgeschichte, Festschrift für Wolfgang Schieder*, hrsg. von Christof Dipper, Lutz Klinkhammer, Alexander Nützenadel, Berlin 2000.
41 Andreas Wirsching, *Vom »Lehrstück Weimar« zum Lehrstück Holocaust?*, in: »Aus Politik und Zeitgeschichte« vom 1. März 2012, S. 10.
42 Angelo Bolaffi, *Ohne die Bonner Republik sähe unser alter Kontinent anders aus*, in: »Die Welt« vom 25. Mai 1999.
43 Ernst Fraenkel erinnert in seiner Einleitung der Aufsatzsammlung *Zur Soziologie der Klassenjustiz und andere Aufsätze zur Verfassungskrise*

1931–1932, Darmstadt 1968, S. XIII, daran, dass er in seinem Aufsatz »Verfassungsreform und Sozialdemokratie« (1932) Überlegungen angestellt hatte, die in Form des konstruktiven Misstrauensvotums Eingang ins Grundgesetz fanden.

44 Angelo Bolaffi, *Dalla »kollektive Demokratie« al »doppio Stato« nell'analisi di Ernst Fraenkel*, in: *L'internazionale operaia e socialista tra le due guerre, Annali della Fondazione Giangiacomo Feltrinelli*, a. XXIII, 1985. Vgl. auch *Ernst Fraenkel, Riforma della costituzione e socialdemocrazia*, in: Angelo Bolaffi, *Pensiero e potere*, S. 125–150.

45 Heinrich August Winkler, *Auf ewig in Hitlers Schatten?*, S. 7.

3. Das Modell Deutschland

1 Genau das war im Italien Berlusconis und im Spanien Zapateros nicht der Fall. Denn anstatt von der günstigen Konjunktur zu profitieren, um eine Reform des Sozialstaats in die Wege zu leiten und das Leistungssystem umzustellen, haben sie sich darauf beschränkt, unbeschwert die Dividende auszugeben, die ihnen durch die Stabilität des Euro garantiert war, den niedrigen Zinssatz also. Nur um sich zehn Jahre später in der Krise wiederzufinden und Deutschland Egoismus und mangelnde Solidarität im europäischen Kontext vorzuwerfen. »Die unnatürliche Ruhe der Märkte vor der Krise hat es in Europa lange Zeit ermöglicht, eine falsche Wirtschaftspolitik zu praktizieren, oder einfach jene Länder zur Untätigkeit verleitet, die dringend eine Konsolidierung ihres Haushalts und Strukturreformen nötig gehabt hätten.« Vgl. Draghi, *Discorso di inaugurazione dell' anno accademico 2012/2013*.

2 »Das hervorstechendste Beispiel für den Übergang vom Mitwirkungsmodell zum Beratungsmodell ist ohne Frage Deutschland, ein Meister jenes rheinischen Kapitalismus, der als Sieger aus den Turbulenzen der Krise hervorgeht.« Maurizio Ferrera, *Meno piazze, più idee e coraggio. Il sindacato segua l'esempio tedesco*, in: *Corriere della Sera* vom 6. Januar 2012.

3 In der Tat wurde Gerhard Schröder bei der darauffolgenden Bundestagswahl im Jahr 2005 von Angela Merkel geschlagen, die seitdem der Regierung vorsteht – zunächst in einer Großen Koalition mit der SPD, dann mit der FDP. In Deutschland verlief die Entwicklung also genau umgekehrt zu der in Großbritannien, wo Tony Blair von der Labour-Partei an die Macht kam und sich dort ein Jahrzehnt lang – von 1997 bis 2007 – hielt: dank der »Drecksarbeit«, die zuvor Margaret Thatcher gemacht hatte.

4 Jürgen Habermas, *Der gespaltene Westen*, S. 6.

5 Diese Überschreitung nutzte die deutsche Regierung nicht dazu, um die öffentlichen Schulden auszureizen wie das Frankreich Chiracs – mit den heute sichtbaren Konsequenzen, ähnlich wie in Italien –, sondern für eine Umstrukturierung der Wirtschaft, die zu einer neuen Leistungsfähigkeit gelangte und daher die Schulden selbst regulieren konnte.

6 Der deutsche Sozialstaat ist ein Modell für Europa, dessen zentraler Bestandteil die staatliche Arbeitslosenunterstützung ist. Es handelt sich um die Hartz-IV-Reform (Peter Hartz stand der Kommission vor, die die Reform erarbeitet hat), das vierte verabschiedete Gesetz zur Modernisierung des Arbeitsmarktes in Deutschland. Nach einem Jahr Arbeitslosigkeit besteht Anspruch auf Unterstützung, aber im Unterschied zur Regelung vor der Reform muss der Arbeitslose seither nicht nur belegen, dass er aktiv nach einer neuen Beschäftigung sucht, sondern er ist auch aufgefordert, eines der ihm gemachten Stellenangebote anzunehmen, weil sonst Strafmaßnahmen greifen, bis hin zur Aussetzung der Unterstützung.

7 »In einer Welt, die beherrscht wird von billigen Arbeitskräften, lohnt es sich für die reichen Länder, hochspezialisierte Fachkräfte auszubilden, die in der Lage sind, hochwertige Produkte herzustellen, und auf ein langfristiges Wachstum und soziale Stabilität zu setzen.« Vgl. Fareed Zakaria, *Gli Usa imparino la lezione tedesca*, in: *Corriere della Sera* vom 21. Januar 2012. Vor allem das Jahr 2012 verzeichnete einen Einwanderungsrekord in Deutschland: 1,08 Millionen Menschen, das waren 13 Prozent mehr als im Vorjahr, darunter 42 000 Italiener, also 40 Prozent mehr als im Jahr 2011.

8 Die Bürger der einstigen Bundesrepublik hatten noch vor den einschneidenden Reformen der Agenda 2010 schwerwiegende Kürzungen hinnehmen müssen, um die Wiedervereinigung zu finanzieren. Um nur ein Beispiel zu nennen: Während sie weiterhin den Solidaritätszuschlag zahlten, wurde den staatlichen Bediensteten zu Beginn der neunziger Jahre das Weihnachtsgeld gestrichen, und dabei blieb es dann.

9 Der vom Statistischen Amt der Europäischen Union (Eurostat) für das Jahr 2007 herausgegebenen Statistik zufolge hat sich der Abstand zwischen den Einkommen in Deutschland leicht verringert, während sich das Einkommen in den Jahren der Krise gleichmäßiger verteilte als in Griechenland, aber auch in Spanien, Italien und Frankreich, wo die Ungleichheit zunahm.

10 Werner Abelshauser, *Kulturkampf. Der deutsche Weg in die Neue Wirtschaft und die amerikanische Herausforderung*, Berlin 2003, S. 191.

11 In: »Il Messaggero« vom 12. Juni 2012, Rezension des Aufsatzes *Si fa presto a dire Germania* von G. Ciccarone und E. Saltari, in: *Il Mulino*, 2011, 1.

12 Martin Winterkorn, Vorstandsvorsitzender der Volkswagen AG, des weltweit zweitgrößten Autoherstellers, in: *La Repubblica* vom 13. März 2012. Natürlich hat das Modell Deutschland noch andere Stärken: vom Bildungssystem über die langfristige Kapitalbildung bis hin zur geopolitischen Lage des Landes. Vgl. Hermann Simon, *Deutschlands Stärke hat 13 Gründe*, in: *FAZ* vom 15. Oktober 2012.

13 Günter Nonnenmacher, *Sozialdialog der Tauben*, in: *FAZ* vom 16. Juli 2012. »Wir bewundern zum Beispiel den Austausch zwischen den Sozialpartnern in Deutschland. Wenn sich Schwierigkeiten abzeichnen, setzen sich Arbeitgeber, Gewerkschaften und Staatsvertreter an einen Tisch. In Frankreich ist das schwieriger. Wir wollen das ändern und systematisch einen Dialog herbeiführen.« So der französische Außenminister in einem Interview mit der *FAZ* vom 21. November 2012.

14 In Italien sind die wichtigsten Texte zu diesem Thema durch die Pionierarbeit von Gaetano Vardaro zugänglich. Siehe: Ders. (Hrsg.), *Laboratorio Weimar. Conflitti e diritto del lavoro nella Germania prenazista*, Rom 1982. Alle Arbeitsrechtler sowie die meisten Vertreter der Weimarer Reformbewegung wurden, sofern sie Sozialdemokraten oder Juden waren, ins Exil gezwungen, wo einige starben (wie Hilferding). Andere, etwa Gustav Radbruch, kehrten unmittelbar nach dem Krieg in die Bundesrepublik zurück und spielten eine entscheidende Rolle bei der »postdeutschen« Metamorphose.

15 Der Name leitet sich von der Stadt Hofgeismar ab, wo die Jungsozialisten des Reformflügels im Jahr 1923 ihren Gründungsparteitag zum Thema »Nation und Staat« abhielten. Vgl. Franz Walter, *»Republik, das ist nicht viel.« Partei und Jugend in der Krise des Weimarer Sozialismus*, Bielefeld 2011. Nach 1945 entwickelte sich der »Jungsozialismus« von Weimar zum Projekt eines »ethischen Sozialismus«. Dessen Grundwerte sollten dann den strategischen Bezugspunkt der SPD bilden, wie er 1959 in der Godesberger Wende manifest wurde.

16 Magris bezieht sich hier auf die Arbeit von Michael Albert, *Kapitalismus contra Kapitalismus*, Frankfurt a.M. 1992, in der der Autor den Begriff des »Kapitalismus« dekonstruiert und zugleich eine Theorie des »rheinischen Kapitalismus« entwickelt.

17 Claudio Magris, *Solidarietà, efficienza, comunità. E modernità senza indulgenze pop*, in: *Corriere della Sera* vom 13. Februar 2011.

18 Volker R. Berghahn, Sigurt Vitols (Hrsg.), *Gibt es einen deutschen Kapitalismus? Tradition und globale Perspektiven der sozialen Marktwirtschaft*, Frankfurt a.M. 2006.

19 Barbara Spinelli, *Berlino salverà l'Europa?*, in: *La Repubblica* vom 1. Dezember 2011.

20 »Obwohl es irrig wäre, dieses Konzept [der Sozialen Marktwirtschaft] mit dem des rheinischen Kapitalismus gleichzusetzen, ging es auch in dieser Diskussion immer wieder um eine Gegenüberstellung mit einem angloamerikanischen Kapitalismusmodell.« Vgl. Volker Berghahn, *Rheinischer Kapitalismus, Ludwig Erhard und der Umbau des westdeutschen Industriesystems, 1947–1957*, in: *Deutschland als Modell? Rheinischer Kapitalismus und Globalisierung seit dem 19. Jahrhundert*, hrsg. von David Gilgen, Christopher Kopper und Andreas Leutzsch, S. 99.

21 Auf die theoretischen Grundlagen sowie die praktischen Konsequenzen des Begriffs der *Sozialen Marktwirtschaft* als fundamentalem Bestandteil des ordoliberalen deutschen Denkens kommen wir im folgenden Kapitel zurück.

22 Lars Castellucci, *Zur Zukunft des »Rheinischen Kapitalismus«*, in: »Aus Politik und Zeitgeschichte«, 2001, 7.

23 Jürgen Hoffmann, *Arbeitsbeziehungen im Rheinischen Kapitalismus. Zwischen Modernisierung und Globalisierung*, München 2006, S. 93f.

24 Um zu verhindern, dass sich das, was in den letzten Jahren der Weimarer Republik geschehen war, noch einmal wiederholt (damals verbündete sich die antisemitische Opposition der Rechten mit der Linken, um die Regierung lahmzulegen), wurde im Grundgesetz das sogenannte »konstruktive Misstrauensvotum« eingeführt. Ein entsprechender Vorschlag wurde erstmals von Ernst Fraenkel in einem Aufsatz aus dem Jahr 1932 mit dem Titel »Verfassungsreform und Sozialdemokratie« formuliert.

25 Fritz Stern, *Verspielte Größe. Essays zur deutschen Geschichte*, München 1996, S. 23.

26 Historische Gründe (die Teilung Deutschlands) legten es nahe, den provisorischen Begriff »Grundgesetz« zu verwenden. Dass es sich dennoch tatsächlich um eine Verfassung handelte, macht der Name »Bundesverfassungsgericht« deutlich, der zugleich auch seine Funktion definiert.

27 Dieter Grimm, *60 Jahre Grundgesetz*, in: *FAZ* vom 22. Mai 2009.

28 Christoph Schönberger, *Anmerkungen zu Karlsruhe*, in: Matthias Jestaedt, Oliver Lepsius, Christoph Möllers, Christoph Schöneberger, *Das entgrenzte Gericht. Eine kritische Bilanz nach sechzig Jahren Bundesverfassungsgericht*, Frankfurt a.M. 2011, S. 28.

29 Dass es dem italienischen Verfassungsgericht nicht gelungen ist, ein solches Prestige zu erlangen wie sein deutsches Pendant, hängt mit den spezifischen politischen Bedingungen und den konstitutionellen Grenzen zusammen.

30 Carl Schmitt hat diese normative Einschränkung der Bonner Verfassung in einem Vortrag mit dem Titel »Die Tyrannei der Werte« im Rah-

men eines Seminars im Jahr 1959 in Bonn scharf kritisiert. Zu Recht wurde ihm und seiner Schule vorgeworfen, die »Werte der Tyrannei« verteidigt zu haben. Vgl. Bernd Rüthers, *Die Werte der Tyrannei*, in: *FAZ* vom 19. September 2012.

31 Schönberger, *Anmerkungen zu Karlsruhe*, S. 38.

32 Heinrich August Winkler, *Der lange Weg nach Westen*, Bd. II, S. 133. In diesem Sinne hielten sich die deutschen Gründerväter an das Plädoyer für naturrechtliche Werte, das Ernst Cassirer als Reaktion auf die Katastrophe von Weimar formuliert hatte.

33 M. Rainer Lepsius, *Diskussionsbeitrag*, in: Preterossi (Hrsg.), *Un passato che passa?*, S. 111.

34 Valerio Onida, *Il modello tedesco: analogie e differenze con l'Italia*, in: *Federalismo modello Germania*, hrsg. von Marcello Degni und Gennaro Iovinella, Rom 1995. S. 73.

35 Frank Pergande, *Ist Populismus schlimm?*, in: *FAZ* vom 16. April 2013. Karin Priester, emeritierte Professorin an der Universität Münster, erklärt dieses Phänomen damit, dass der Rechtspopulismus dort Anhänger finde, wo die Politik in Klientelismus, Indifferenz, Mangel an Transparenz sowie Korruption abgleite. Wie dies 1994 in Italien mit Berlusconi nach der Krise der sogenannten Ersten Republik zu beobachten war und dann, zwanzig Jahre später, mit der Bewegung von Beppe Grillo. Der Populismus ist demnach eine Art pathologische Reaktion auf das Scheitern der politischen Klasse. Dass erst kürzlich die antieuropäische Partei *Alternative für Deutschland* gegründet wurde, widerspricht dieser Diagnose nicht, handelt es sich doch (bislang) um eine Bewegung liberal-neoliberal-konservativer Prägung, die weder fremdenfeindlich noch nationalistisch zu nennen ist und nicht in den Bundestag gewählt wurde. Vgl. Alard von Kittlitz, *In Wut vereint*, in: *FAZ* vom 14. April 2013.

36 Angelo Bolaffi, Otto Kallscheuer, *I »Verdi«: la teoria dei colori di un paradosso politico. Tra nuovi movimenti e mutamento della politica*, in: *Il Mulino*, 1983, 4.

37 Angelo Bolaffi, *Die schrecklichen Deutschen. Eine merkwürdige Liebeserklärung*, München 1995, S. 79 f.

38 Severin Fischer, *Außenseiter oder Spitzenreiter? Das »Modell Deutschland« und die europäische Energiepolitik*, in: »Aus Politik und Zeitgeschichte«, 46–47, 2011.

39 Ulrich Beck, *Der Irrtum der Raupe*, in: *FAZ* vom 14. Juni 2011.

40 *Karl Löwith and Leo Strauss: Correspondence*. In: »Independent Journal of Philosophy« 5/6 (1988), S. 177–192.

4. Mythos Berlin

1 Siehe hierzu die treffenden Bemerkungen im Artikel von Klaus R. Scherpe, *Berlin als Ort der Moderne*, in: *Berlino, capitale del XXI secolo*, in: »Cultura tedesca«, Januar–Juni 2010, 38, S. 51–67.

2 Karl Scheffler, *Berlin. Ein Stadtschicksal*, Berlin 1910, S. 226.

3 Angelo Bolaffi, *Vorposten zur Steppe. Geopolitische Bekenntnisse zu einer exzentrischen Schönheit*, in: *Lettre international*, Herbst 2009, 86, mit dem Titel »Berlin auf der Couch. Autoren und Künstler zu 20 Jahren Mauerfall«.

4 Jakob Strobel y Serra, *Die Basisdemokratie der Bierflasche*, in: *FAZ* vom 11. Januar 2013.

5 Simone Buttazzi, Gabrielle Di Cagno, *Tutti a Berlino. Guida pratica per italiani in fuga*, Macerata 2012.

6 Klaus-Dietmar Henke, *Metapher, Mahnmal, Mythos*, in: *FAZ* vom 13. August 2011 (es war der 50. Jahrestag des Mauerbaus).

7 Angelo Bolaffi, *La cerniera d'Europa*, in: *Frontiere*, hrsg. von Antonio Calabrò, Mailand 2000, S. 117f.

Dritter Teil
1. Eine alte und neue Frage

1 Hagen Schulze, *Die Wiederkehr Europas*, Berlin 1990, S. 25.

2 Hagen Schulze, *Staat und Nation in der europäischen Geschichte*, München 1994, S. 327.

3 Silvio Fagiolo, *L'idea d'Europa nelle relazioni internazionali*, S. 48.

4 Nach der Kapitulation Frankreichs im Juni 1940 verkündete der *Völkische Beobachter* der NSDAP »das Ende der Französischen Revolution«.

5 Hagen Schulze, *Die Wiederkehr Europas*, S. 34.

6 Nach Karl dem Großen ist auch der Internationale Karlspreis der Stadt Aachen benannt, der seit 1950 jährlich an eine Persönlichkeit vergeben wird, die sich besonders um Europa verdient gemacht hat.

7 Er gehörte zu den Attentätern um Stauffenberg und war im Falle eines erfolgreichen Attentats als deutscher Kanzler vorgesehen. Im Februar 1945 wurde er von den Nationalsozialisten hingerichtet.

8 Der Begriff »Eiserner Vorhang« war ein Jahr zuvor erstmals von Goebbels in dem Artikel *Das Jahr 2000* der Zeitschrift »Das Reich« (26. Februar 1945) verwendet worden: Würde das deutsche Volk seine Waffen niederlegen, so schrieb er, würden die Russen gemäß der zwischen Roosevelt, Churchill und Stalin getroffenen Vereinbarungen ganz Ost- und Südosteuropa sowie weite Teile des Reichs besetzen, und es würde sich

»sofort ein eiserner Vorhang heruntersenken, hinter dem dann die Massenabschlachtungen der Völker begännen«. In Churchills Rede findet sich kein Bezug auf dieses für ihn peinliche Zitat von Goebbels.

9 Raymond Aron hat die britische Entscheidung einen »historischen Fehler« genannt: vgl. *L'idée européenne. Du discours de Zurich au Marché commun*, in: »Schweizer Monatshefte. Zeitschrift für Politik, Wirtschaft, Kultur«, 1968–69, 48. Angesichts der britischen Geschichte war dies allerdings ein unvermeidlicher Fehler.

10 Am 14. August 1941 unterzeichneten Roosevelt und Churchill an Bord der britischen »Prince of Wales«, die vor Neufundland kreuzte, die Atlantikcharta, in der sie die Grundsätze einer neuen geopolitischen, wertegebundenen Weltordnung aus Sicht des Westens formulierten.

11 »Ohne die beiden großen Despoten des 20. Jahrhunderts, Hitler und Stalin, wäre eine europäische Einigungsbewegung, die das erste Mal in der Geschichte des Kontinents dauerhafte, übernationale Institutionen hervorbringen sollte, nicht möglich gewesen.« Vgl. Hagen Schulze, *Staat und Nation*, S. 327.

12 Silvio Fagiolo, *L'idea d'Europa nelle relazioni internazionali*, S. 32.

13 In einem Beitrag für die »New York Times« vom 6. September 2012 forderte der amerikanische Historiker Charles Maier einen deutschen Marshallplan für Europa (*Europe Needs a German Marshall Plan*). Siehe hierzu die kritischen Anmerkungen von Gian Enrico Rusconi (*La sovranità tedesca e le istituzioni europee*, in: *Il Mulino*, 2012, 5): »Der Historiker Maier lässt sich von seiner Vorliebe für Analogien verführen und vergisst dabei, dass man die katastrophalen europäischen Nachkriegsjahre keineswegs mit den heutigen Problemen der Europäischen Union vergleichen kann. Die amerikanische Übermacht der Jahre 1945–48 lässt sich nicht mit der in Europa vergleichsweise soliden deutschen Wirtschaftslage vergleichen. Der Historiker blendet das internationale Umfeld, den Wettstreit mit der Sowjetunion unmittelbar vor dem Kalten Krieg, komplett aus.«

14 David Calleo, *Rethinking Europe's Future*, S. 102.

15 Luigi Einaudi, *La guerra e l'unità europea*, Bologna 1986, S. 42.

16 »Angesichts der Bedeutung, die Europa noch immer in der Welt zukommt [...], wäre seine Befriedung mittels föderaler Institutionen der größte Schritt in Richtung Weltfrieden.« Vgl. Altiero Spinelli, *La federazione europea*, in: *Una strategia per gli Stati Uniti d'Europa*, hrsg. von Sergio Pistone, Bologna 1989, S. 41 (Der Essay stammt allerdings aus der zweiten Jahreshälfte 1941).

17 Denis de Rougemont, *Europe United. A Lecture on the History of the Ideal for a United Europe*, in: *The Meaning of Europe*, London 1965.

18 Luigi Einaudi, *La guerra e l'unità europea*, S. 40 f.

19 »Es bedarf der Impulse, der Harmonisierung und der Regeln, die nur vom Staat ausgehen können.« Vgl. Charles de Gaulle, *Mémoires d'espoir, I, Le renouveau, 1958–1962*, Paris 1970, S. 181 (dt. v. Hermann Kusterer: Charles de Gaulle, *Memoiren der Hoffnung*, Wien/München/Zürich 1971, S. 183). Über das Europa de Gaulles vgl. Silvio Fagiolo, *L'idea d'Europa nelle relazioni internazionali*, S. 104 ff.

20 »De Gaulles Vorstellung von Europa wird allgemein als ein *Europa der Vaterländer* definiert. Einmal gab er jedoch ausdrücklich der Bezeichnung *Europa der Staaten* den Vorzug.« Vgl. David Calleo, *Rethinking Europe's Future*, S. 140.

21 Silvio Fagiolo, *L'idea d'Europa nelle relazioni internazionali*, S. 60.

22 Ebda., S. 85

23 »Wenn für die amerikanische Weltpolitik ›Europa‹ nicht mehr die oberste Priorität hat, so liegt das schlicht und ergreifend an den grundlegenden historischen Veränderungen seit 1989. Dass die Vereinigten Staaten den strategischen Fokus auf den Mittleren Osten und, mehr noch, auf Asien richten, ist somit keinem Subjektivismus geschuldet und keiner Liebeskrise; es ist die Folge realer Prozesse und Entwicklungen: Die geopolitschen Krisenherde, welche die Aufmerksamkeit Amerikas beanspruchen, liegen nicht mehr in Europa.« Klaus-Dieter Frankenberger, *Gemeinschaft über dem Atlantik*, in: *FAZ* vom 17. November 2012.

24 Altiero Spinelli, *La federazione europea*, S. 164.

25 Heinrich August Winkler, *Was hält Europa zusammen?*, Stuttgart 2005, S. 18.

26 Hagen Schulze, *Die Wiederkehr Europas*, Berlin 1990, S. 42. »Ich halte es für falsch, heute von einer postnationalen Welt zu sprechen. Was sich geändert hat, ist die Rolle der Nationalstaaten. [...] Wir leben in postklassischen Nationalstaaten.« So Heinrich August Winkler, in: Hans-Dietrich Genscher – Heinrich August Winkler, *Europas Zukunft. In bester Verfassung?*, Freiburg 2013, S. 76 ff.

2. Vom Frieden zur Macht: das neue Narrativ

1 Herman Van Rompuy und José Manuel Durão Barroso, »Vom Krieg zum Frieden, Dankesrede zum Nobelpreis«, in: *FAZ* vom 10. Dezember 2012.

2 Selbst unerbittliche Kritiker der Europäischen Union können nicht umhin, das »Wunder« anzuerkennen: »Gute Nachrichten sind selten; deshalb empfiehlt es sich, mit ihnen anzufangen, auch wenn jeder ordentliche Reporter natürlich die schlechten bevorzugt. Das Wichtigste zuerst: Es gibt nur wenige Jahrzehnte in der Geschichte unseres Erdteils,

in denen der Friede geherrscht hat. Zwischen den Staaten, die der Europäischen Union angehören, ist es seit 1945 zu keinem einzigen bewaffneten Konflikt mehr gekommen. Fast ein ganzes Menschenalter ohne Krieg! Das ist eine Anomalie, auf die dieser Kontinent stolz sein kann.« Vgl. Hans Magnus Enzensberger: *Sanftes Monster Brüssel oder Die Entmündigung Europas*, Frankfurt a.M. 2011, S. 7.

3 »*Elogio della filosofia*«, Gespräch zwischen Kurt Hilgenberg und Michel Serres, in: *La Repubblica* vom 8. April 2013.

4 Susan Neiman – Sigmar Gabriel, »*Wie wäre es mit Aufklärung?*«, in: *FAZ* vom 4. April 2013.

5 M. Rainer Lepsius, *Le radici storiche dell'Unione europea* S. 87 (Anm. d. Ü.: Lepsius' Schriften finden sich auf Deutsch großteils in: ders., *Interessen, Ideen und Institutionen*, Opladen 2009, und ders., *Demokratie in Deutschland: Soziologisch-historische Konstellationsanalysen; Ausgewählte Aufsätze*, Göttingen 1993).

6 Hubert Védrine, *Le déclin de l'empire européen*, in: »Philosophie magazine« vom September 2010, S. 43. Vgl. auch J. De Lothier, *L'Europa ha (ancora) un futuro?*, in: *Diorama* vom Mai/Juni 2012, S. 309. Dort finden sich, wie in vielen theoretischen Überlegungen der *Neuen Rechten*, interessante Beobachtungen, gepaart mit einem untolerierbaren Anti-Amerikanismus und einem Anti-Okzidentismus, der Europa und Amerika, das »Abendland« und den »Westen«, gegenüberstellt.

7 In *Euro e sovranità*, in: *La Repubblica* vom 10. August 2012, erinnert Gianni Bulgari an »General de Gaulles Worte auf Kissingers Frage, was Frankreich der wirtschaftlichen Überlegenheit Deutschlands entgegengesetzt habe: ›Den Krieg‹.«

8 Und das »Friedenswunder« des europäischen Projekts wirkt weiter: Dank der Vermittler aus Brüssel sowie der Aussicht auf einen EU-Beitritt setzten sich Serben und Kroaten an den Verhandlungstisch: vgl. Mara Gergolet, *Serbia-Kosovo. La pace nazionalista. Un piccolo successo per l'Europa*, in: *Corriere della Sera* vom 20. April 2013.

9 Silvio Fagiolo, *L'idea d'Europa nelle relazioni internazionali*, S. 93.

10 Von der Geschichte »falsifiziert« wurde hingegen Altiero Spinellis These, nach der »Europa [...] der Weg zur deutschen Einheit schien«: vgl. Altiero Spinelli, *La crisi degli Stati nazionali*, S. 221. Alle Annahmen wurden auf den Kopf gestellt: Nicht die Auflösung der UdSSR und das damit einhergehende Ende des Kalten Krieges führten zur deutschen Einheit, sondern, so kann man heute sagen, es war die deutsche Wiedervereinigung, mit der die Einheit Europas begann.

11 David Calleo, *Rethinking Europe's Future*, S. 207.

12 Martin Schulz, *Der gefesselte Riese*. Berlin 2013, S. 7.

13 »Ja, die derzeitige Politikergeneration steht vor großen Herausfor-

derungen, vielleicht den größten seit dem Zweiten Weltkrieg und der Gründung der Europäischen Gemeinschaft.« Tony Blair, in: *La Repubblica* vom 9. August 2012.

14 Barbara Spinelli, *Il New Deal d'Europa*, ebenda, 25. April 2012.

15 So Federico Fubini im *Corriere della Sera* vom 22. Oktober 2012, dem wir diese wichtigen Daten entnommen haben.

16 Heute lässt sich überall in der europäischen Linken eine Auseinandersetzung beobachten »zwischen denen, die voller Bedauern auf die sozialdemokratische Politik in dreißig glorreichen Nachkriegsjahren zurückblicken, und denen, die diese für nicht mehr zeitgemäß halten und eine liberaldemokratische Wende fordern, wenn man Regierungspartei bleiben will.« Vgl. Michele Salvati, *Il PD, la rana che si credeva un bue. Le cinque faglie di un collasso*, in: *Corriere della Sera* vom 21. April 2013. Dass zwischen der politischen Krise der europäischen Linken und der neuen Stellung Europas in der globalen Welt eine systemische Verbindung besteht, liegt auf der Hand.

17 Peter Sloterdijk, *Falls Europa erwacht. Gedanken zum Programm einer Weltmacht am Ende des Zeitalters ihrer politischen Absence*, Frankfurt a.M. 1994, S. 41.

18 Werner Weidenfeld, Wolfgang Wessels (Hrsg.), *Europa von A bis Z*, Baden-Baden 2011, S. 45.

19 Klaus Hänsch, *Mehr Europa – aber wie?*, in: *FAZ* vom 10. Dezember 2012.

20 Silvio Fagiolo, *L'idea d'Europa nelle relazioni internazionali*, S. 169.

21 Werner Weidenfeld, *Die Europäische Union und ihre föderale Gestalt*, in: Ines Härtel (Hrsg.), *Handbuch Föderalismus. Föderalismus als demokratische Rechtsordnung und Rechtskultur in Deutschland, Europa und der Welt*, Heidelberg 2012, Bd. IV, § 80, S. 35.

22 The Office of Tony Blair, »Tony Blair urges UK to shape the future of Europe«, Rede vom 28. November 2012. Ebenso unterstreicht Ferdinando Salleo (*UE, la deriva di Londra*, in: *La Repubblica* vom 1. Dezember 2012) zu Recht, dass die Vision der Gründerväter »gewagt und das ethisch-politische Konzept richtig war, dass sich aber das globale Gleichgewicht verändert hat«.

23 Franco Debenedetti, *Il peccato del professor Monti. L'Europa, i tecnici e le identità politiche degli italiani*, Venedig 2013, S. 55.

24 Holger Steltzner, *Europas Strukturkrise*, in: *FAZ* vom 10. Mai 2011.

25 David Calleo, *Rethinking Europe's Future*, S. 207.

26 Giorgio Napolitano, »Le difficoltà della politica (in Europa e in Italia)«, Rede vom 31. Januar 2012 anlässlich der Überreichung der Ehrendoktorwürde der Universität Bologna.

27 Ebenda.

28 Jürgen Habermas, *L'Europa dei cittadini. Più democrazia non meno*, in: *La Repubblica* vom 12. März 2012.
29 Eugenio Scalfari, »Il convitato di pietra«, ebenda, 7. Oktober 2012.
30 Colin Crouch, *Europa sichert unsere Autonomie*, in: *FAZ* vom 15. August 2012.
31 Friedrich Adolf Muschg, »Gier und Geiz«, Rede bei den Feierlichkeiten zur deutschen Einheit (vgl. *FAZ* vom 4. Oktober 2012). Viele Länder trauten der trügerischen Ruhe, vor allem Italien und Spanien. Sie nutzten die gute konjunkturelle Lage nicht zur Umsetzung notwendiger Reformen, sondern machten, wenig tugendhaft, weiter wie bisher, während Deutschland die Agenda 2010 auf den Weg brachte.
32 Hans Magnus Enzensberger, *Sanftes Monster Brüssel oder Die Entmündigung Europas*, S. 57.
33 Ebda., S. 54.
34 »In der Tat werden 20 Jahre nach der Unterzeichnung des Vertrages von Maastricht viele Regelungen nicht mehr im nationalen Alleingang getroffen. Das ist trotz aller damit verbundenen Schwierigkeiten zunächst einmal gut und richtig so. In der [...] globalisierten Welt gibt es oft keine andere Möglichkeit als die Schaffung gemeinsamer Regelungen, wenn man überhaupt imstande sein möchte, wirtschaftliche und gesellschaftliche Entwicklungen politisch zu gestalten.« So der Präsident des Bundesverfassungsgerichts Andreas Voßkuhle, *Über die Demokratie in Europa*, in: *FAZ* vom 9. Februar 2012.
35 Helmut Schmidt – Fritz Stern, *Unser Jahrhundert. Ein Gespräch*, München 2010.
36 Mario Draghi, in: *La Repubblica* vom 23. Juli 2012.

3. Die Vernunft des Sparens

1 Im Italienischen »ragione«, was außer Vernunft auch Grund, Argument, Rechtsanspruch oder Räson bedeuten kann.
2 Beispielsweise Francesco Giavazzi, »L'Europa vista da Berlino«, in *Corriere della Sera* vom 3. Juli 2012: »Auch wenn viele Angela Merkel seit Wochen vorwerfen, ihre Politik sei verantwortungslos, möchte sie keineswegs die Europäische Währungsunion scheitern lassen. Sie ist die einzige europäische Staatschefin mit einer klaren Strategie, die auch funktionieren könnte. Sie will keinen Sprung ins kalte Wasser, keine Eurobonds oder wie die anderen sinnlosen und unrealistischen Vorschläge alle lauten, sondern die schrittweise Übertragung von Hoheitsrechten an Europa, also einen langsamen, aber konkreten Übergang zur politischen Einheit Europas«. Siehe auch Archimede Callaioli, »È

sempre colpa della Germania?«, in *Diorama letterario*, Mai–Juni 2012, 309.

3 »Leider zeigt sich die deutsche Regierung wenig pragmatisch, es scheint fast, als wäre sie von der Absicht getrieben, den von Martin Luther und Max Weber kodifizierten Grundsatz zu beweisen«: Ulrich Beck im Interview mit Eugenio Occorsio, »L'ossessione della moneta deprime il lavoro«, in: *La Repubblica* vom 15. April 2012.

4 Marcello de Cecco, »L'etica tedesca e lo spirito dell'euro«, ebenda., 26. März 2013.

5 Amartya Sen, »Europa, va' a scuola da Keynes«, ebenda., 15. Juni 2012.

6 Maurizio Ferrera, »Una nuova fratellanza europea per superare il ›dogma tedesco‹«, in: *Corriere della Sera* vom 3. März 2013. Der Autor verrät allerdings nicht, welche asymmetrischen »unverdienten« Vorteile er meint.

7 Frédéric Lemaître, »Merkel et l'Europe allemande«, in: *Le Monde* vom 3. Dezember 2011. Anderer Meinung ist hingegen Luc Rosenzweig, ebenfalls langjähriger Korrespondent der französischen Zeitung: »Als Tochter eines protestantischen Pastors verkörpert sie die Rückkehr Preußens an die Schalthebel der Macht in Deutschland.« (»Das Deutschland unserer Träume«, in: *FAZ* vom 30. April 2013).

8 Udo Di Fabio, »Das europäische Schuldendilemma als Mentalitätskrise«, in: *FAZ* vom 22. Juni 2012.

9 In seiner Pionierarbeit vertrat Michal Kalecki die Meinung, dass Hitler der konsequenteste Schüler von Keynes gewesen sei und dass dessen »militarisierter Keynesianismus« die umfassendste Version der *Allgemeinen Theorie* darstelle. Dies hatte weitreichende Folge für die »Keynes-feindliche« Haltung der Theoretiker des Ordoliberalismus.

10 Wobei das Subjekt der Schuld allerdings ein (Bank-)Schuldner oder ein (moralisch) Schuldiger ist.

11 Etwas ganz anderes hingegen ist die Frage, die Elettra Stimilli kürzlich in ihrer wunderbaren Studie *Il debito del vivente* (Macerata 2011) aufgeworfen hat: Was verbindet Religion und Wirtschaft, »Askese und Kapitalismus?«

12 Die von der Kölner Schule um Alfred Müller-Armack und von Ludwig Erhard entwickelte Soziale Marktwirtschaft und der Ordoliberalismus der Freiburger Schule um Walter Eucken und Franz Böhm sind sowohl auf theoretischer als auch auf praktisch-politischer Ebene eng miteinander verwoben, aber nicht deckungsgleich. Siehe: Francesco Forte, Flavio Felice, Clemente Forte (Hrsg.), *L'economia sociale di mercato e i suoi nemici*, Soveria Mannelli 2012.

13 Angela Merkel, *Rede von Bundeskanzlerin Angela Merkel bei einer*

Vortrags- und Diskussionsveranstaltung der BELA-Foundation, Berlin, 7. Februar 2012 (Quelle: Bundesregierung).

14 Michel Foucault, *Nascita della biopolitica.* Corso al Collège de France (1978–1979), Mailand 2005, S. 83. Die beiden anderen Vorlesungen hielt er am 14. und 21. Februar. (Anm.d.Ü.: Frz.: Naissance de la biopolitique, in: ders., Dits et Écrits III, Paris 1994, S. 818 ff. Deutsche Übersetzungen liegen nur in Auszügen vor: ders., »Die Geburt der Biopolitik«, in: ders., *Dits et Ecrits Schriften*, Dritter Band, Frankfurt am Main 2003, S. 1020 ff.; »Gouvernementalität« und »Staatsphobie«, in: Ulrich Bröckling, Susanne Krasmann, Thomas Lemke, *Gouvernementalität, Studien zur Ökonomisierung des Sozialen*, Frankfurt am Main 2000, S. 41 ff. und S. 68 ff.; ders., *Der Staub und die Wolke*, Grafenau 1993).

15 Ebenda, S. 97 ff. Es ist unmöglich, an dieser Stelle auch nur andeutungsweise die Fülle der historisch-kulturellen Bezüge wiederzugeben, mit denen Foucault die »metaphysischen« Voraussetzungen der Schule des Ordoliberalismus unterfüttert. Ein Beispiel: »aber wie die Ordoliberalen sagen – und da ist zweifellos der Einfluss von Husserl erkennbar [...]«; ähnlich wie Husserl sagen die Ordoliberalen, dass »eine formale Struktur nicht ohne verschiedene Bedingungen in der Intuition erkannt werden kann und der Wettbewerb als grundlegende ökonomische Logik nur erscheinen und seine positive Wirkung entfalten kann, *wenn es verschiedene Bedingungen gibt, die auf sorgfältige Weise konstruiert und realisiert werden*«: Ebenda., S. 111. Kursiv von mir.

16 Alfred Müller-Armack, »Der humane Gehalt der Sozialen Marktwirtschaft«, in: ders., *Genealogie der Sozialen Marktwirtschaft*, (Ausgewählte Werke), hrsg. von Ernst Dürr, Bern, Stuttgart 1981, S. 168.

17 Michel Foucault, *Nascita della biopolitica*, S. 110.

18 Ebenda., S. 112 (kursiv von mir).

19 Matthias Bohlender, »Die historische Wette des Liberalismus. Die Geburt der Sozialen Marktwirtschaft«, in: *Ästhetik & Kommunikation*, XXXVI, 2005, Nr. 129–130, S. 124.

20 Die Idee eines »dritten Weges« geht auf den Soziologen und Ökonomen Franz Oppenheimer (1864–1943) zurück, der 1922 bis 1925 Doktorvater von Ludwig Erhard war.

21 *Jenseits des Kapitalismus. Ein Beitrag zur sozialistischen Neuorientierung*, Veröffentlichung 1947 unter dem Pseudonym Paul Sering.

22 Nach Foucaults Meinung vollzog die SPD bereits 1959 in Bad Godesberg die »liberale« Wende, die man sonst erst dem »New Left«-Projekt von Blair-Schröder und Clinton in den neunziger Jahren zuschreibt: »Um in der Politik des neuen Deutschland mitspielen zu können, musste sich die SPD an der These des Neoliberalismus orientieren [...]. Der Parteitag in Bad Godesberg [...] markierte den Bruch mit der

marxistischen Theorie, mit dem marxistischen Sozialismus, aber ebenso [...] die Anerkennung dessen, was bereits praktischer wirtschaftlich-politischer Konsens des deutschen Liberalismus war. [...] Die Sozialdemokraten mussten jetzt nur noch mit einem brechen: mit dem britischen Modell und mit allem, was mit einer Wirtschaftspolitik à la Keynes zu tun hatte.« (Michel Foucault, *Nascita della biopolitica*, S. 87).

23 Alfred Müller-Armack, »Die fünf großen Themen der künftigen Wirtschaftspolitik«, in: ders., *Genealogie der Sozialen Marktwirtschaft*, (Ausgewählte Werke), hrsg. von Ernst Dürr, Bern, Stuttgart 1981, S. 315–342. S. 319.

24 Ebda., S. 321. Eine Wahlkampagne der CDU unter Kohl in den achtziger Jahren griff diesen Gegensatz in dem polemisch verkürzten Slogan »Sozialismus oder Freiheit« auf.

25 Alfred Müller-Armack, »The Social Market Economy as an Economic and Social Order«, in: *Review of Social Economy*, 1978, 3, S. 168.

26 Enzo Di Nuoscio, »La sinistra e l'umanesimo dell'economia sociale di mercato«, in: *L'economia sociale: una risposta alla crisi*, hrsg. von Massimo Bray und Mattia Granata, Rom 2012, S. 61. Das Zitat von Carlo Rosselli wurde »Socialismo liberale«, Mailand 2010 (das Werk stammt von 1930), entnommen, S. 116. Di Nuoscio unterstreicht zu Recht, die ordoliberale Kritik am Laissesz-faire erinnere an die von Luigi Einaudi, man müsse für die Liberalen »einen neuen Namen erfinden«, der sie von den *Laissez-faire*-Liberalen abhebt, da ihre geistige Haltung eine völlig andere sei. Ebenda, S. 56.

27 Michel Foucault, *Nascita della biopolitca*, S. 127.

28 Ebenda., S. 129 ff.

29 »The challenge to the German model posed by unification, Europeanization and globalization«: Christopher S. Allen, *Ideas, Institutions, and the Exhaustion of Modell Deutschland*, S. 2.

30 Der Begriff wird in zweierlei Bedeutung verwendet. Einmal bezeichnet er, wie bei dem Ökonomen Herbert Giersch, die Unflexibilität des europäischen Arbeitsmarktes im Vergleich zum amerikanischen Arbeitsmarkt. In der Europadebatte hingegen bezeichnet er die Stagnierungsphase im europäischen Einigungsprozess, die vor allem dank des Werks von Altiero Spinelli Anfang der achtziger Jahre überwunden werden konnte.

31 Christopher S. Allen, *Ideas, Institutions, and the Exhaustion of Modell Deutschland*, S. 3.

32 Diese Lesart der endgültigen Krise der Weimarer Republik enthält nur einen Teil der Wahrheit. Eine andere verweist, wie neuere Forschungen etwa von Heinrich August Winkler, *Weimar 1918–1933. Die Ge-*

schichte der ersten deutschen Demokratie (München 2005), zeigen, auf politisch-institutionelle Gründe und eminent kulturelle Fragen.

33 So der Sozialdemokrat Olaf Scholz, Erster Bürgermeister von Hamburg und Minister im Kabinett Schröder (in: *FAZ* vom 26. Februar 2012). Siehe auch Tony Blair: »Auch ohne die Krise wäre es zweifellos notwendig, den Staat, wie er nach dem Zweiten Weltkrieg entstanden ist, radikal zu reformieren.« (»Un'occasione per la sinistra«, in: *La Repubblica* vom 12. April 2013). Die von Blair, Schröder und Prodis *Ulivo* in Angriff genommene (und gescheiterte) Bildung einer post-sozialdemokratischen Linken forderte nicht den Abschied vom Marxismus, der ja schon erfolgt war, sondern die Überwindung von Keynes' Lehren. Die »Schuldenbremse« wurde 2009 unter Peer Steinbrück, dem sozialdemokratischen Finanzminister der ersten Großen Koalition unter Merkel und SPD-Kanzlerkandidat im Wahlkampf 2013, in die Verfassung aufgenommen. Die anderen Ländern der Eurozone folgten dieser Entscheidung.

34 Dies bestätigte wieder einmal die große Aufregung, die auf die Entdeckung der Fehlerhaftigkeit der Studie von Reinhart und Rogoff durch einen jungen Wissenschaftler an der Universität Massachusetts (vgl. Federic Rampini, »Il ragazzo che ha smentito Harvard salvando il mondo dall'austerità«, in: *La Repubblica* vom 29. April 2013) folgte. Dieser falsifizierte damit angeblich die theoretischen Grundlagen für die Verringerung der Staatsverschuldung, die Deutschland und der Internationale Währungsfond fordern. Die Debatte ist auf jeden Fall überhitzt, und die metaphysischen Voraussetzungen und strategischen Ziele der Sparpolitik von Angela Merkel unterscheiden sich zudem grundlegend von denen des Währungsfonds und der amerikanischen Konservativen.

35 Massimo Gaggi, »Il caso Rogoff-Reinhart. Il giovane economista svela gli errori dei guru dell'austerity«, in: *Corriere della Sera* vom 18. April 2013. (In der deutschen Presse verlautete beispielsweise dazu: »Es gibt keine Anzeichen für eine historische Schuldenbremse«, in: *Handelsblatt* vom 20. April 2013.)

36 Paul Krugman, »Why Germany Kant Kompete«, in: *Fortune* vom 19. Juli 1999. Das »K« im Titel ist ironisch und beabsichtigt.

37 Mit allem gebotenen Respekt vor dem Nobelpreisträger: Die Überzeugung, der kategorische Imperativ von Kant lasse sich auf rigide Ladenöffnungszeiten oder den Wert der Währung und der Pragmatismus von James auf die pragmatischen Öffnungszeiten der Lebensmittelgeschäfte in Brooklyn herunterbrechen, erscheint doch sehr naiv. Und beweist einmal mehr, dass die großen Ökonomen von Adam Smith bis Karl Marx und John Maynard Keynes in erster Linie große Philosophen waren.

38 »Auch um den Preis, die Macht zu verlieren«, Rede von Gerhard Schröder im *Handelsblatt* vom 6. März 2013.

39 Sebastian Dullien, Ulrike Guérot, *The Long Shadow of Ordoliberalism: Germany's Approach to the Euro Crisis*, European Council on Foreign Relations, Februar 2012.

40 Arcadius Rudolf Lang Gurland, Otto Kirchheimer, Herbert Marcuse, Friedrich Pollock, *Tecnologia e potere nelle società post-liberali*, hrsg. von G. Marramao, Neapel 1981.

41 Michel Foucault, *Nascita della biopolitica*, S. 102ff.

42 Es ist ein Zeichen unserer Zeit, dass die heutigen »Waisen von Marx« sich jetzt sämtlich »Enkel von Keynes« nennen, obwohl sie in der Vergangenheit, als sie noch Marxisten waren, Keynes als wirtschaftspolitisches Legitimationsinstrument des Spätkapitalismus kritisiert haben. (Wer erinnert sich nicht an den Bestseller von James O'Connor, *Die Finanzkrise des Staates* von 1974?)

43 Paul Kirchhof, »Wachstum ohne Wert«, in: *FAZ* vom 22. März 2013. Wir beziehen uns auf die Wende, die sich nach einer von den Lehren Keynes' geprägten Phase unter dem Druck nicht nur der wirtschaftlichen Stagnation und hohen Stagflation, sondern auch der gleichzeitig zunehmenden Bedeutung der ökologischen Frage nach der Veröffentlichung des Berichts des Club of Rome, *Die Grenzen des Wachstums* (1972,) und nach der Ölkrise (1973) in der Wirtschaftspolitik der wichtigsten westlichen Länder vollzog.

44 »Es wurde schon häufig darauf hingewiesen, dass die von Deutschland vorgeschlagenen Lösungen für die europäischen Krise vollkommen anders aussehen als das, was die Finanzmärkte und die internationale Presse fordern. Deutschland musste sich für seine Währungspolitik, für seine Unflexibilität in puncto Sparmaßnahmen harte Kritik anhören« (Sebastian Dullien, Ulrike Guérot, *The Long Shadow of Ordoliberalism*).

4. Europas Zukunft und deutsche Hegemonie

1 Michael Gehler, *Europa. Ideen, Institutionen, Vereinigung*, München 2010, S. 501.

2 Eine der wenigen Ausnahmen war Ralf Dahrendorf: »Mich jedenfalls läßt die Erfahrung der Protagonisten der Revolution von 1989 nicht los.« (zitiert nach Alexander Cammann, »1989 neu entdecken«, in: *Deutschland denken. Beiträge für die reflektierte Republik*, hrsg. von Undine Ruge und Daniel Morat, Wiesbaden 2005, S. 69.)

3 Ian Kershaw, »Il fascismo è un'altra storia: non ci sarà il Quarto Reich«, in: *Corriere della Sera. La Lettura* vom 24. März 2013.

4 Alexander Cammann, »1989 neu entdecken«, S. 69. Anders Jürgen Habermas: »Die neue deutsche Hartleibigkeit hat tiefere Wurzeln.

Schon mit der Wiedervereinigung hatte sich die Perspektive eines größer gewordenen und mit eigenen Problemen beschäftigten Deutschlands verändert. Wichtiger war der Bruch der Mentalitäten, der nach Helmut Kohl eingetreten ist.« *Zur Verfassung Europas. Ein Essay*, Berlin 2011, S. 116. Habermas kritisiert dort die Generation nach Kohl als »eine normativ abgerüstete Generation«.

5 Charles S. Maier, »Die ostdeutsche Revolution«, in: Klaus-Dietmar Henke, *Revolution und Vereinigung 1989/1990. Als in Deutschland die Realität die Phantasie überholte*, München 2009, S. 574. »Zum erstenmal in diesem Jahrhundert, dass deutsche Geschichte gut verläuft. Zum erstenmal, dass eine deutsche Revolution gelingt. Die Deutschen in der DDR haben eine Revolution geschaffen, die in der Geschichte der Revolutionen wirklich neu ist: die sanfte Revolution«: Martin Walser, in *FAZ* vom 11. November 1989.

6 »So greifen die Europäer in der Krise auf einen Erfahrungsschatz über ihre Nachbarn zurück, den man eigentlich nach 1945 wegschließen wollte. Für viele Deutsche mag es eine Überraschung sein, aber im Rest Europas ist das Dritte Reich nicht vergessen. [...] Eine gewisse Grundskepsis gegenüber diesem großen Land in der Mitte des Kontinents, dessen Gründung und Aufstieg die Nachbarn seit dem 19. Jahrhundert mit viel Blut bezahlen mussten, ist gerade in den kleinen europäischen Ländern nie verschwunden.« Nikolas Busse, »Renaissance des Vorurteils«, in *FAZ* vom 2. Februar 2012.

7 Ulrike Guérot, »Wie viel Europa darf es sein?«, *European Council on Foreign Relations*, 27. Oktober 2010.

8 Ulrike Guérot, Mark Leonard, »Die neue deutsche Frage. Welches Deutschland braucht Europa?«, *European Council on Foreign Relations*, April 2011.

9 Gian Enrico Rusconi, »La sovranità tedesca e le istituzioni europee«, in: *Il Mulino*, 2012, 5. Und so wurden auch die provozierenden Thesen in Thilo Sarrazins Buch, das den programmatischen Titel *Europa braucht den Euro nicht* trägt, ebenso wie ihr überwältigender Erfolg wenn nicht gar als Ankündigung, so doch als Vorbote eines möglicherweise unmittelbar bevorstehenden deutschen Ausstiegs aus dem Euro interpretiert. Die schärfste Kritik daran kam von Peer Steinbrück, früherer Finanzminister im Kabinett Schröder und SPD-Kanzlerkandidat bei den Wahlen vom 22. September 2013: »Unpolitisch aufs Scheitern fixiert«, in: *FAZ* vom 23. Mai 2012.

10 Silvio Fagiolo, »Capire la Germania«, in: *Italianieuropei*, 2011, 2.

11 Ulrike Guérot, »Wie viel Europa darf es sein?«, S. 3.

12 Ulrike Guérot, Mark Leonard, »Die neue deutsche Frage«, S. 5.

13 Klaus-Dieter Frankenberger, »Starkes Deutschland, gutes Deutsch-

land«, in: *FAZ* vom 24. September 2012. Der Artikel bezieht sich auf eine von der Deutschen Gesellschaft für internationale Zusammenarbeit herausgegebene Forschungsarbeit über die Meinung von politischen, ökonomischen und »zivilen« Eliten in 21 Ländern zur Rolle Deutschlands in der Welt.

14 Michael Stürmer, »Kein Eigentum der Deutschen: die deutsche Frage«, in: *Die Identität der Deutschen*, hrsg. von Werner Weidenfeld, München 1983, S. 92.

15 Wolfgang Schäuble, »Institutioneller Wandel und europäische Einigung«, in: *FAZ* vom 12. Januar 2013.

16 Giuliano Amato, »L'originalità istituzionale dell'Unione europea«, in: *Un passato che passa?*, S. 85.

17 Otfried Höffe, »Souverän ist, wer über Verstand verfügt«, in: *FAZ* vom 10. August 2012.

18 »Der Identität der Europäischen Union fehlt es vonseiten der Nationen an emotionaler Substanz [...]. Es gibt keine gemeinsamen Symbole, historischen Daten, entscheidenden Schlachten, traumatischen Teilungen oder Erinnerungen, die man denen anderer entgegensetzen könnte. Selbst die Mythen der Gründerväter lassen sich nicht mit denen etwa der USA vergleichen: Silvio Fagiolo, *L'idea d'Europa nelle relazioni internazionali*, S. 226.

19 Jacques Le Goff, »Un continente, una storia«, in: *La Repubblica* vom 22. Dezember 2011.

20 Schon heute lässt sich, wie Heinrich August Winkler unterstreicht, die offensichtlich widersprüchliche Koexistenz von einer rechtlich-normativen EU-weiten und übernationalen Dynamik und einem zwischenstaatlichen und nationalen Politik-, Entscheidungs- und Verfahrensansatz beobachten.

21 Heinrich August Winkler, in: Genscher – Winkler, *Europas Zukunft*, S. 77f.

22 Mario Draghi, Rede bei der Katholischen Akademie in Bayern, München, 27. Februar 2013.

23 Mario Teló spricht zu Recht vom »continental European model«: »Folglich ist die europäische Wirtschaftsregierung vor allem ein politisches Engagement, ein Schritt in Richtung einer neuen Vision einer politischen Union, die eine unmittelbare Antwort auf die zersetzende Logik des globalen Marktes bietet« (»Reinventing Europe«, in: *European Foreign Policy* vom 23. Februar 2012.)

24 »Können wir eine gemeinsame europäische Soziale Marktwirtschaft aufbauen, ohne dieses Problem zu lösen? Ich denke nicht: Und darum sehe ich eine große Kontinuität zwischen dem deutschen Engagement, das Europa in den letzten fünfzig, sechzig Jahren vorangetrieben hat, der

Sozialen Marktwirtschaft und der europäischen Situation, die heute durch einen Vertrag gestärkt wird, der für ein besseres Funktionieren Europas sorgt und Europa zu einer Sozialen Marktwirtschaft erklärt«: Mario Monti, »Le conseguenze sociali della globalizzazione e il modello europeo.«

25 Bruno Schoch, »Vergesst es nie: Europa ist aller Zukunft – wir haben keine andere«, *Friedensgutachten der Hessischen Stiftung Friedens- und Konfliktforschung* (HSFK), Berlin 2011, S 86. Siehe auch Hanns W. Maull, »Dove va la Germania?«, in: *Il Mulino*, 2011, 2, S. 279: »Eine wirksame Führung verlangt also eine gewisse Führungsfähigkeit und die richtige Haltung.«

26 Dalilah Reuben-Shemia, »Hegemonie bei Triepel und Gramsci«, in: *Studentische Untersuchungen der Politikwissenschaften und Soziologie*, III, 1, Mai 2011, S. 12ff.

27 Eugenio Scalfari, in: *La Repubblica* vom 20. Mai 2012.

28 Ulrich Beck, *Das deutsche Europa: neue Machtlandschaften im Zeichen der Krise*, Berlin 2012.

29 Das deutsche Grundgesetz von 1949 ist die einzige europäische Verfassung, die sich in ihrer Präambel auf Europa bezieht: »als gleichberechtigtes Glied in einem vereinten Europa dem Frieden der Welt zu dienen«; außerdem heißt es in dem nach der Wiedervereinigung modifizierten Artikel 23: »Zur Verwirklichung eines vereinten Europas wirkt die Bundesrepublik Deutschland bei der Entwicklung der Europäischen Union mit.«

PERSONENREGISTER

A

Abelshauser, Werner 130, 264
Adenauer, Konrad 27, 40, 52, 66, 75f., 94, 105, 107, 118, 120, 161, 173, 177, 209, 224, 235, 248, 253
Adorno, Theodor Wiesengrund 78, 105, 116, 120, 229, 260f.
Albert, Michael 135, 265
Albrecht, Clemens 262
Allemann, Fritz René 121
Allen, Christopher S. 221, 255, 276
Alvaro, Corrado 150
Amato, Giuliano 74, 238, 280
Andreotti, Giulio 37ff., 45, 73, 79, 83f., 247, 252
Antonio Gramscis 78
Arendt, Hannah 96, 108, 114ff., 229, 257, 260
Aron, Raymond 168, 178, 268

B

Bachmann, Ingeborg 79
Badoglio, Petro 77
Barenboim, Daniel 148
Barroso, José Manuel Durão 270
Battista, Pierluigi 257
Beck, Ulrich 145f., 162, 267, 273, 281
Benjamin, Walter 51, 78, 149, 163, 229
Berghahn, Volker 265
Bergsten, C. Fred 252
Berio, Luciano 79
Berlinguer, Enrico 73, 77, 227
Berlusconi, Silvio 17, 71, 73, 80, 82, 85–90, 127, 247, 254, 263
Bersani, Pier Luigi 71
Bertinotti, Fausto 256
Beveridge, William Henry 223, 226
Bismarck, Otto von 11, 48, 50, 53f., 107, 151, 172, 223, 247, 250
Blair, Tony 59, 183, 195, 198, 251, 263, 271f., 276
Bleek, Wilhelm 261
Bloom, Allan 114f.
Blot, Jacques 248
Bodin, Jean 175
Bohlender, Matthias 275
Böhm, Franz 274
Bolaffi, Angelo 121f., 143f., 160, 245, 247, 250, 253ff., 258f., 262, 267f.
Böll, Heinrich 109
Borkenau, Franz 115
Borsellino, Paolo 73
Bossi, Umberto 73
Bracher, Karl Dietrich 262
Brandt, Willy 12, 52, 77, 107, 110, 143, 152
Brecht, Bertolt 149, 200
Bretherton, Russell 61
Broder, Henryk Marcin 97
Brüning, Heinrich 222
Brzeziński, Zbigniew 84
Bulgari, Gianni 271
Burckhardt, Jacob 23, 206, 245, 246
Bush, George H. W. 47
Bush, George W. jr. 88, 127, 224
Busse, Nikolas 279
Buttazzi, Simone 268

C

Callaioli, Archimede 273
Calleo, David 173, 247, 250, 269, 270ff.
Calogero, Guido 218
Calvino, Italo 78
Cameron, David 143
Cammann, Alexander 231, 278
Caracciolo, Lucio 57, 251
Carli, Guido 86
Cassirer, Ernst 51, 120, 262

Castellucci, Lars 266
Castlereagh, Robert Stuart 49
Cecco, Marcello de 274
Celan, Paul 261
Chabod, Federico 168
Chagall, Marc 148
Chipperfield, David 159
Chirac, Jacques-René 127, 263
Christo 160
Christo, Jeanne-Claude 160
Chruschtschow, Nikita 28
Churchill, Winston 43 ff., 62, 170 f., 174, 179, 268 f.
Ciampi, Carlo Azeglio 81, 89
Claussen, Detlev 262
Cohn-Bendit, Daniel 248
Colletti, Lucio 99
Colombo, Emilio 254
Cook, Walter 115
Coudenhove-Kalergi, Richard 170
Craig, Gordon 42
Crainz, Guido 72, 74, 253
Craxi, Bettino 73
Croce, Benedetto 11, 50, 99
Crouch, Colin 200, 272

D

Dahrendorf, Ralf 43, 278
Dalla, Lucio 160
De Benedetti, Carlo 256
De Gasperi, Alcide 75 f., 173, 177, 209, 224, 253
Debenedetti, Franco 272
Dehio, Ludwig 31, 33, 229, 243, 247
Delors, Jacques 63–66, 68, 197
Deutsch, Karl Wolfgang 115
Di Cagno, Gabrielle 268
Di Fabio, Udo 210, 274
Di Michelis, Gianni 252
Di Nuoscio, Enzo 276
Dilthey, Wilhelm 213
Diner, Dan 50, 95, 97
Doering-Manteuffel, Anselm 246
Draghi, Mario 58, 205, 250 f., 263, 280
Dullien, Sebastian 277 f.
Dumont, Louis 167

E

Einaudi, Luigi 175 f., 269
Einstein, Albert 51
Eisenman, Peter 148
Enzensberger, Hans Magnus 95, 257, 260, 270
Erhard, Ludwig 94, 136, 218, 221, 274 f.
Eucken, Walter 213, 218, 274

F

Fagiolo, Silvio 46, 64, 181, 186 f., 248 f., 251 f., 255, 268–272, 279 f.
Falcone, Giovanni 73
Fassbinder, Rainer Werner 112
Fellini, Federico 78
Ferraris, Luigi Vittorio 247
Ferrera, Maurizio 263, 274
Fischer, Joschka 85, 123, 126, 128, 251
Fischer, Severin 144 f., 267
Fontane, Theodor 52, 147
Foster, Norman 160
Foucault, Michel 207, 212–219, 226, 274–277
Fraenkel, Ernst 78, 117, 123, 134, 261 f., 266
Frankenberger, Klaus-Dieter 270, 279
Freud, Sigmund 114
Friedrich II., Kaiser 254
Friedrich, Carl Joachim 115
Fubini, Federico 271
Fukuyama, Francis 32
Fumian, Carlo 246

G

Gaggi, Massimo 277
Galli della Loggia, Ernesto 77, 253
Gandhi, Mahatma 230
Ganz, Peter 245
Garton Ash, Timothy 43, 247, 252
Gauck, Joachim 111, 260
Gaulle, Charles de 40, 174, 178, 248, 269
Gay, Peter 167, 259
Gehler, Michael 279
Genscher, Hans-Dietrich 83, 247, 254, 270
Gergolet, Mara 271

Gerhardt, Volker 245
Giavazzi, Francesco 273
Giersch, Herbert 276
Girard, René 245, 246
Giscard d'Estaing, Valéry 79
Glucksmann, André 197
Goebbels, Joseph 268
Goerdeler, Carl 169
Goethe, Johann Wolfgang von 23–26, 246
Goldhagen, Daniel Jonah 97, 100, 258
Gorbatschow, Michail Sergeević 47, 202
Gramsci, Antonio 73
Grass, Günter 29, 48, 109, 249
Grimm, Dieter 138, 266
Guérot, Ulrike 277 ff.
Gurland, Arcadius Rudolf Lang 277

H

Habermas, Jürgen 29, 100, 112, 180, 250, 258, 260, 263, 272, 278 f.
Haider, Jörg 142
Hänsch, Klaus 192, 272
Haussmann, Manfred 160
Hayek, Friedrich August von 216
Hegel, Georg Wilhelm Friedrich 76, 114, 176
Heidegger, Martin 50 f., 106, 114, 259
Heimpel, Hermann 182
Heller, Hermann 51
Henke, Klaus-Dietmar 158 f., 268
Henze, Hans Werner 79
Herder, Johann Gottfried 119, 206
Herf, Jeffrey 33
Herz, John 115
Herz, Marion 245
Hessel, Stéphane 15
Heuss, Theodor 118
Hilberg, Raul 116, 261
Hilferding, Rudolf 51, 133, 265
Hillgruber, Andreas 29, 246
Hindenburg, Paul von 102
Hirschman, Albert 27
Hitler, Adolf 42, 50, 100, 105, 115, 123, 161, 169, 226, 243, 246, 269, 274
Höffe, Otfried 280
Hoffmann, Jürgen 266
Hoffmann, Stanley 62
Hölderlin, Friedrich 9, 19
Honecker, Erich 30, 51
Horkheimer, Max 78, 120, 213
Huber, Florian 245
Humboldt, Alexander von 51
Humboldt, Wilhelm von 51
Hurd, Douglas 43
Hussein, Saddam 127

I

Ismay, Lord 172
Issing, Othmar 251

J

James, William 225
Jaspers, Karl 28
Jebb, Gladwyn 44
Judt, Tony 70, 188
Jünger, Ernst 78

K

Kaeber, Ernst 149
Kalecki, Michal 274
Kallscheuer, Otto 143 f., 267
Kant, Immanuel 51, 99, 184, 224 f.
Karl V., Kaiser 243
Kennedy, John Fitzgerald 161
Kershaw, Ian 278
Kertész, Imre 142
Keynes, John Maynard 208, 222–228, 274
Kielmansegg, Peter Graf von 259, 262
Kirchheimer, Otto 78, 115, 277
Kirchhof, Paul 278
Kissinger, Henry 257
Kittlitz, Alard von 267
Klee, Paul 229
Klose, Alexander 245
Kohl, Helmut 13, 39, 44, 52, 59, 65 ff., 80, 128, 152, 161, 190, 201, 209, 220, 224, 279
Kowalczuk, Ilko-Sascha 246
Kraft, Hannelore 249
Kranz, Isabel 245
Kraushaar, Wolfgang 260

Kreisky, Bruno 257
Krugman, Paul 224f., 228, 277
Krupp 102

L

Lafontaine, Oskar 152
Lanzmann, Claude 110
Lasker-Schüler, Else 162
Lassalle, Ferdinand 223
Le Goff, Jacques 240, 280
Lederer, Emil 115
Lemaître, Frédéric 274
Lepenies, Wolf 11, 261
Lepsius, M. Rainer 140f., 185, 253, 258, 267, 271
Lessing, Gotthold Ephraïm 51, 98
Levi, Lucio 247
Levi, Primo 260f.
Lévy, Bernard-Henry 249
Libeskind, Daniel 148
Lima, Salvo 73
Linz, Juan 262
Löwenthal, Richard 117, 216
Löwith, Karl 51, 93, 146, 267
Ludendorff, Erich 102
Luther, Martin 208, 273
Luttwak, Edward 88

M

Maderna, Bruno 79
Magris, Claudio 124, 134f., 265
Maier, Charles S. 230, 246, 269, 278
Mainardi, Roberto 247, 250, 252
Malthus, Thomas 198
Mann, Thomas 14, 50, 52, 57, 78, 90, 99, 243, 258f.
Marcinkus, Paul Casimir 99
Marcuse, Herbert 112, 114f., 277
Marinetti, Tmmaso 161
Marramao, Giacomo 142, 247
Marx, Karl 23, 25, 28, 99, 114, 134, 198, 206, 213, 225, 246
Maull, Hanns W. 280, 281
Mauriac, François 247
Mazzuca, Lucia 250
Meier, Christian 259f.
Merkel, Angela 15, 82, 112, 128, 143, 144, 203, 207–211, 218, 222, 224ff., 228, 248, 251, 273f.
Milošević, Slobodan 46
Minc, Alain 30, 246
Mitterrand, François 37, 40, 42, 45, 55, 62, 67f., 248
Mladić, Ratko 46
Monnet, Jean 41, 174, 180, 186, 193, 203
Montebourg, Arnaud 248
Monti, Mario 71, 90, 252, 256, 280
Morante, Elsa 78
Moravcsik, Andrew 252
Moravia, Alberto 78
Morgenthau, Hans Joachim 115
Moro, Giovanni 250
Moses, A. Dirk 97, 257
Mosse, George L. 258
Müller, Herta 142
Müller, Jan Philip 245
Müller, Reinhard 255
Müller-Armack, Alfred 136, 207, 218, 274ff.
Muschg, Friedrich Adolf 272
Mussolini, Benito 89, 169

N

Napoleon Bonaparte 168
Napolitano, Giorgio 18, 64, 196f., 247, 255, 272
Neiman, Susan 271
Neuberger, Josef 118
Neumann, Franz Leopold 78, 115, 117, 261
Nietzsche, Friedrich Wilhelm 49, 94, 210, 257
Nolte, Ernst 100
Nonnenmacher, Günther 132f., 265
Nono, Luigi 79

O

O'Connor, James 278
Onida, Valerio 267
Oppenheimer, Franz 275
Ortega y Gasset, José 232

P

Pannella, Marco 87
Panofsky, Erwin 115
Pasolini, Pier Paolo 73, 78

Pergande, Frank 267
Pintor, Giaime 169
Pistone, Sergio 269
Plessner, Helmuth 77, 213
Polito, Antonio 255
Pollock, Friedrich 115, 277
Powell, Charles 43, 248
Priester, Karin 267
Prodi, Romano 81, 88 f., 130 f., 276
Purini, Puri 254, 255, 256

R

Radbruch, Gustav 265
Rampini, Federico 255, 277
Ranucci, Roberto 250
Rathenau, Walther 102
Rattle, Simon 148
Reagan, Ronald Wilson 220, 224
Reich, Wilhelm 112
Reuben-Shemia, Dalilah 281
Rex, Zvi 105
Rice, Condoleezza 38, 43, 47, 247 ff., 252
Ridley, Nicholas 248
Rifkin, Jeremy 187
Ringer, Fritz K. 260
Ritter, Gerhard 262
Rizzuto, Antonio 252
Röpke, Wilhelm 218
Rosenzweig, Luc 274
Rosselli, Carlo 218
Rossi, Ernesto 169
Roubini, Nouriel 228
Rougemont, Denis de 176, 269
Rousseau, Jean-Jacques 179
Rusconi, Gian Enrico 247, 249, 251–259, 279
Rüstow, Alexander 216
Rüthers, Bernd 266

S

Sabrow, Martin 249
Salomon, Ernst von 51, 250
Salvati, Michele 272
Sartori, Giovanni 239
Scalfari, Eugenio 272, 281
Schabowski, Günter 245
Schacht, Hjalmar 226
Schäuble, Wolfgang 152, 237 f., 280
Scheffler, Karl 149, 267
Scheler, Max 213
Scherpe, Klaus R. 267
Schirrmacher, Frank 118, 262
Schmidt, Helmut 13, 44 f., 52, 79, 107, 128, 152, 183, 204, 222, 229, 232, 240, 249, 254
Schmitt, Carl 51, 56, 78, 137, 140, 266
Schoch, Bruno 280
Scholz, Olaf 222, 276
Schönberger, Christoph 266
Schröder, Gerhard 60, 85, 126–129, 222, 263, 276, 277
Schulz, Martin 271
Schulze, Hagen 168, 268 ff.
Schumacher, Kurt 107
Schuman, Robert 34, 45, 174, 177, 183, 186, 209
Schütz, Klaus 109, 260
Semjonow, Wladimir 30
Sen, Amartya 274
Sering, Paul 117
Serres, Michel 184, 271
Siedler, Wolf Jobst 151
Sikorski, Radosław 229, 237
Simmel, Georg 149, 240
Simon, Hermann 265
Sloterdijk, Peter 52, 94, 100, 191, 250, 258, 262, 272
Smith, Adam 225
Söllner, Alfons 260 f.
Sontheimer, Kurt 94, 257
Soros, George 251
Speckmann, Thomas 255
Spinelli, Altiero 29, 39, 169, 247, 269 ff., 276
Spinelli, Barbara 210, 265, 271
Srubar, Ilja 261
Stalin, Josef 107, 186, 269
Stauffenberg, Graf Claus von 268
Steinbrück, Peer 277
Steltzner, Holger 272
Stern, Fritz 37, 42, 50, 100, 137 f., 248, 257, 266
Stiglitz, Joseph 56, 228
Stimilli, Elettra 274
Stone, Norman 43
Strauß, Franz Josef 110

Strauss, Leo 114, 146, 267
Strehler, Giorgio 79
Strobel y Serra, Jakob 268
Stürmer, Michael 52, 249 f., 279
Szondi, Peter 261

T

Taylor, Alan John Persivale 49
Teló, Mario 280
Teltschik, Horst 68, 252
Thatcher, Margaret 37, 42–45, 84, 220, 223, 248, 263
Thiess, Frank 259
Todd, Emmanuel 248
Togliatti, Palmiro 73
Traverso, Enzo 185
Trevor-Roper, Hugh 42
Troeltsch, Ernst 120, 213
Truman, Harry S. 186

U

Uexküll, Jacob Johann von 213
Ulbricht, Walter 51
Urban, George 43

V

Vaïsse, Maurice 248
Valentino, Paolo 248
Valéry, Paul 167
Van Rompuy, Herman 270
Vardaro, Gaetano 265
Védrine, Hubert 186, 271
Visconti, Luchino 78
Vobruba, Georg 251
Voegelin, Eric 114

W

Wagenbach, Klaus 79
Waigel, Theo 55, 81
Walden, Herwarth 162
Walter, Franz 265
Weber, Max 53, 114, 119, 138, 175, 208, 213, 250, 273
Weidenfeld, Werner 272
Wenkel, Christian 248
Werner, Pierre 63
Westerwelle, Guido 232
Wiesel, Elie 93
Wilhelm II., Kaiser 50, 249
Winckelmann, Johannes 250
Winkelmann, Johann 119
Winkler, Heinrich August 107 f., 140, 246, 249 f., 252, 258–263, 267, 270, 276, 280
Winterkorn, Martin 264
Wirsching, Andreas 253, 262
Woller, Hans 251
Wulf, Joseph 109, 259

Z

Zakaria, Fareed 124, 264
Zapatero, José Luis Rodrígues 263
Zelikow, Philip 38, 47, 247 ff., 252
Ziegler, Ernst 245
Žižek, Slavoj 143